Rüdiger Nehberg

Das Yanomami-Massaker

Den Tätern auf der Spur

Danksagung

Ein ganz besonderes Dankeschön schulde ich meiner Reise- und Kampfgefährtin Christina Haverkamp. Ohne ihr Gespür für Zusammenhänge, ihre Dreistigkeit, ihr Durchhaltevermögen, ihren Mut und den Einsatz ihrer weiblichen Waffen hätte ich manche Geschichte, die in diesem Buch erzählt wird, nie berichten können, weil man sie mir als Mann nicht mitgeteilt hätte. Ob es die Interviews mit Politikern sind oder die Geständnisse der Prostituierten im Goldgebiet – als Mann sieht man in solchen Situationen oft eher alt aus. Vor allem, wenn man wirklich schon alt ist.

Rüdiger Nehberg (61)

Impressum

Rüdiger Nehberg
Das Yanomami-Massaker. Den Tätern auf der Spur

erschienen im
REISE KNOW-HOW Verlag Peter Rump GmbH
Hauptstr. 198, 33647 Bielefeld/Brackwede
In Zusammenarbeit mit dem REISE KNOW-HOW Verlag Helmut Hermann

© *Peter Rump*
1. Auflage, 1997

ALLE RECHTE VORBEHALTEN

Gestaltung:
Umschlag: M. Schömann, P. Rump
Inhalt: P. Rump
Fotos: der Autor, Christina Haverkamp
Karte: Steffen Bloching, Ludwigsburg
Druck und Bindung: Fuldaer Verlagsanstalt GmbH, Fulda

ISBN: 3-89416-624-X

PRINTED IN GERMANY

Dieses Buch ist erhältlich in jeder Buchhandlung der BRD, Österreichs, der Niederlande und der Schweiz. Bitte informieren Sie Ihren Buchhändler über folgende Bezugsadressen:
BRD: Prolit GmbH, Postfach 9, 35461 Fernwald (Annerod)
Schweiz: AVA-buch 2000, Postfach 89, CH-8910 Affoltern
Österreich: Mohr Morawa Buchvertrieb GmbH, Sulzengasse 2, A-1230 Wien
Niederlande: Nilsson & Lamm BV, Postbus 195, NL-1380 AD Weesp

Wer im Laden trotzdem kein Glück hat, bekommt unsere Bücher gegen Voreinsendung des Kaufpreises plus 4,50 DM für Porto und Verpackung (Scheck im Brief) direkt bei:
Rump-Direktversand, Heidekampstr. 18, 49809 Lingen (Ems)

Tilman Zülch

Zum Geleit

Menschenrechtsarbeit ist mühsam. Dazu gehört Geduld, und dazu gehören auch täglich viele Stunden am Schreibtisch. Dazu kommt Lobbyarbeit, Arbeit für die Verfolgten, Werben um die Gunst von Politikern, Parlamentariern, Journalisten, Kirchenleuten und all jenen anderen, die unterstützen, die mithelfen wollen.

Aber dazu gehört auch Spektakuläres. Öffentlichkeit kann nicht ohne Medien hergestellt werden. Mahnwachen, Menschenketten, Kundgebungen, Kongresse sind schon fast traditionelle Aktionen. Unser Beiratsmitglied, unser Menschenrechtsaktionist Rüdiger Nehberg hat der deutschen und internationalen Öffentlichkeit immer wieder gezeigt, daß man mit aufsehenerregenden Einfällen oft ein Vielfaches von dem bewegen kann, was man mit »traditioneller« Menschenrechtsarbeit erreicht.

Manche haben zu Spektakeln erklärt, was Einmaligkeitswert hatte, was durch den persönlichen Einsatz von Christina Haverkamp und Rüdiger Nehberg der Zukunft eines ganzen Volkes zugute gekommen ist. Die Yanomami haben überlebt, obwohl alle Chancen lange Zeit gering erschienen. Ohne zu übertreiben: Die beiden Menschenrechtler haben wesentlichen Anteil daran, denn sie haben die schlimme Lage der Yanomami weltweit bekannt gemacht.

Auch das neue Buch Nehbergs stellt dar, mit welch krimineller Energie Brasiliens Staatsoberhaupt Enrique Cardoso die mühsam errungenen indianischen Landrechte mit Füßen tritt. Es bleibt wichtig, gesteigerten Druck auf Brasilien auszuüben. Nehbergs Buch tut das auf seine unnachahmliche Weise: Verpackt in selbsterlebtes Abenteuer, spannend und trotz aller Dramatik ironisch erfahren die Leserinnen und Leser die Problematik fast nebenbei. Und wer das Buch nicht nur zur Unterhaltung erworben hat, sondern sich betroffen fühlt und Anregungen sucht für das eigene Engagement, der wird davon reichlich erhalten.

Vielleicht sehen wir uns eines Tages sogar hier in Göttingen, im Bundesbüro der Gesellschaft für bedrohte Völker, oder in einem der anderen Büros unserer europäischen Sektionen in Luxemburg, Bern, Bozen, Florenz, Wien oder Sarajevo. Dem Buch Rüdiger Nehbergs und Christina Haverkamps wünsche ich, daß es ein weiterer Beitrag sein wird, den bedrohten Yanomami zu Hilfe zu kommen.

Tilman Zülch ist Präsident der Gesellschaft für bedrohte Völker.

Handelnde Personen

Die mit Sternchen* versehenen Namen sind vom Autor geändert

*Fernando**	Goldsucher. Unser erster Begleiter.
*Manoel**	Goldsucher. Fernandos Freund.
*Zero**	Goldsucher, in dem wir uns täuschen.
Salsicha	Goldsucher. Unser zweiter Begleiter.
Come gente	Goldsucher. Unser gefährlichster Gegner im Wald.
*Hosano**	Goldsucher, der unser Freund wird.
João Neto	Gold-Boß und Drahtzieher des Massakers.
*Boca Rica**	Gold-Boß an der Piste.
Altino Machado	Gold-Boß, Ex-Gewerkschaftsführer, Politiker.
Chico Mineiro	Gold-Boß.
Alexandre Baiano	Gold-Boß, Drahtzieher des zweiten Überfalls auf uns.
*Alícia**	Freundin von Boß Boca Rica.
*Irina**	Ex-Freundin von Boca Rica, Prostituierte.
Vera Regina	Regional-Politikerin, Freundin Altino Machados.
Dona Helena	Händlerin und Fazendeira.
Ana Ballester	Französin, Power-Frau, Stationsleiterin.
*Mauro**	Pistoleiro.
Francisco	Taxifahrer.
Ralf Weißenstein	Vertrauensmann der Deutschen Botschaft und Pfarrer.
Henrique Cardoso	Staatspräsident.
Burkhard Bühre	Rechtsanwalt.
Davi Kopenawa	Bedeutendster Häuptling der Yanomami.
Macuxi	Häuptling auf Seiten der Goldsucher.
Tomzinho	Häuptling von Ixima
und einige andere.	

Inhalt

Danksagung 4
Zum Geleit 5
Handelnde Personen 6
Vorwort 9

Das Massaker von Haximu 12
In der Höhle des Löwen 46
Freund oder Feind 68
Frauen-Alltag im Goldcamp 106
Landkarte 120
Der Pistoleiro 121
Ausgeraubt 131
Der Jaguar 144
Allein im Wald 159
Häuptling Macuxi 174
Die Rache der Rechtlosen 197
Dschungel-Survival 211
Dona Helena 231
Die Falle 239

Unser Haus der Begegnung 263
Der aktuelle Stand 275
Was kann der Einzelne tun? 278

Hilfe für die Yanomami ist Hilfe für Brasilien –
Beiträge von Prominenten aus Politik und Gesellschaft 288

Weiterführende Literatur 319
Rüdiger Nehbergs Bücherliste 320

Wer kämpft, kann verlieren.
Wer nicht kämpft, hat schon verloren.
Bertolt Brecht

Vorwort

15 Jahre Einsatz für die Yanomami. – Was hat das gebracht? Geht es ihnen besser? Oder ist ihr Ende vorprogrammiert? Wird, wie in den gesamten letzten 500 Jahren amerikanischer Indianer-Geschichte, auch das letzte große freilebende Urvolk des Kontinents vernichtet werden, sein Wald gerodet, seine Bodenschätze gehoben? Wie könnte gegebenenfalls eine realistische Lösung aussehen, die sowohl von der indianischen als auch von der weißen Seite akzeptiert würde? Oder sollte man lieber resignieren und sich aufhängen?

Das sind einige der Fragen, denen wir auf den hier geschilderten zwei Reisen ins Krisengebiet nachgehen wollten. Wir – das sind Christina Haverkamp und ich.

Aber es sollte nicht bei nüchternen Zahlen und Analysen bleiben. Für nüchterne Berichte gibt es genügend Koryphäen. Mit denen will und kann ich nicht konkurrieren. Unsere Reisen sollten, wie immer, aus der Perspektive der Augenzeugen auch andere Zustände ans Licht bringen. Zum Beispiel: Wie sieht es denn heute, nachdem das Land der Yanomami 1992 zum Schutzgebiet erklärt wurde, tatsächlich aus vor Ort? Ist der Goldrausch verebbt? Haben sich die Indianer verändert? Sind sie selbstbewußter geworden? Bieten sie den Goldsuchgesellschaften Paroli? Hat sich der Wald erholt? Sind die Flüsse wieder sauber? Sind die Tiere zurückgekehrt? Sind die Indianerbehörde FUNAI und die Polizei nun gesetzestreue Diener ihres Staates? Wie steht es um die Nichtregierungsorganisationen, die sich Freunde der Yanomami nennen? Gelingt es uns womöglich, einen der Täter des Massakers von Haximu ausfindig zu machen?

Das alles waren Fragen unserer langen Fragenliste. Und vor allem wollten wir die aktuelle Situation tv-mäßig belegen, weil

Filmdokumente die wirkungsvollste Möglichkeit sind, Miß-
stände einer breiten Öffentlichkeit zugänglich zu machen. Soweit wie möglich habe ich nachkontrollierbare Angaben verwendet. Wenn mich jemand bat, seinen Namen nicht zu nennen, habe ich das respektiert. Ich habe auch dann »manipu-
liert«, wenn durch meinen Text Zeugen gefährdet würden, die
uns aus Freundschaft oder Ahnungslosigkeit geholfen haben.
Schließlich herrschen in Brasilien andere Gepflogenheiten als
in Deutschland. Recht und Realität klaffen dort besonders
weit auseinander. Aber ich denke und hoffe, daß der Bericht
dadurch nicht an Spannung einbüßt.

Wo allzuviele nüchterne Daten den Fluß der Geschichte zu
beeinträchtigen drohten, habe ich ganz spezielle »Kästen« mit
ausführlicheren Informationen eingerichtet, für Leser, die
mehr Hintergrund in ihrem Hirn abspeichern wollen.

In weiteren »Kästen« werdet Ihr diesmal auch kurze Kom-
mentare von einigen Personen des öffentlichen Lebens finden.
Und zwar von solchen Menschen, deren Meinung ich schätze,
oder die zu bestimmten Themen des Bereichs Menschenrecht
und Naturschutz etwas Spezielles zu sagen haben.

Auf jeden Fall sollte das Buch auch wieder spannend werden,
mit der hinterlistigen Absicht, über »Abenteuer und Spannung« Euch mit der veränderten Yanomami-Problematik bekannt zu machen.

Im übrigen ist das Thema insofern brandaktuell, weil die Präsidenten Brasiliens und Venezuelas das Amazonas-Entwick-
lungs-Abkommen unterzeichnet haben. Die Ausbeutung der
Bodenschätze bei den Yanomami und damit auch deren Vernichtung scheint damit unumstößliche Zukunftsaussicht geworden zu sein.

Als wäre das nicht schon genug, tat Brasiliens derzeitiger
Staatspräsident Henrique Cardoso ein übriges: er strich per
Dekret 1775/96 das in 500 Jahren mühsam erstrittene Indian-
errecht auf quasi Null zusammen. Ein typischer Beitrag zum

von der UNO proklamierten »Jahrzehnt der indigenen Völker« (1994-2004), ein weiteres Beispiel politischer und christlicher Ignoranz gegenüber Minderheiten und Andersdenkenden. Ein weiterer Schritt, dem größten Völkermord der Menschheitsgeschichte, nämlich der Eroberung Amerikas, noch ein i-Tüpfelchen aufzusetzen. Ein weiterer Beweis auch dafür, wie krass Proklamationen vor der UNO und das wirkliche Denken und Handeln der Staatsführer auseinanderklaffen.

Falls es mir gar gelingt, Euch nicht nur mit den Fakten bekannt, sondern sogar betroffen zu machen, seid ihr eingeladen, den Anhang zu lesen und dort Anregungen zu eigenem Engagement zu entnehmen.

Wie auch immer. Ich bin kein Missionar, der alle und jeden zum Indianer-Freak und zum Zaunzieher für Regenwälder bequatschen will. Wenn Ihr nur nachdenklicher und verantwortungsbewußter werdet, bin ich schon zufrieden. Selbst wenn Ihr das Buch nur zu Konsumzwecken erworben habt, will ich nicht jammern. Denn auch damit habt Ihr ein Scherflein zu meinen Aktionen beigetragen, nämlich in Form der Tantieme, die ein Autor erhält und die mir helfen, finanziell unabhängig zu bleiben und meine Aktionen selbst zahlen zu können.

Vielleicht hören wir ja wieder voneinander.

Herzlich grüßt Euch Euer
Rüdiger Nehberg

- Aktionist für Menschenrecht -
Gesellschaft für bedrohte Völker
Postfach 2024, 37010 Göttingen

Rausdorf, bei Hamburg,
Sommer 1996

Das Massaker von Haximu

Die Nachricht

Juli 1993. Die Nachricht schlug ein wie eine Bombe. Innerhalb von Sekunden hatte sie sich um die ganze Welt verbreitet. Kaum ein Sender, der sie nicht zur Kenntnis genommen und sofort innerhalb seines Zuständigkeitsbereiches weitergegeben hätte:
»Massaker an Indianern in Brasilien
Goldsucher köpften Frauen und Kinder
Wahrscheinlich 73 ermordete Yanomami«
Ich hörte die Nachricht irgendwo im Auto. Meine erste Reaktion: Gänsehaut wie ein Reibeisen. Ich mußte augenblicklich rechts ranfahren, um diese Nachricht sacken zu lassen.

Obwohl solche Übergriffe für Insider gar nichts Neues darstellten, so war eines doch neu: Die Meldung war den verantwortlichen und gewieften Verschleierungskünstlern unter Politikern und Polizei durchs Loch in der Hosentasche gerutscht und hatte die Medien erreicht. Und nun war der Bär los.

Die führenden deutschen TV-Sender widmeten dem Vorfall Sonderberichte und analysierten die Hintergründe. Die ganze Scheinheiligkeit brasilianischer Gesetzgebung und -handhabung wurde ebenso ins Visier genommen wie der aktuelle Alltag und das Leben der Yanomami.

Ich eilte nicht nur von Interview zu Interview. Ich griff die Anregung Hamburger Gymnasiasten auf und veranstaltete mit ihnen und der Gesellschaft für bedrohte Völker (GfbV) – mit der ich seit 17 Jahren gemeinsam Einsätze für die Yanomami durchführe – eine Protestdemonstration vor dem Generalkonsulat Brasiliens in Hamburg, in der Großen Theaterstraße 42.

Wir wuschen Gold in einer Kulisse aus Urwaldpflanzen, gefällten Bäumen, Sand und großen Fototafeln, die zeigen sollten, daß der Überfall auf das Dorf Haximu (sprich Haschimuu) zwar einen traurigen Höhepunkt darstellte, aber keinesfalls eine Ausnahme. Indianermorde haben in Brasilien eine lange Tradition, und erst etwa zweimal in der 500jährigen Geschichte des Landes hat es eine Verurteilung von »Weißen« für Indianermord gegeben. Ausgerottet aber wurden 4 Millionen. Die übrigen Täter wurden gedeckt, gefeiert oder gar zu Volkshelden hochgejubelt, wenn sie clever genug waren oder in der Politik tätig und über die erforderlichen Beziehungen verfügten.

Die Demonstration war besonders »dekorativ«. Denn Wut macht mich kreativ. Die Schüler, beinahe professionell durchgestylt mit verschlissenen T-Shirts, Strohhüten, Motorsägen, Schnaps und Flinten, wuschen so realitätsnah, daß man jederzeit glauben konnte, sie wuschen nicht aus Protest, sondern weil sie ständig fündig würden und dem Goldrausch verfallen wären.

Natürlich zog diese Kulisse die Medien an. Der Generalkonsul Joaquim Whitaker Salles, gerade neu im Amt, war zunächst völlig überfordert. »Der Herr Generalkonsul wird auf keinen Fall Ihre Protestnote entgegennehmen«, ließ mich der Repräsentant des Bundeskriminalamtes wissen. Er war zur demokratischen Abwicklung der Veranstaltung hierher bestellt worden. Die Demonstration war, wie es sich unter Demokraten gehört, angemeldet worden.

»Hat es Zweck, mit ihm zu reden?« fragte ich. »Da haben sich allein fünf TV-Sender angekündigt. Wenn er nicht anwesend sein wird, verpaßt Brasilien eine wichtige Gelegenheit, sich zu dem Verbrechen zu äußern.«

»Ich kann's versuchen«, erwiderte der BKA-ler und entschwand mit dem Fahrstuhl zur fünften Etage.

Schon kurz darauf kam er zurück. Ja, ich könne dem Generalkonsul meine Argumente vortragen.

Das tat ich dann. Ich wurde sofort vorgelassen, denn hier oben war man nicht minder aufgeregt als wir da unten und verfolgte mit Ferngläsern und Fotoapparaten, was vor der Haustür ablief.

Als ich Joaquim Whitaker Salles sah, spürte ich sofort: Der hier war von einem anderen Kaliber als sein Vorgänger Francisco Lima e Silva[1]. Dieser Mann wirkte auf mich wie ein eiskalter Politiker. Doch immerhin hörte er mich an, und natürlich wollte er vermeiden, sein Land Brasilien zu blamieren.

»Ich bin erst seit wenigen Tagen im Amt«, bekundete er schließlich. »Ich werde mich mit der Botschaft Brasiliens in Bonn absprechen. In zehn Minuten gebe ich Ihnen Bescheid.«

Das tat er auch. Ja, er käme, hieß es, aber er würde sich keinesfalls in die Goldwäscher-Szenerie stellen. Er würde im Hauseingang des Konsulatsgebäudes stehenbleiben.

»Schade«, dachte ich. »Aber auch das ist eine indirekte Aussage. Die Medien werden das zu werten wissen.«

Und da stand er dann schließlich, die Kameras auf sich gerichtet und verkündete sinngemäß, daß er, wie jeder Brasilianer, das Verbrechen bedaure und verabscheue.

»Was die brasilianische Regierung tun kann, wird sie tun, um den Fall aufzuklären. Denn auch Brasilien hat die Menschenrechtsakte von Wien unterzeichnet und wird sich strikt an die Abmachungen halten.«

Der Generalkonsul hatte das Pech, daß keiner der Sender auch nur eine Sekunde seiner Routine-Rede übernahm. Ich hatte es ihm nicht gegönnt, denn auch Floskeln können aussagestark und bezeichnend sein, wenn sie nichtssagend sind. Etwa nach dem Motto: »Wer wenig zu sagen hat, sagt's langatmig«. Aber ich bin nicht Entscheidungsträger der TV-Anstalten.

[1] Siehe Buch »Im Tretboot über den Atlantik«

Generalkonsul Salles war jedenfalls verstimmt. Anders können wir uns nicht erklären, wie wenige Wochen später am 15. 10. 1993, das Telex No 138/CGEP durch alle FUNAI-[2] und einige Polizei-Stationen seine Runde machte.

Auszug: »... auf Anweisung des Präsidenten dieser Behörde (FUNAI, Innenministerium), informieren wir Sie, daß Frau Christina Haverkamp und Herr Rüdiger Nehberg Filmmaterial im Indianergebiet produziert haben, welches Brasilien diffamiert ...«

Unterzeichnet war das Telex

SD Otília MA. C.E.

NOGUEIRA, DGEP

FUNAI, BSB SDS

Was mit dem »diffamierenden« Filmmaterial gemeint war, blieb unseren Vermutungen überlassen. Konkret angegriffen haben wir nie »Brasilien« und auch nicht die sklavisch ausgebeuteten Goldsucher, sondern ausschließlich solche Brasilianer, die die (vorbildlichen) Gesetze nach Herzenslust zu ihren Gunsten vergewaltigten.

Christina Haverkamp[3] hielt sich zur Zeit des Überfalls auf Haximu zufällig in Brasilien auf. Tilman Zülch, Präsident der GfbV, kriegte sie in Recife telefonisch zu fassen und machte ihr klar, welchen Stellenwert das Massaker in Deutschland infolge des Medienwirbels erhalten hatte und wie wichtig die Beschaffung weiterer Dokumente wäre.

»Sieh zu, daß du an den Tatort gelangst und Zeugen findest«, spornte er sie an. »Interviewe den Justizminister, und versuch, etwas über die Täter und die Ursachen herauszufinden.«

Christina ließ das nicht zweimal sagen. Im Handumdrehen hatte sie einen Piloten gefunden, der sie ins Yanomami-Land flog.

Inzwischen hatte das Massaker auch in Brasilien alle namhaften Kräfte auf- und durcheinandergewirbelt. Kein Funktionär,

[2] Sogenannte Indianer»Schutz«behörde mit wenigen glaubwürdigen Mitarbeitern und vielen anderen, die auf Seiten der Politiker stehen und nicht auf der ihrer Schützlinge
[3] Christina Haverkamp, Jahrgang 1959, Lehrerin für Mathematik und

der nicht lautstark seine Meinung kundtat. auch wenn sie noch so abstrus war.

General Euclydes Figueiredo zum Beispiel: »Das Massaker ist eine Erfindung des Auslands. Man will erreichen, daß sich die Yanomami Venezuelas und Brasiliens zu einem selbständigen Yanomami-Staat zusammenschließen«. Den Grund für einen solchen Steinzeit-Staat wußte der Militär natürlich auch. »Dann kann das Ausland sich dort leichter der Bodenschätze bemächtigen.«

Und Gilberto Mestrinho, Gouverneur des Riesenbundeslandes Amazonas, tönte: »Die vom Ausland vorgeschobene Naturschutz-Notwendigkeit soll in Wirklichkeit unsere wirtschaftliche Entfaltung verhindern, um dem Ausland dann einen Wettbewerbsvorteil zu verschaffen«.

Für gigantische Sprüche ist Mestrinho bekannt. Im Wahlkampf tönte er in den Medien: »Wenn ich gewählt werde, dürft ihr weiter Bäume fällen und Holz verkaufen, weil sie auf der Erde überflüssig sind. Auf anderen Planeten gibt es ja auch keine Bäume.«

Gouverneur Ottomar Pinto und seine Frau Marlene aus Boa Vista, Bundesland Roraima, verbreiteten Optimismus: »Das Massaker ist eine reine Erfindung. Denn wo es keine Leichen gibt, gab es auch kein Massaker.«

Dieser Umstand kam vielen Indianergegnern sehr entgegen: Es war tatsächlich keine Leiche gefunden worden. »Solange ich die Leichen nicht selbst gesehen und gezählt habe, glaube ich nicht daran.« Pinto & Pinto hofften auf das Wunder, daß die Leichen verschwunden blieben. Denn natürlich wußten sie, wie schnell Kadaver im Wald verwesen, wie schnell sie von großen Tieren, Geiern, Ameisen und Bakterien restlos »verarbeitet« würden. Sie wußten auch, daß überlebende Indianer traditionsgemäß ihre Leichen verbrennen und deren Knochenasche verzehren. Die Chance, daß also kein Leichnam als Beweis auftauchen würde, war realistisch. Dazu kam, daß die Ya-

16   Sport, jetzt Aktionistin für Menschenrecht für die GvbV und im Vorstand dieser zweitgrößten deutschen Menschenrechtsorganisation, hat mehrere Reisen mit mir zusammen und auch einige auf eigene Faust in Sachen Yanomami unternommen.

nomami nach dem Verzehr der Asche nie mehr über die Verstorbenen sprechen. Gute Chancen also, anderen Umständen die Schuld zuzuweisen.

Noch einmal General Euclydes· »Das sind Kannibalen, bar jeglicher Intelligenz, sie gehen nackt und kopulieren wie die Tiere.«

Und Senator César Dias: »Es darf ohnehin keine Indianer-Reservate entlang von Staatsgrenzen geben. Sie müssen umfunktioniert werden zu militärischen Sperrzonen. Ganz besonders zu Venezuela hin.«

Venezuela ein Feind Brasiliens – der Herr wollte wohl partout ins Geschichtsbuch eingehen. Oder Kabarettist werden.

Für ihn und die Pintos aller Couleur war der Rummel um Haximu eine ideale Gelegenheit, aller Welt klarzumachen, daß das Bundesland Roraima ohnehin vor dem wirtschaftlichen Ruin stünde, wenn es weiter daran gehindert würde, die Bodenschätze des Yanomami-Landes zu nutzen.

»Da haben 10.000 Indianer ein Gebiet von der Größe Portugals. Jeder Indianer besitzt 10 Quadratkilometer. Das ist entschieden zuviel Land für so wenige Menschen.«

Wenn man bedenkt, daß allein in der größten *Favela* (Elendsviertel) Rio de Janeiros, in Roçinha, 220.000 Brasilianer leben, so viele wie es in ganz Brasilien noch freie Indianer gibt, dann ist das natürlich ein Argument.

»0,3 % der indianischen Brasilianer sollen 10 % des Landes besitzen?« tobt Pinto. »Das ist ungerecht und blanker Hohn.«

Daß weitere 60 % des Landes letztlich von den 5 % der reichsten Brasilianer beherrscht werden, daß all die Armut letztlich zurückzuführen ist auf die chaotischen sozialen Ungerechtigkeiten des Landes, erwähnt er nicht. Dieses Recht billigte er der »Elite« zu. Es hat ja auch historische Tradition.

Das große Aufatmen erfolgte, als sich unerwartet herausstellte, daß das Verbrechen gar nicht in Brasilien, sonder in Venezuela stattgefunden hatte. Neuste Messungen mit Satellitengeräten am Tatort hatten klar bewiesen: Haximu lag unmittelbar jenseits der Grenze. Demnach, schmunzel-schmunzel, hatte sich Justizminister Maurício Corrêa sogar unbewußt auf fremdem Territorium befunden, als er den Tatort in Augenschein nahm. Er wurde dabei von Davi Kopenawa Yanomami begleitet.

Für Corrêa machte eines aber keinen Unterschied: »Ob Brasilien oder Venezuela, es waren einwandfrei brasilianische Goldsucher. Die Verantwortung liegt bei uns.«

Längst war die Stadt Boa Vista von internationalen Journalisten überschwemmt. Das Hotel Aipana war völlig ausgebucht. Um den Swimmingpool tummelten sich die Reporter, und alles drehte sich um die Frage: »Hat man inzwischen Knochen gefunden?«

An den Tatort ließ die FUNAI so gut wie keinen heran. Das blieb wenigen Vertrauten vorbehalten. Und hier im Hotel reduzierte sich alles auf Gerüchte, auf Erklärungen und ihre Dementis. Und auf die Knochen.

Der Geschäftsführer zu Christina: »Endlich wieder ein volles Haus. So war das während des Gold-Booms (1987-1992) ständig.« Seine Augen wurden richtig glänzend vor Glück. Man konnte glauben, er sei am Umsatz beteiligt.

Dann, unerwartet, schlugen die Wogen des hauseigenen Planschbeckens hoch. Als hätte ein Elektro-Aal seine volle Ladung Energie ins Wasser abgeschossen, sprangen alle wie auf Kommando aus dem erfrischenden Naß und stürzten in die Empfangshalle.

»Man hat Knochen gefunden!« hatte jemand verbreitet. »Sie sollen vorm Hotel zu sehen sein.«

Die Enttäuschung war groß. Ein »Witzbold« hatte dort Hundeknochen deponiert.

Christina drehte, was sie kriegen konnte. Es war nicht viel mehr, als andere auch ergattern konnten, denn Haximu blieb gesperrt.

Die FUNAI begründete das Einreiseverbot mit dem Argument, man wolle die »Untersuchungen« nicht stören. Doch immerhin gelang es Christina, zwei Überlebende zu treffen. Sie waren schwarz angemalt als Ausdruck der Trauer und des Krieges. Sie zeigten ihr Büschel von Haaren und Holzstücke mit Kugeleinschüssen.

Auch Maurício Corrêa, der Justizminister, ließ sich von ihr befragen. Ihre Visitenkarte unserer zum Schein gegründeten Firma »TV Europa« hatte wohl die von uns erhoffte Wirkung erzielt. Der Minister selbst öffnete die Tür zu seinem Amtszimmer. Daß Christina dort fast allein vor der Tür stand, begleitet nur von einem deutschkundigen Taxifahrer als Assistenten, überraschte ihn sichtbar. Aber er bewahrte Haltung. Erstaunt hielt er nach links und rechts Ausschau.

»Sozinha? Allein?«

Im Gespräch dann war er nicht so einsilbig, sondern offen und auch couragiert, als er sagte: »Ich glaube den indianischen Zeugen, egal, ob die Toten gefunden werden oder nicht. Tatsache bleibt, daß ich das verbrannte Dorf mit eigenen Augen gesehen habe, und es steht fest, daß es brasilianische Goldsucher waren. Deshalb finde ich es müßig, nach Leichen zu suchen statt nach den Tätern. Aber das wird schwierig sein. Denn die sind längst über alle Berge. Dazu kommt, daß kein *garimpeiro* unter seinem wirklichen Namen arbeitet. Jeder trägt einen Spitznamen, den er morgen ablegen kann.«

Auch die als mutig bekannte Rechtsanwaltskammer und der Generalbundesanwalt Aristides Junqueira beschönigten nichts und nannten das Geschehen beim Namen: »Es ist Völkermord und eine nationale Schande.«

Das deutsche Allgemeine Sonntagsblatt sprach gar von Brasilien als dem Land der »Kinder- und Indianer-Mörder«, denn zur gleichen Zeit hatten Killer-Kommandos der Polizei in Rio de Janeiro acht Straßenkinder willkürlich ermordet. Ihre Tat wurde vom Gouverneur der Stadt verteidigt.

Die beiden Überlebenden, die Christina interviewte, schätzten die Anzahl der Opfer auf 14. »Wir haben 2 Männer gesehen, 5 Frauen und 7 Kinder.«

Mit dem Ruf »Wir haben hier Reis und Zucker für euch«, seien sie, so einige Zeitungen, aus der Maloca[4] gelockt und dann ermordet worden. »Man hat ihnen die Gliedmaßen und Köpfe abgehackt.«

14 Tote – wo waren dann die anderen, denn die Gesamtzahl der Einwohner soll bei 100 gelegen haben. 100 Personen in zwei nebeneinandergelegenen Dörfern. Drei Wochen waren bereits verstrichen, und nirgends hatten sich weitere Überlebende blicken lassen. Waren es letztlich 100 Tote?

Die UNO, namentlich Boutros B. Ghali, verbal immer stark, erklärte seine »große Besorgnis«. Was immer das heißen mochte.

Rigoberta Menchu, Good-will-Botschafterin des UNO-Jahres der Eingeborenen Völker, forderte eine UN-Untersuchungskommission, während Mitarbeiter der Menschenrechtsabteilung der kanadischen und amerikanischen Botschaften, die ebenfalls vor Ort gehen wollten, zunächst ein- und dann wieder ausgeladen wurden. Staatspräsident Itamar Franco: »Sie hatten keinen ordnungsgemäßen Antrag gestellt.« Diese Dummerchen aber auch.

Der zunehmende internationale Druck veranlaßte Franco aber auch zu »positiven« Handlungen. Er gründete, selbst zur Überraschung vieler Politiker, ein »Amazonas-Ministerium«. Die typische brasilianische »Beruhigungsmethode«. Zum »Jahr des Kindes« hatte man werbewirksam ein »Kinder-Ministerium« gegründet.

Der Finanzminister (und heutige Staatspräsident) Fernando Henrique Cardoso, höhnte denn auch gleich: »Das ist kein Ministerium, sondern allenfalls ein Minister.«

Und FUNAI-Chef Cláudio Romero ließ alle wissen, daß er von solchem Ministerium keine Weisungen entgegennähme. Fast hätte ihn das Kopf und Amts-Kragen gekostet.

[4] Das Runddorf der Yanomami, auch Shabono genannt.

In aller Konfusion feierte man erste Erfolge. Man mußte der Welt etwas bieten. »3 verdächtige Goldsucher verhaftet!« war zu lesen. Als Christina das Gefängnis von Boa Vista besuchte, hatte man die guten Männer längst wieder entlassen müssen. Sie litten dermaßen unter Malaria Tropica, daß sie zu der Tat gar nicht fähig gewesen sein konnten.

José Altino Machado, Chef der Goldgräber-Gewerkschaft und Mitbegründer des Goldbooms von 1987, Erbauer der großen Landepiste XIDEA und Mann mit Drang nach höchsten politischen Ämtern, rechtfertigte die Attacke zunächst mit den Worten: »Das war die Rache einiger Goldsucher dafür, daß die venezolanischen Yanomami dem Militär als Spürhunde geholfen haben, unsere Männer und ihre Landepisten aufzuspüren.«

Nachdem Altino seinen Standpunkt nicht mehr aufrechthalten konnte, tat er jedoch etwas sehr Überraschendes: Er legte sein Amt als Gewerkschaftsführer demonstrativ nieder: »Ich vertrete Goldsucher und keine Mörder«.

Ein kluger Schritt auf seiner Karriere-Leiter. Er wagte einen zweiten und erhob seinen langjährigen Kampfgefährten und Vertrauensmann Johil João in das Amt, einen Mann, der Altinios Linie treu weiterführen würde. Es blieb also alles beim alten.

Zum Abschluß ihrer Recherche interviewte Christina die Kommunal-Politikerin Vera Regina aus Boa Vista. Sie hatte die Frau im Radio vehement gegen die goldsucherfeindliche Auslandslobby wettern gehört. Das Interview endete mit dem Satz: »Alle bangen sich um die »armen« Indianer. Und wer sorgt sich um die viel ärmeren Goldsucher?« Genau dieser Satz sollte später unser Schlüssel zu Veras Haus sein und dem Versuch einer neuen TV-Reportage.

Aber so endete zunächst, was vier Wochen zuvor begonnen hatte, als zwei entsetzte Überlebende und andere Indianer aus Nachbardörfern in der katholischen Mission Xidea angstschlotternd Zuflucht gesucht und von den Vorfällen berichtet hatten. Schwester Alísa notierte alles gewissenhaft auf einem Blatt liniertem Papier. Eine geschlagene Woche benötigte das Dokument auf seinem Weg über die FUNAI an die Öffentlichkeit; ehe es dann traurige Weltgeschichte machte, als Brasiliens Beitrag zum »Jahr der indigenen Völker« 1993. Und es dauerte noch einige Wochen, ehe der tatsächliche Tathergang vollends geklärt werden konnte. Denn dann tauchten Zeugen auf.

»Verdammte Scheiße«, wird es da manchem Hardliner entfahren sein. »Da haben die Goldsucher wohl nur halbe Arbeit geleistet.«

Erste Feindseligkeiten

Vier Wochen nach dem Überfall auf Haximu, am 25. 8. 1993, tauchten Überlebende auf. Während so mancher die verschollenen restlichen Einwohner längst abgeschrieben hatte, für ermordet hielt, trauerte und Gegenmaßnahmen diskutierte und während andere frohlockten, daß die Goldsucher den widerborstigen »Wilden« endlich mal gezeigt hatten, wohin es führt, sich gegen Goldsucher zu stellen, und wer hier im Wald der wirkliche Herr ist, erschienen 73 Yanomami im Dorf des Marcos am oberen Rio Toototobi in Brasilien, Bundesstaat Amazonas. Männer, Frauen und Kinder, jeder nur mit dem notwendigsten bepackt, mit dem, was er auf der Flucht unbedingt benötigt hatte, was sein Tempo nicht unnötig drosselte. Vieles der Ausrüstung war auch erst während der Flucht neu gefertigt worden, als die Distanz zu den Verfolgern gewachsen war, als die Sicherheit wuchs und die Panik der Ruhe wich. Das waren Dinge wie Hängematten, Pfeile und Bogen, ohne die auf Dauer niemand im Wald existieren kann.

Der Anthropologe Bruce Albert, einer der renommiertesten Mitarbeiter der CCPY[5] und mit der Yanomami-Sprache bestens vertraut, machte sich sofort zu Marcos' Dorf auf, um die

[5] Comissão pela Criçăo do Parque Yanomami, Brasiliens wichtigste Menschenrechtsbewegung zugunsten der Yanomami. Heute umbenannt in: Comissão Pró Yanomami, Rua Manoel da Nóbrega 111, cj. 32, Brasil-04001-900 São Paulo. Telefax 0055-11-284-6997

Flüchtlinge zu befragen und den genauen Tathergang zu rekonstruieren.

Bruce Albert befragte auch mehrere Goldsucher, die mitteilungsbereit waren. Männer, die sich nicht von den Mördern hatten einschüchtern lassen, und die sich von ihnen distanzierten. Männer, die bewiesen, daß es auch genügend Goldsucher mit anderen moralischen Grundeinstellungen gab.

Bruce Alberts Report, der mir später auf unserer Flucht in Venezuela über salesianische Missionare erstmals zu Gesicht kam, bildet die Grundlage der folgenden Geschichte. Der Ablauf ist authentisch, die wörtlichen Reden jedoch meine Interpretation, um den Hergang einprägsamer schildern und besser in meinen Buchstil integrieren zu können.

Bruce Albert ging es mit seiner Recherche nicht nur um die Klärung der Morde. Er wollte gleichermaßen die Ursachen des Massakers verdeutlichen und damit zeigen, wie schnell sich ein ähnlicher Vorfall wiederholen könnte, solange man illegale Goldsucher unter den Indianern duldet.

Die Vorgeschichte des Krieges im Regenwald begann bereits Wochen vor dem Massaker, im Mai 1993.

Deutlich spürten die Indianer von Haximu (Venezuela), daß die Beziehung zwischen ihnen und den brasilianischen Goldsuchern sich merklich abgekühlt hatte. Die Fremden waren barscher und abweisender geworden. Und das im gleichen Tempo, wie es immer mehr von ihnen geworden waren. Die Illusionen der Indianer, mit zunehmender Anzahl von Goldsuchern auch eine entsprechend zunehmende Anzahl von Geschenken zu erhalten, hatten sie längst aufgeben müssen. Anfangs, als es nur die wenigen ersten Weißen waren, hatten sie diese freundlich erlebt, zurückhaltend und immer aufgelegt zu einem kleinen Schnack und einem Imbiß. Zwar sprach niemand des anderen Sprache, jeder also in der Seinen, aber das tat den Zusammenkünften keinen Abbruch. Man hatte Hände und Füße, Gesten und Lächeln – und das reichte, weil eine gewisse Gastfreundschaft Sprachdefizite kompensierte. Man zeigte auf sich und sagte »*Garimpeiro totihiwe*«. Das letztere Wort war yanomami und bedeutete »Freund sein«. Diese Vokabel war der Grundbegriff, den jeder Garimpeiro mit auf den Weg bekam.

Der zweite Satz, von der Gegenseite, lautete: »*Yanomami totihiwe*«. Dazu ein Lächeln, eine Handvoll Reis, und der Tag war gelaufen. Man war einer des anderen Freund. Die Indianer lächelten zurück, hockten sich an den Grubenrand und rätselten, was zum Teufel die Weißen da bloß suchten. Irgendwann in allergrauester Vorzeit mußte ein besonders großer *tushaua* (yanomami: Häuptling) dort etwas verloren haben. Und nun kamen seine Leute und mußten das wiederfinden. Dieser ihr *tushaua* war auf jeden Fall ein besonders mächtiger. Denn seine Leute verfügten über Metall, aus denen Angelhaken und Messer gemacht werden konnten. Sie hatten Schußwaffen, deren »Pfeile« massenweise *(pruka-pruka,* yanomami: viele) in die Hosentaschen paßten. Ihre eigenen Pfeile hingegen waren bis zu 2 Meter lang, dadurch entsprechend unhandlicher und viel anfälliger gegen Nässe und Beschädigung. Die »Pfeile« der Weißen schienen unverwüstlich und trafen immer (Schrot), wenn sie aus ihren *espingardas* (brasilianisch: Flinten) verschossen wurden.

Diese für Indianer unerreichbar wertvollen Dinge zu besitzen, wurde zum Traum eines jeden indianischen Mannes. Und die Frauen hatten unruhige Nächte, wenn sie an rote *miçangas* (brasilianisch: Perlen) dachten, an glänzende *agulhas* (brasilianisch: Stopfnadeln) die so praktisch waren beim Rauspulen von Splittern in der Haut und den Sandflohgelegen unter den Zehennägeln.

Männer und Frauen gleichermaßen kamen ins Schwelgen, wenn es Tabak gab, Salz oder – nonplusultra – eine rote Stoffhängematte. Wenn das eintrat, war, übertrieben gesagt, beinahe das höchste Lebensziel erreicht.

24

Kochsalz

Die Yanomami kennen normalerweise kein Kochsalz. Ihren Salzbedarf decken sie durch den Verzehr bestimmter pflanzlicher (überwiegend kaliumhaltiger) Asche

Wenn wir ihnen Salz schenkten, aßen sie es mit großer Gier – als würden wir Zucker schlecken

Damit die gesamte Dorfgemeinschaft etwas von dem Salzgenuß hatte, gaben wir es den Dorf-Chefs. Diese bewahrten es sorgfältig auf und würzten damit gemeinschaftlich eingenommenes Essen.

Und tatsächlich hatten die Goldsucher anfangs, als sie den Indianern voll unterlegen und ausgeliefert waren, nicht nur Hängematten geschenkt. Sogar Flinten hatte man sich die ersten Schürfrechte kosten lassen.

Es darf als sicher angesehen werden, daß solche Super-Präsente nicht von den armen Goldsuchern bezahlt wurden, sondern von deren Hinterleuten, den Bossen, die hier Langzeit-Spekulationsobjekte anpeilten. Fünf solcher Bosse und Mafiosi sind in Boa Vista stadtbekannt und berüchtigt. Sie waren die Vorreiter des Grenzübertritts auf venezolanisches Territorium. Ihnen gehörten die fünf Landepisten im Orinoco-Quellgebiet. Ihnen gehörten Gruben und Gold-Flöße. Das Wort Skrupel kannten sie weder als ethischen Begriff noch als Vokabel. Ihre Namen: João Neto, *fazendeiro* (Farmer); sein Schwager Chico Ceará; Eliezer, *commerciante* (Händler); Pedro Prancheta und Cururupú, ein Briefschreiber, von dem noch die Rede sein wird.

Nachdem diese Männer ihre fünf illegalen Landepisten fertig hatten (Bauzeit je 4 Wochen), und die Goldsucher dann wie Heuschrecken über das Orinoco-Quelland herfielen, war es für die Yanomami zu spät. Ab jetzt bedeutete Widerstand Selbstmord.

25

Daß die Geschenke immer kläglicher flossen, hatten sie längst bemerkt. Daß sie auch noch immer ärmlicher ausfielen, ebenfalls. Und das jetzt, wo man immer mehr darauf angewiesen war, weil mit den Eindringlingen auch die Tiere des Waldes ausgerottet oder vertrieben worden waren. Auch erste, völlig neue Krankheiten machten sich unter den Yanomami breit. Daß man es nun aber sogar wagte, sie an den Gruben nicht mehr zu dulden und – im eigenen Land – fortzujagen, war nicht nur ein weiterer Höhepunkt, sondern eine unverzeihliche Unverschämtheit. Und daß man sich in letzter Zeit nun außerdem erdreistete, ein gegebenes Versprechen einfach nicht mehr einzuhalten – das kam einer Kriegserklärung gleich.

Und das war tatsächlich geschehen. Einem jungen Häuptling war hoch und heilig eine Hängematte versprochen worden. Aber seit Wochen wurde er verlacht und vertröstet wenn er danach fragte. Nach indianischem Verständnis gehörte die versprochene *rede* (brasilianisch: Hängematte) bereits dem zu Beschenkenden. Sie sollte längst mit einem der Flugzeuge eingetroffen sein.

Versprochen war versprochen. Der junge Häuptling und einige Begleiter ließen sich von der gegenseitigen Antipathie nicht davon abhalten, auch zum x-ten Male im *garimpo* die Matte anzumahnen, zumal an jenem Morgen eine Maschine Nachschub gebracht hatte. Sie war unüberhörbar laut über ihre *maloca* hinweggedonnert.

»Was wollt ihr hier schon wieder, ihr Erdfresser?« schnauzte der Goldsucher die Yanomami an. »Verpisst euch, aber dalli.«

Um seinen Worten gehörigen Nachdruck zu verleihen, wies er mit ausgestrecktem Arm in Richtung ihrer Dörfer. Nicht genug damit, er trat sogar nach ihnen. Den Indianern war klar, was gemeint war, auch wenn sie die Worte nicht verstanden.

Der Goldsucher fühlte sich offenbar stark, weil seine Kumpels in der Nähe arbeiteten. Auch wenn man sie nicht sehen konnte, zu hören waren sie überdeutlich. Vielleicht fühlte er sich auch deshalb stark, weil die Indianer bisher keinen Widerstand geleistet hatten.

Doch nun war das Maß voll. Der junge Häuptling riß seine Flinte hoch und drückte ab. Eine Sekunde hatte er noch gezögert. Das reichte dem Goldsucher, an die Seite zu springen. So wurde er nur verletzt, aber nicht getötet. Er floh in den Wald.

Die Indianer feierten ihren Sieg. So unverwundbar war der weiße Mann also doch nicht. Er war verletzbar wie sie selbst. Sie schnitten sich »ihre« Hängematte ab, zerfetzten die Zeltplanen und warfen die Stücke und Decken kreuz und quer in den Wald. Radios und ein paar nützliche Sachen nahmen sie mit. Dann flohen auch sie.

Als der verwundete Goldsucher Hilfe alarmiert hatten und zurückgekehrt war, war der Spuk vorüber. Wutschnaubend schworen die *garimpeiros* Rache.

»Wieso hatte der denn noch ein Gewehr?« rätselten sie. Denn nachdem es vorher schon zu Streitereien gekommen war, hatte man den Indianern bei jeder sich bietenden Gelegenheit die Gewehre wieder abgenommen. Obwohl sie, Wochen vorher, eindeutig als Geschenk überreicht worden waren.

»Wenn wir uns das gefallen lassen, können wir hier einsacken«, fluchte der Verletzte zornbebend, während seine Kameraden ihn verbanden.

»Das ist klar«, entgegnete ein anderer. »Das werden sie büssen. Auge um Auge.«

Fast vier Wochen vergingen zunächst ohne Zwischenfälle. Die Schießerei hatte sich unter den Yanomami rumgesprochen. Und weil man die Rache fürchtete, blieb man unter sich und mied die Goldsucher.

Die Goldsucher ihrerseits beschränkten sich darauf, an ihren *barrancos* (Gruben) zu bleiben und nicht durch den Wald zu streunen, um Rache zu nehmen. Das konnte schnell schief gehen, denn dort hatte der Indianer auf jeden Fall die bessere Geländekenntnis und erhebliche strategische Vorteile.

Das war Mitte Juni 1993. Dann tauchte erstmals wieder seit dem Vorfall eine Gruppe von sechs jungen Indianern aus Haximu auf. Nicht dort, wo die Schießerei stattgefunden hatte, sondern woanders. Es war der *garimpo,* bei dem man ihnen vor einiger Zeit die Gewehre abgenommen hatte. Da sie damals von der Blitzaktion völlig überrascht worden waren, hatte Widerstand keinen Zweck gehabt. Ehe sie reagieren konnten, waren sie entwaffnet. Es blieb ihnen nichts als die gute Miene zum bösen Spiel und die Hoffnung auf Vergeltung.

»Habt ihr was für uns zu essen?« bettelten sie und deuteten mit Fingern auf Mund und Magen. »*Ya ohi* (ich habe Hunger)«, machten die Gesten klar.

»Haut ab, wir haben selbst nichts«, fuhren die Goldsucher sie an.

Die Indianer hatten nichts anderes erwartet. Zuerst sagte man ihnen immer, es gäbe nichts. Aber wenn sie nur beharrlich genug waren, gab es vielleicht doch etwas Reis. Sie mochten ihn besonders gern, weil er mit Salz gekocht war.

Im stillen hofften sie aber vor allem, ihre Gewehre zurückerobern zu können. Sie gaben sich bescheiden, bummelten hier herum und dort – aber die Goldsucher hatten ihre Waffen unmittelbar »am Mann« und boten den Yanomami keine Gelegenheit, sie an sich zu reißen.

Um die Indianer abzuwimmeln, gaben sie ihnen letztlich aber doch ein paar Löffel Reis. Und sie überreichten ihnen einen Zettel. Einer der Männer hatte etwas darauf geschrieben und ihnen bedeutet: »Geht damit zum anderen *garimpo,* weiter am *Rio Taboca* aufwärts. Die haben genug zu essen.«

Die Indianer zogen von dannen. Am *Taboca* angekommen, empfing sie der Kantinenwirt. Die Indianer reichten ihm voller Erwartung ihren Zettel.

»Macht sie fertig, die Schweine«, stand sinngemäß auf dem Papier. Der Wirt las den Text laut vor, ohne das Risiko einzugehen, von den Indianern verstanden zu werden. Dann klopfte er einem auf die Schulter und meinte: »Das könnt ihr haben.«

Dabei lächelte er und jeder konnte glauben, es habe eine durchaus positive Meldung darauf gestanden.

Besonders aggressiv verhielt sich die Köchin der Gruppe. Sie peitschte die Männer auf: »Worauf wartet ihr denn? Knallt sie ab. Hier auf der Stelle.«

Tatsächlich langten die Männer zu ihren Waffen und wollten kurzen Prozeß machen. Da rief der Wirt dazwischen: »Wartet Leute! Die sind womöglich nicht allein. Ich schlage vor, wir geben ihnen etwas zu essen. Das stärkt ihr Vertrauen in uns. Und dann knallen wir sie auf dem Heimweg ab.«

Die Indianer nahmen das Essen und gingen. Sieben Goldsucher folgten ihnen mit einigem Abstand.

Als die Indianer nach kurzer Zeit rasteten, um den Reis zu essen, erschienen die Goldsucher. Erschrocken sprangen die Indianer auf und wollten fliehen. Sie hatten die Goldsucher nicht kommen gehört. Gegen diese Männer hatten sie keine

Curare

Das Pfeilgift der Yanomami heißt Curare. Es sind die eingedickten Säfte strychnoser Pflanzen. Nur wenige Milligramm genügen, um einen Menschen zu töten. Curare lähmt das Nervenstystem. Das Opfer möchte um Hilfe schreien, und die Zunge kommt dem Befehl dazu nicht mehr nach. Nach einigen Sekunden erhält die Lunge keine Impulse mehr zu atmen. Das Herz schlägt noch eine Weile weiter, aber man erstickt.

Man kann einen Getroffenen durch künstliche Beatmung retten. Um die Herzmassage braucht man sich nicht zu kümmern. Nach etwa 15 Minuten verliert das Gift seine Wirkung.

Da ich bei meiner ersten Wanderung zu den Yanomami allein war, hatte ich im Überlebensgürtel eine sofort injizierbare Dosis des Gegengiftes Prostigmin.

Curare wird auch in der modernen Medizin bei der Narkose als muskelerschlaffendes Mittel eingesetzt.

Chance. Sie waren alle bewaffnet, während sie selbst nur über eine einzige Flinte verfügten. Die übrigen besaßen Pfeile, und zwar solche mit Widerhaken für kleinere Tiere und andere mit scharfen Holzklingen für größere. Mit *Curare* waren sie nicht bestrichen.

Die Goldsucher waren von der Begegnung selbst überrascht worden. Die Indianer hatten stillschweigend gegessen, und sie selbst waren geschlichen, um die Indianer einzuholen, ohne sie durch den Lärm zu warnen und zur Flucht zu veranlassen.

Einer der Goldsucher reagierte schnell, als er die sprungbereiten Indianer gewahrte. Um sie beisammenzuhalten, sagte er geistesgegenwärtig: »Hallo, wir sind auf der Jagd. Wollt ihr mitmachen?«

Die Indianer waren völlig überrascht. Das hatte noch nie jemand angeboten. Denn jeder jagte auf seine Weise. Zusammen verjagte man sich das Wild höchstens gegenseitig. Die besten Jäger jagen lieber allein. Und so sagten sie »ma«, nein.

Als die Goldsucher ihnen dann aber auch noch klarmachten, daß man hinterher gemeinsam in einem dritten *barranco* essen würde, war das Mißtrauen dem leidigen Hunger gewichen. Die Indianer waren einverstanden. Man ging im Gänsemarsch. Vorweg ein Indianer als »Spürhund«, dann, immer abwechselnd, ein Goldsucher und ein Indianer. Den Schluß bildeten zwei Goldsucher. Die Indianer waren in der Falle.

Der Schrotschuß zerfetzte den Schädel des Indianers

»Ich muß mal pinkeln«, sagte der Yanomami, der als letzter von sechs Indianern in der Gänsemarsch-Reihe mit den sieben Goldsuchern gegangen war. Er überreichte das einzige Gewehr, das sie besaßen, dem Indianer vor ihm.

»Geht weiter«, sagte er zu ihm. »Ich hole euch schon wieder ein.«

30

Amigo

Die Yanomami kennen nicht die Vokabel »Freund«. In ihrer Welt ist man entweder miteinander verwandt oder verfeindet. Das Mittelding, daß ein Fremder auch ein Freund sein könnte, existiert für sie nicht. In besonderen Fällen umschreiben sie das für sie neue brasilianische Wort *amigo* mit *totihiwe,* gut. So bedeutet ihr Wort für Fremder, *nape,* gleichzeitig auch Feind.

Aber die Goldsucher blieben stehen, als wollten sie auf den »Notdürftigen« warten. Sie hatten ohnehin nicht verstanden, was der Indianer gesagt hatte.

Der war gerade in paar Schritte ins Gebüsch gegangen, als der Goldsucher, der hinter dem Indianer mit dem Gewehr stand, dessen Arm ergriff und ihn festhielt. Bevor der Indianer Zeit zum Nachdenken fand, schoß er ihm mit seiner eigenen Flinte eine volle Ladung Schrot aus nächster Nähe in den Bauch.

Der Schuß war das Signal. Während die Indianer versuchten, seitwärts ins Gebüsch zu springen, drückten auch die anderen Goldsucher ab.

Einer von ihnen hatte in der Aufregung vergessen, die Flinte zu entsichern. Der Schuß löste sich nicht. Der Indianer vor ihm stürzte auf die Knie, riß die Hände vors Gesicht, als ob er sich so schützen könnte und rief »Goldsucher amigo«.

Aber es nutzte ihm nichts. Der Goldsucher kannte kein Pardon. Der Schrotschuß aus allernächster Nähe zerfetzte die Hände und den Schädel des Indianers. Später protzte der Goldsucher selbstgefällig gegenüber seinen Kameraden: »Ich habe ihn hingerichtet.«

Der Yanomami, der gerade seine Notdurft verrichtete, sprang, wie von einer Schlange gebissen, auf und tat das einzig Richtige in dieser aussichtslosen Situation: Er jagte im Zickzack und langen Sätzen davon. In Sekunden war er aus dem 30-Meter-Gefahrenbereich der Schrotkugeln entkommen. Der Urwald verschluckte ihn. Er sprang in den Orinoco.

Der achtzehnjährige Indianer, der den Gänsemarsch angeführt hatte, konnte ebenfalls noch rechtzeitig zur Seite springen. Der Schuß, der ihm gegolten hatte, ging daneben. Bevor er sich richtig berappelt hatte und wieder auf den Füßen stand, sah er sich von drei Goldsuchern umzingelt. Wie eine Harpyie, der Greifvogel, der wie eine Schwalbe durchs Geäst zu fliegen vermag, hüpfte der Indianer hin und her und versuchte, Bäume zwischen sich und die Angreifer zu bringen.

Nur seiner Schnelligkeit war es zu verdanken, daß die ersten zwei Schüsse danebengingen. Die Goldsucher johlten und riefen sich Kommandos zu, um ihn endgültig in die Enge zu treiben und dann abzuschießen.

»Es war wie beim Scheibenschießen«, sollen sie später berichtet haben. »Wir schossen abwechselnd.«

Einer der Schüsse traf den jungen Mann dann doch. Die rechte Taille war aufgerissen. Dieser Schock steigerte seine Kräfte um ein weiteres. Er jagte seinen Schützen davon und sprang ebenfalls in den Orinoco.

Noch einem weiteren Mann war es gelungen, sich verletzt ins Wasser zu stürzen. Er tauchte jedoch nie wieder auf.

Beim Aufprall ins Wasser verspürte der 18jährige einen heftigen Schmerz. An Schwimmen war nicht zu denken. Das war ihm klar, nachdem er das gegenüberliegende Ufer erreicht hatte. Er fürchtete zu verbluten und preßte deshalb beide Hände kräftig auf die Wunde[6]. Zu seinem Glück konnte er sich unmittelbar gegenüber der Einsprungstelle unter herabhängenden Wurzeln im Wasser verstecken. Nur die Nase und die Augen schauten aus dem Wasser. Fieberhaft überlegte er, wie er aus dem Gefahrenbereich entrinnen könnte.

Da gewahrte er gegenüber die Goldsucher. Sie durchkämmten das Dickicht und suchten weitere Opfer: Sieben Indianer

[6] Piranhas sind im Quellgebiet der Flüsse nicht anzutreffen. Das Wasser ist hier zu kalt.

waren es gewesen, aber nur drei Leichen waren am Kampfplatz liegengeblieben. Wo waren die anderen?

Der verwundete Yanomami hielt den Atem an, als einer der Feinde sein Gewehr an einen Baum lehnte, um das Steilufer herabzukommen und sich zu waschen. Mißtrauisch schaute er auch nach links und rechts. Vielleicht war ja einer der Verschwundenen hier. Angst vor den Geflohenen brauchten sie nicht zu haben. Keiner von denen war bewaffnet. Die übrigen Goldsucher hatten damit begonnen, die Toten zu verscharren. Bestimmt nicht aus Humanität, sondern um Spuren zu verwischen.

Als der Goldsucher am Ufer sein Gesicht gewaschen und getrunken hatte und sich aufrichtete, gewahrte er den Indianer. Vielleicht hatte er die Blutspur im Sand vor sich gesehen und hatte dann den Fluß abgesucht. Vielleicht hatte er die angstweiten Augen des Mannes erblickt. Auch wenn der Goldsucher völlig gleichgültig tat und noch einen zweiten Schluck Wasser trank, um den Verwundeten zu täuschen, war dem Indianer klar, daß er erkannt worden war. Ihre Blicke hatten sich für Bruchteile von Sekunden gekreuzt. Ein 18jähriger ist nicht unerfahren. Er kannte diese Situationen zur Genüge von der Jagd. Man konnte oft sehr nahe an Tieren vorbeigehen. Sie verharrten in der Deckung und rührten sich nicht. Waren sich aber die Augen von Jäger und Gejagtem begegnet, dann gab es nur noch eins, nämlich die sofortige Flucht.

Genauso reagierte der Indianer. Als der Goldsucher sich betont gleichgültig umdrehte und den steilen Hang hochkletterte, um dann schnell sein Gewehr zu ergreifen und zu schießen, hatte der Indianer sich mit einer Riesenlunge voll Luft vom Ufer abgestoßen und war von der Oberfläche weggetaucht. Ungeachtet seiner Verletzung schwamm er mit gewaltigen Stößen seiner Arme und Beine, um unterstützt von einer rasanten Strömung zu entkommen. Er hörte den Schuß, aber nicht eine einzige der vielen Schrotkugeln erreichte ihr Ziel.

Erst nach vielen Windungen des Flusses, als er davon überzeugt war, die Verfolger abgeschüttelt zu haben, verließ er den Orinoco. Er folgte einem kleinen Seitenbach in Richtung seines Dorfes Haximu. Es war ein kleiner und schneller Bach, der seine Spuren im Flußsand sofort auflöste. Nur ein einziger Gedanke beseelte ihn: Er mußte seine Leute warnen. Bestimmt waren sie aufs Äußerste gefährdet. Die Brutalität, mit der die Goldsucher sie zusammengeschossen hatten, zeugte von zu großem Haß, als daß man sich der Illusion hingeben durfte, das sei alles gewesen, ab jetzt könne man friedlich zusammenleben. Ganz im Gegenteil, jetzt war es höchste Zeit, die verhaßten Fremden endgültig aus dem Indianerland zu verjagen. Ein solcher Mord verlangte Blutrache.

Doch bevor der Junge Haximu erreichte, verließen ihn die Kräfte. Der hohe Blutverlust und die extreme Anstrengung der Flucht ließen ihn zusammenbrechen. Er spürte die aufkommende Schwäche, er spürte die Kälte in seinem Körper, die weichen Knie, die ihn nicht mehr tragen wollten, und er spürte die nachlassende Geisteskraft, die plötzlich einer Ergebenheit und Müdigkeit wich. Er konnte sich gerade noch neben dem Bach in einem Dickicht verkriechen. Dann verlor er das Bewußtsein.

Der Krieg eskaliert

Noch am Tage des Überfalls der Goldsucher auf die Indianer erreichte der einzig unverletzte Yanomami sein Heimatdorf Haximu.

Er berichtete von dem Vorfall, und der Dorfrat beschloß, unter allen Umständen sofort die Leichen zu bergen und sie traditionsgemäß zu verbrennen.

Eile war geboten. Man mußte dort sein, bevor die Tiere die Reste vernichtet hatten. Wenn nur das Fleisch von den Insekten davongetragen wäre, so wäre das ohne Bedeutung. Die Hauptsache war, der Jaguar, das Ozelot und besonders die Pekaris hatten nicht zwischenzeitlich mit allem aufgeräumt. Vor allem mußten die Knochen gerettet werden. In den Knochen befinden sich nach Auffassung der Yanomami die Seele eines Menschen und seine Kraft. Sie mußten im Feuer von jeglichem Fleisch befreit, dann pulverisiert und mit Bananenbrei verzehrt werden.

Nur so war man sicher, daß die Stärken des Verstorbenen in den Nachfahren weiterlebten.

Zwei Tage später erreichte der indianische Suchtrupp, bestehend aus mehreren Frauen und Männern, den Ort des Geschehens. Der Entkommene diente ihnen als Führer. Kurz vor dem Ziel trafen sie glücklicherweise auch den Verletzten, der immer noch kraftlos in seinem Versteck lag.

»Stellt euch vor – sie haben unsere Leute begraben!«, war das erste, das er berichtete, nachdem man ihn mit Wasser und Bananen versorgt hatte. »Sie schreckten nicht einmal vor so einer Entweihung zurück.«

Solchen Barbaren, wie diesen Goldsuchern, war alles zuzutrauen. Auch, daß deren Blutdurst noch immer nicht gestillt war, und sie einen weiteren Angriff planten.

»Laßt uns auf jeden Fall vorsichtig sein«, mahnten die Erfahrenen.

Der Verletzte hatte ihnen die genaue Lage der Gräber beschrieben. Vorsichtig erkundeten sie die Umgebung. Als die Luft rein war, bargen sie ihre Verwandten. Sie konnten sie mühelos aus der Erde freibekommen. Sie lagen in nur geringer Tiefe, und das Erdreich über ihnen war lockerer Humus. Aber so sehr sie auch suchten – mehr als drei Tote fanden sie nicht. Der vierte blieb verschwunden. Es war der, dem es noch gelungen war, in den Orinoco zu springen. Er war, soweit sie das Ufer auch absuchten, nirgends angetrieben worden und blieb für immer verschwunden.

»Laßt sie uns einpacken und sehen, daß wir hier fortkommen«, riefen die Alten. »Wir sind sicherer, wenn wir sie weit weg von hier verbrennen.«

Sie wickelten die sterblichen Reste in die großen Blätter der Ketipa-Pflanze, mit denen man für gewöhnlich die *tapirís*[7] gegen Regen deckte. Mit Lianen wurden die Pakete verschnürt.

Nach anderthalb Stunden fühlten sie sich in Sicherheit. Sie luden ihre Lasten ab, trugen die nötigen Mengen großen Klafterholzes herbei und stapelten es zu einem ein Meter hohen Turm. Die Leichen wurden oben auf den Stapel gelegt und diese dann in Brand gesetzt.

Unter der Einwirkung der gewaltigen Hitze und durch den in sich zusammensackenden Holzstoß, schienen die Körper sich noch einmal aufzubäumen. Einige der Angehörigen hockten laut weinend im Kreis ums Feuer. Zwei Männer schoben die Holzscheite mit langen Stangen immer wieder ins Feuer zurück, wenn sie auseinandergefallen waren.

Schließlich waren die Flammen erloschen. Zurück blieb ein Haufen weißer Holzasche und, darin verstreut, die Knochen. Sie wurden in mitgeführte Tragekörbe gelegt und die Asche solange mit den Fingern abgetastet, bis man überzeugt war, daß kein einziger Knochen vergessen wurde. Auch nicht der kleinste Endknochen eines Zehs oder Fingers.

Zuhause wurden die Knochen mittels Mörsers zerstampft, bis sie pulverfein waren. Nachdem auch im engmaschigsten Lianenfaden-Sieb nichts mehr hängen blieb, war die Arbeit abgeschlossen. Das grau-schwarze Knochenpulver wurde in kleine Flaschenkürbisse gefüllt und dann verkorkt, versiegelt, verpackt.

Währenddessen gingen die besten Jäger auf die rituelle Jagd. Man erwartete Gäste aus den Nachbardörfern Homoxi-teri, Makayu-teri und Touma-teri. Also brauchte man auch reichlich Nahrung. Kein Häuptling will sich nachsagen lassen, er sei ein

[7] Tapiris sind die Kurzzeitunterkünfte während der Wanderungen.

schlechter Gastgeber. Das ist bei den Yanomami nicht anders als bei uns in Deutschland.

Im Gegensatz zu normalen Totenfesten schlugen die Wogen der Emotionen hier besonders hoch. Die Toten waren nicht eines normalen Todes gestorben, etwa infolge von Krankheiten, sondern sie waren ermordet worden. Und das schreckliche Geschehen hatte sich erst vor wenigen Stunden ereignet. So war die Wut groß und frisch und man beschloß, sich zu rächen. Man wollte nicht nur die Täter umbringen, sondern möglichst auch andere Goldsucher.

Von ganz besonderen Rachegefühlen waren die männlichen Angehörigen jenes Verschwundenen besessen, dessen Leichnam man nicht hatte finden können. Seine Seele würde nun auf der Welt herumirren, und wäre den Torturen böser Geister ausgeliefert. Eine Horrorvision für jeden Yanomami. Noch unter dem Eindruck des Festes zogen die Krieger, zu allem entschlossen, los. Sie waren mit Flinten ausgerüstet und mit Pfeilen.

Nach zwei Tagen erreichten sie gegen Abend ein *garimpo*. Sie versteckten sich, um am nächsten Morgen bei Tageslicht den günstigsten Moment für einen Angriff abzuwarten. »Da vorne im Zelt habe ich zwei Männer gesehen«, berichtete der eine Späher. »Mit denen werden wir fertig.«

Vorsichtig pirschten sie näher. Sie wurden nicht bemerkt, weil einer der *garimpeiros* mit Kochen beschäftigt war, während der andere sich mit ihm unterhielt.

Bevor die Goldsucher gewahrten, was los war, krachten mehrere Schüsse. Sie hatten keine Chance zur Gegenwehr. Einer der Männer war auf der Stelle tot. Der andere konnte jedoch fliehen, obwohl er gleich zweimal getroffen war: einmal im Rücken, einmal im Gesäß. Schreiend stürzte er zu Tal zu seinen Kameraden im *barranco*.

Die Wut der Indianer explodierte. Sie schlugen dem Toten den Kopf ab, schossen Pfeile in seinen Körper und nahmen seine Waffe und Patronen an sich.

Der Überfall der Indianer ließ auch den Zorn der Goldsucher zum Schäumen bringen.

Der Tote wurde in seiner Küche begraben. Der Verletzte wurde in einem Zwei-Tages-Marsch zur nächsten Piste gebracht und ausgeflogen.

»Wir müssen ein Exempel statuieren. Damit wir hier für alle Zeiten in Ruhe arbeiten können, müssen wir alle Bewohner der zwei Dörfer von Haximu töten.« Das war der einstimmige Beschluß nach zwei größeren Besprechungen.

Man organisierte Freiwillige und erhielt vor allem Rückendeckung der *empresários,* der Big Bosse in Boa Vista. Die fürchteten um ihre Investitionen in Venezuela und lieferten sogar völlig kostenlos Waffen und Munition. Die Namen dieser Mafiosi seien noch einmal genannt. Es waren João Neto, der *fazendeiro* und sein Schwager Chico Ceará. Es war Eliezer, der an einer Piste neben einem Goldfloß auch ein Kantine betrieb, es war Pedro Prancheta und es war Cururupú, der kriminelle Briefschreiber. Schließlich kamen siebzehn Goldsucher zusammen, die alle über 38er-Revolver und über Flinten der Kaliber 12 und 20 verfügten. Sie besaßen Dolche und Haumesser. Ihre Taschen waren prallvoll mit Munition. Die nächste Schlacht sollte die Entscheidung bringen.

Unter den siebzehn waren auch einige derer, die die sechs Indianer vor einigen Tagen angegriffen hatten und vier weitere, die regelrechte Berufskiller waren, Pistoleiros.

Die Bewohner von Haximu waren nicht ganz unvorbereitet. Sie fürchteten ihrerseits die Gegenrache der *garimpeiros* und versteckten sich, weit entfernt von ihren Häusern, im tiefen Wald.

Fünf Tage ließen sie sich nicht mehr in ihren Dörfern blicken. Da sie in wenigen Tagen ohnehin zum Fest bei ihren Freunden, den Makayu-teri, wollten, machten sie sich gleich vom Versteck aus auf den Weg dorthin auf. Zwar wußten sie, wann das *reahu* stattfinden würde, aber es fehlte noch die formelle Einladung zu dem Treffen. Sie warteten auf den Kurier der Makayu-teri. Deshalb schlugen sie auf halbem Weg dorthin in einer Plantage ihr Lager auf.

Diese Wartezeit nutzten drei der Krieger zu einem erneuten Rachefeldzug. Irgendwie hatte sie der letzte Überfall auf die zwei Goldsucher in der Küche nicht ganz befriedigt. Vor allem der Bruder des nichtgefundenen Toten war hier der maßgebliche Initiator. Sie schlichen sich an eine der Goldgruben an. Es war nicht sonderlich schwer, weil die Maschine einen Höllenlärm machte.

Um den Schuß abzugeben, trat der Anführer der Indianer hinterm Baum hervor und drückte seine Flinte ab. Dem nächststehenden Goldsucher blieb nichts, als seine Arme schützend vors Gesicht zu reißen. So entging er zwar dem Tod, wurde aber an den Armen schwer verletzt.

Die Indianer nahmen Reißaus, bevor die anderen Goldsucher begriffen hatten, was geschehen war, und kehrten zurück zu ihren Leuten in der Plantage.

Genau zum Zeitpunkt dieses mißglückten Angriffs waren auch die siebzehn Goldsucher unterwegs, um ihrerseits Rache auszuüben. Obwohl man beinahe gleiche Wege ging, begegneten sich die Gruppen nicht, weil die Indianer in solchen Fällen Wege meiden und den *mato cerrado,* den geschlossenen, pfadlosen Wald, wählen.

Die Goldsucher erreichten Haximu und entdeckten zur ihrer Enttäuschung, daß die Bewohner verschwunden waren. In ihrem Zorn warfen sie alles, was sie an Gebrauchsgütern fanden, auf einen Haufen und schossen es kurz und klein.

Dann steckten sie beide *malocas* in Brand. Sie suchten die Umgebung nach Spuren der Flüchtlinge ab und entdeckten den deutlich frisch ausgetretenen Pfad zur Plantage.

Inzwischen hatte sich dort die Lage geändert. Der Bote war gekommen und hatte die offizielle Einladung überbracht. Wegen des Kriegszustandes beschlossen die Yanomami jedoch, diesmal nicht alle und der gesamten Feier beizuwohnen. Sie wollten jederzeit bereit sein, sich einem Angriff der Goldsucher zu stellen. Deshalb gingen ausnahmsweise nur die kräftigsten Leute zur *maloca* Makuya-teri. Sie, die am schnellsten waren, und die nach der Feier eilends zurückkehren konnten. Der *tushaua,* der Häuptling Simão, würde dafür volles Verständnis aufbringen.

Die weniger flexiblen Leute, vor allem Alte und Kinder, blieben in der Plantage. Durch sie würde man beim Marsch zum und vom Fest nur wertvolle Zeit verlieren. Im übrigen sahen die Yanomami keine Gefahr für die Zurückgelassenen, weil nach ihren Gesetzen ein Angriff auf Frauen und Kinder undenkbar war. Für sie befanden sich die Angehörigen in absoluter Sicherheit.

Die einzig Rüstigen bei den Alten und Frauen waren die drei Krieger, die soeben den Goldsucher angeschossen hatten. Sie waren hierher zurückgekehrt, als die Festteilnehmer bereits auf dem Weg zum *reahu* waren. Sie wollten sich von ihrer Flucht ausruhen und dann ebenfalls an der Feier teilnehmen.

Am nächsten Morgen gingen die rüstigsten Frauen in den Wald, um *ingá* zu sammeln, jene erbsenschotenartigen Früchte, die auf Bäumen wachsen. Die schwarzen Bohnen werden nicht gegessen, die weißpelzige Schote hingegen sehr gern.

Einschließlich der drei Krieger befanden sich zwanzig Personen in der Plantage.

Gegen Mittag erreichten die siebzehn Goldsucher die Plantage und umstellten sie. Vorsichtig zogen sie den Kreis immer enger, bis sie sich nah genug fühlten. Dann eröffneten sie das Feuer und schossen blind auf alles, was sich bewegte.

Trotz des Kugelhagels gelang mehreren Personen die Flucht, nämlich den drei Kriegern und einem alten Mann.

Auch eine Frau und drei junge Mädchen zwischen sechs und zehn Jahren konnten zunächst entkommen. Daß das überhaupt möglich war, verdankten sie den dichtstehenden Pflanzen der Plantage und dem Umstand, daß ihre provisorischen Hütten zwischen diesen Pflanzen an verschiedenen Stellen errichtet waren und nicht dicht nebeneinander lagen.

Die jungen Mädchen und ein Krieger wurden am ganzen Körper von Schrotkugeln getroffen. Ein älteres Mädchen erhielt eine schwere Kopfverletzung. Die Goldsucher kümmerten sich nicht weiter um die Verwundeten. Sie hasteten kreuz und quer durch die Plantage, um aller Indianer habhaft zu werden, die hier anwesend waren. Und dadurch gelang es einigen Angeschossenen, sich zu verkriechen. Auch als die Schießerei beendet war, blieben sie mucksmäuschenstill liegen.

Nachdem die Goldsucher keinen Indianer mehr aufspüren konnten, durchstöberten sie die Hütten nach Verwundeten. Sie wurden erbarmungslos mit Buschmessern niedergemacht. Allen, auch den bereits Toten, wurden die Köpfe abgeschlagen, die Arme und Beine abgetrennt, dann wurden die Körper zerstückelt. Ein Säugling, der in einer Hängematte lag, wurde in die Matte eingerollt und von allen Seiten unter Gejohle durchstochen.

Dann erst zogen sich die Goldsucher in ihre *barrancos* zurück. Sie waren überzeugt, daß das, was hier in der Abgeschiedenheit des Waldes unter Ausschluß der Öffentlichkeit abgelaufen war, niemals ans Tageslicht käme.

Der Blutgeruch veranlaßte die Indianer,
ihr Lager abseits vom Tatort aufzuschlagen

Nachdem sie sicher waren, daß die Goldsucher sich zurückgezogen hatten, lief einer der drei jungen indianischen Krieger, die das Massaker unverletzt überlebt hatten, zu den Frauen, die im Wald waren um *ingá* zu ernten.

Er berichtete von dem Vorfall und befahl ihnen, sich zunächst noch versteckt zu halten.

»Die drei kräftigsten von euch müssen sofort zu den Makayu-
teri und unseren Leuten Bescheid geben. Ich schleiche mich
nochmal zurück. Ich habe in der Panik mein Gewehr liegen gelassen. Vielleicht habe ich Glück und finde es.«

Während die Frauen im Eilmarsch Hilfe herbeiholten, pirsch-
te der junge Mann zurück an den Tatort. Natürlich war sein
Gewehr nicht mehr da. Die Goldsucher hatten es mitgenommen. Statt dessen entdeckte er die Verletzten. Er stürmte zurück zu den ingá-Frauen, und gemeinsam trugen sie sie aus
dem Gefahrenbereich in den Wald.

Als die Nachricht zu den Männern auf dem Fest gelangte, war
die Panik groß. Sie verließen es augenblicklich und begaben
sich im Dauerlauf zum Tatort.

Was sie dort sahen, übertraf alle ihre Befürchtungen. Überall
lagen Leichenteile verstreut, so daß sie im ersten Moment gar
nicht erfassen konnten, wer alles tot war, und ob es womöglich
noch Überlebende gab. Entsprechend baute sich eine Stimmung aus Trauer, Wut und Ohnmacht auf. Die Männer waren
zu allem entschlossen.

Da es dunkel wurde, mußte erst ans Nachtlager gedacht werden. Der Blutgeruch veranlaßte sie, es ein Stück abseits im
Wald aufzuschlagen. Noch in der Morgendämmerung kehrten
sie zurück und begannen direkt an Ort und Stelle mit der Ver-
brennung. Sie waren dermaßen in Rage, daß sie sogar das Risiko in Kauf nahmen, infolge des Rauchs von den Goldsuchern
aufgespürt und erneut angegriffen zu werden.

In diesem Moment hörten sie einen markerschütternden
Schrei. Aus dem Gebüsch torkelte das Mädchen mit dem
Kopfschuß. Sein Schädel war eine einzige Blutmasse. Es preßte ihn mit seinen Händen zusammen, als wolle es verhindern,
daß er vollends auseinanderklaffte.

Als die Mutter ihre Tochter erblickte, stürzte sie sich ihr schreiend entgegen und versuchte alles, um zu helfen. Sie wusch den

Kopf mit Wasser und hielt ihn mit den Händen in ihrem Schoß. Jedem war klar, daß die Kleine kaum eine Überlebenschance hatte.

Während man sonst wartet, bis die Knochen in der Glut etwas abgekühlt sind, wurden sie in diesem Falle noch quasi glühend mit Holzstäben herausgefischt und in Körbe gelegt, die vorher dick mit frischen Blättern ausgepolstert worden waren. Einige der Knochen und Gebisse wiesen deutlich die Einwirkungen der Geschosse auf.

Zuletzt wurden die persönlichen Besitztümer der Toten eingesammelt und mitgenommen. Sie sollten später während der eigentlichen Totenfeier vernichtet werden.

Nach wie vor verlief alles hektisch. Jedem Moment rechnete man mit dem Auftauchen der Goldsucher. So geschah etwas, das sonst undenkbar wäre: In der Eile des Aufbruchs übersahen sie eine der zerstückelten Leichen. Sie blieb am Ort zurück und wurde nicht mehr geborgen.

Dann begann die wochenlange Flucht. Um nicht doch noch von den Goldsuchern entdeckt zu werden, mieden die Yanomami alle Wege und gingen durchs Dickicht. Ihr Weg wurde erschwert durch die Verletzten und fehlendes Essen. Nach kurzer Zeit starb das Mädchen mit dem Kopfschuß.

Am 25. August 1993, etwa vier Wochen nach dem Überfall trafen die Überlebenden in Brasilien ein.

Sie hatten das Grenzgebirge überquert und bei alten Freunden am Rio Toototobi Zuflucht gesucht, in der *maloca* des Häuptlings Marcos.

Mit der Wahl dieses Ortes hatten die Flüchtlinge zu guter letzt wenigstens das bescheidene Glück, daß das Gebiet um Marcos' *maloca* von Goldsuchern frei war, und daß es hier eine Erste-Hilfe-Station der CCPY gab. Von Marcos' *maloca* erreichte die Nachricht, daß es doch noch 73 Überlebende gab, den Rest der Welt.

Die CCPY flog sofort einen ihrer besten Männer, den Antropologen Bruce Albert ein, der in wochenlangen Gesprächen den hier geschilderten Tathergang rekonstruierte.

»Wer Kinder zerhackt, war nicht in Notwehr«

Die Täter selbst waren längst über alle Berge. Ihre Panik begann, als sie völlig unerwartet in ihren Transistoren, über Funk und Handy vernehmen mußten, daß die Nachrichten vom Massaker doch durchgesickert waren. Und das nicht nur in Brasilien, sondern in der ganzen Welt.

Während die Behörden noch mit Dementis und Schuldzuweisungen Zeit verplemperten, waren die Mörder augenblicklich nach Boa Vista zurückgekehrt und hatten sich übers ganze Land verteilt. Sie ließen sich vor der überstürzten Flucht gerade noch so viel Zeit, jeden mit dem Tod zu bedrohen, der auch nur ein Wort vom Tathergang verraten würde.

Aber auch ohne die Drohung werden sie beruhigt in Brasilien weiterleben können. Ihre wahre Identität ist kaum jemandem bekannt. Sie arbeiteten, wie alle Kollegen, unter Spitznamen. Nur die Hintermänner, jene fünf Bürger von Boa Vista, kamen plötzlich ins Schleudern. Nachdem Brasilien weltweit der Mitverantwortung an diesem Verbrechen beschuldigt wurde, gingen die meisten Prominenten auf Distanz. Nach der Devise: »Eine gute Tat hat viele Väter, eine schlechte immer nur einen«. Zwar konnte man die fünf Drahtzieher nicht persönlich belangen, weil sie nicht selbst gemordet hatten, aber sie hatten dem Image ihres Landes einen irreparablen Schaden zugefügt und saßen zumindest arg in der Klemme.

Als sich einer von ihnen, der Mafioso João Neto mit der Bitte um moralische, politische und juristische Unterstützung an den Großsprecher Altino Machado wandte, erlebte er eine Abfuhr. »Ich bin nicht Gewerkschaftsführer von Mördern, sondern von Goldsuchern«. So war es auch in Zeitungen zu lesen.

João Neto: »Du weißt doch selbst, daß es für unsere Männer Notwehr war.«

Altino sah ihn nur mitleidig an.

»Siebzehn Schwerbewaffnete töten wehrlose Alte, Frauen, Kinder und Babys? Da sprichst du von Notwehr? Von mir kannst du keine Hilfe erwarten.«

Die indianischen Flüchtlinge sind inzwischen fast alle in ihre Heimat zurückgekehrt.

Auf die Frage, ob sie weiterhin Vergeltung üben würden, sagten sie: »Wir rächen uns nur an Menschen. Goldsucher, die Kinder und Alte morden, sind nicht mal würdig, als Feinde betrachtet zu werden. Wir können nur hoffen, daß die Weißen selbst sie dafür zur Rechenschaft ziehen.«

Das ist bisher nicht geschehen (Ende 1996).

In der Höhle des Löwen

Nach der Sache mit Haximu stand für Christina und mich fest: Wir versuchen erneut, mitten ins Yanomami-Land zu gelangen und einen TV-Film zustandezubringen.

»Die Goldsucher, die jetzt noch drin sind, sind der harte Kern«, schrieb Claudia Andujar von der CCPY in einem ihrer Rundschreiben. Sie schätzte diesen Trupp auf 5000 Personen. Laut Gesetz durfte sich nicht eine einzige Person da aufhalten. Verglichen mit den Chaos-Zeiten, dem Bürgerkrieg zwischen 1987 und 1992, als dort bis zu 65.000 Männer wühlten, schienen die verbliebenen 5000 wie ein paradiesischer Zustand. Aber diese 5000 waren kampfbereite Gestalten. So viele Krieger hatten alle Yanomami von Venezuela und Brasilien zusammen nicht zu bieten. Dazu kam, daß nur wenige Yanomami über Gewehre verfügten. Sie besaßen auch so gut wie keinen Geländevorteil mehr. Die Goldsucher waren inzwischen im Wald ebenso zu Hause wie jeder Indianer. In der Zeit vor dem Goldkrieg schätzte man die Zahl der brasilianischen Indianer auf 10–12.000 Personen. Die heutigen Schätzungen liegen erheblich darunter: zwischen 3000 und 8000. Die hohe Zahl wird gern von staatlichen Institutionen genannt. Sie wollen damit deutlich machen, da könne man nicht von Völkermord sprechen.

Und 3000 ist oder war die Meinung der beiden Gouverneure von Amazonas und Roraima, Gilberto Mestrinho und Ottomar Pinto. Sie möchten damit ihre These untermauern, daß soo wenige Personen unmöglich das Recht haben können, soo viel Land zu beanspruchen. Daß es seit historischen Zeiten das Land der Indianer gewesen ist, und daß der Brasilianer derjenige ist, der immer mehr Land benötigt, stellte für diese Sorte Politiker nie ein Argument dar.

Mitten in dieses Wespennest wollten wir uns jetzt begeben. Außer Davi Kopenawa Yanomami, dem einzig repräsentativen Häuptling und Sprecher der Yanomami und einigen wenigen katholischen Missionaren, durften wir kaum jemanden zu unseren Freunden zählen. Also auch keinen der uns noch unbekannten Indianer ferner Dörfer, denen wir womöglich begegnen würden. Längst nicht alle Yanomami sehen in den goldschürfenden Eindringlingen Feinde. Weil diese ihnen Geschenke gaben, und sei es nur eine rote Schirmmütze, waren sie auf Seiten solcher Schenkenden. Diese geschenkorientierte Augenblicksbezogenheit der Indianer ist mir zwar verständlich, aber sie ist ein fataler Schwachpunkt aller Indianergemeinschaften, wie aller Menschengemeinschaften schlechthin. Wegen dieser Schwäche kann man sie spalten, zu Feinden oder Freunden manipulieren und sie zerstören. Das wissen die Gegner genau, und sie nutzen es weidlich aus.

Die mit den Invasoren einhergehende Zerstörung des Waldes, die Ausrottung der Tiere, den Lärm, nahm man hin. Daß die Flüsse mit Quecksilber vergiftet wurden, erkannte man nicht. Diese Folgen wirken schleichend. Daß die Wasser verschlammten und sich der Fischbestand drastisch verringerte, kompensierten die Indianer mit den paar Händen voll Reis, die die Goldsucher gnädig verteilten.

Daß plötzlich völlig neue Krankheiten die Bevölkerung dezimierten, sah man eher als Fügung des Schicksals, nicht als eine Folge der Goldsucher-Invasion. Denn auch die Goldsucher starben ja schließlich an diesen Leiden.

Wollten wir von den uns unbekannten Indianern akzeptiert werden, mußten wir ebenfalls Geschenke mitbringen. Natürlich wußten wir, was sie liebten. Aber vieles schied aus Gewichtsgründen aus, denn es mußte für uns tragbar bleiben.

Somit schieden Haumesser und Lebensmittel aus. Roter Stoff, die »Eintrittskarte« schlechthin in jedes Dorf, kam wegen seines Volumens nicht in Betracht. Was letztlich blieb, waren Angelhaken, Sehnen, Perlen – jedes einzelne Stück wertvoll, ein Kleinod.

Aber die Geschenk-Frage war nicht die wichtigste. Für alle Fälle hatte ich mein Zauberprogramm und meine Mundharmonika dabei. Damit – das hatte sich längst bewährt – konnte man sich durchaus für Gastfreundschaft revanchieren.

Viel wichtiger war die Vorbeugung gegen unberechenbare Goldsucher. Die Hauptgefahr für mich bestand darin, wiedererkannt zu werden. Einer unserer Filme war mehrfach im brasilianischen Fernsehen wiederholt worden, in jeder katholischen Mission, sogar in Venezuela, besaß man eine Videokopie, und so mancher kannte mich auch persönlich und wußte, auf welcher Seite der »Kriegsparteien« ich stand.

Wer Boa Vista, unseren Startplatz kennt, weiß auch, wie schnell man selbst dann wiedererkannt wird, wenn man sich verkleidet. Die Stadt ist einfach zu klein, um unterzutauchen. Neugierige Augen folgen einem überall. Man würde mich wiedererkennen am Gang, an der Art, wie ich Portugiesisch sprach und an typischen Gesten.

In einem Ort wie diesem, wo nichts Besonderes passierte, und wo jeder viel Zeit hatte, prägen sich solche persönlichen Merkmale wie Brandzeichen ein. Eine Verkleidung schied also aus.

Dazu kam, daß ich wieder in Begleitung Christinas war. Spätestens dadurch wurden wir unverwechselbar. Wir wurden ein Duo, das auf 300 Meter zu identifizieren war. Für die einen liefen wir unter *»Das Duo mit den Illusionen«,* für die anderen als *»Duo infernal«.* Zu den Ersten rechneten uns die weniger erfolgreich arbeitenden kleinen Menschenrechtsgruppen. Zu den Zweiten zählten wir bei einigen Mafiosi.

Was uns letztlich blieb, war die geringe Hoffnung auf das Glück, nicht erkannt zu werden und innerhalb von Stunden per Flieger im Yanomami-Land unterzutauchen.

Die Hoffnung, daß die kleinen Goldsucher die durch die Straßen wieselten, ohnehin nichts von uns wußten war realistisch. Sie befinden sich ständig auf der Wanderschaft. Wer heute noch hier gebuddelt, der grub morgen längst woanders, immer gerade dort, wo Gerüchte mehr Gold verhießen. Von den alten Bekannten unter ihnen würden wir wohl keinem wiederbegegnen. Und wenn doch ein Ortstreuer unter ihnen war, dann mußte er uns eher auf seiner Seite als auf der der Gegner wähnen, denn schließlich hatten wir den *garimpeiros* oft genug geholfen. Nie hatten wir Zweifel daran aufkommen lassen, daß der einfache Goldsucher für uns nicht vor allem Täter, sondern eher Opfer war. Opfer der sozialen Mißstruktur Brasiliens und Opfer der rücksichtslosen Hintermänner, der Bosse.

Und von diesen Bossen, die dauerhaft in Boa Vista ansässig waren, hofften wir, daß sie infolge Überbeschäftigung nie aus ihren Büros herauskämen und uns somit auch nicht begegnen würden. Aber sie waren, das war uns klar, unsere wahren Gegner. Und gegen sie gab es nach unserer Einschätzung nur ein einziges wirksames Mittel: den öffentlichen Bekanntheitsgrad. Das war unsere Chance. Und ansonsten vertrauten wir dem Motto, selbstbewußt aufzutreten, keine Angst zu zeigen und auch darauf zu vertrauen, daß es der Goldsucher-Clique mehr Schaden brächte, uns auszuknipsen als uns wirken zu lassen.

Daß wir da zu optimistisch und blauäugig waren, sollte sich später bald herausstellen. Mühelos erdachten sich die Gegner andere Möglichkeiten, sich gegen uns zu schützen. Wir waren Bagatellfälle für sie.

Daß das Recht auf unserer Seite war, zählte überhaupt nicht. Allenfalls diente es uns zur Beruhigung. Recht ist in Brasilien etwas, das im Gesetzbuch steht, und das man benötigt, um sich als demokratischer Rechtsstaat darzustellen. Auch wenn man es de facto nicht ist.

Oft genug schon hatte man uns polizeilicherseits wissen lassen, daß wir uns gegen die Gesetze versündigt hätten.

Hauptvorwürfe:

- illegales Betreten indianischer und militärischer Sperrgebiete
- unbefugtes Arbeiten als Journalist (dazu benötigt man in Brasilien eine Erlaubnis)
- unbefugtes Arbeiten als »Arzt« (wir hatten kostenlos Malariatabletten verteilt).
- Ein Schlaumeier unterstellte mir sogar die Möglichkeit, ich hätte mit Drogen zu tun. Sein unschlagbarer Beweis: meine zahlreichen Stempel im Reisepaß. »Warum sonst kommen Sie so oft nach Brasilien?«

Jahreswechsel 1993/94. Ankunft in Boa Vista per Bus von Manaus. Die unauffälligste Art, in die Regierungsstadt des Bundesstaates Roraima einzureisen.

Mit der Wahl des Busses statt Flugzeugs umgingen wir die obligatorischen Gaffer am Aéroporto International. Wer dort ankommt, ist quasi registriert. Am Busbahnhof Rodoviário hingegen, wo das ärmere Fußvolk anzutreffen ist, entgeht man diesem Risiko.

Vom Bus, husch, ins Taxi. Mit dem Taxi ins Stammhotel Eusébio und dann die Fühlerchen ausgestreckt. Unsere Strategie stand fest: Über einen mit Christina befreundeten Taxifahrer wollten wir sofort den Kontakt zum Piloten Iran herstellen und möglichst morgen früh Boa Vista per Flugzeug verlassen. Iran hatte Christina nach dem Massaker hineingeflogen. Ihm vertrauten wir.

Doch Iran hatte seinen Job gerade letzte Woche aufgegeben. Zwei andere Piloten wollten uns vorher persönlich kennenlernen. Wir trafen uns in der Pizzaria neben dem Hotel, gaben uns von der besten Seite und – sahen die Piloten nie wieder. Unsere beste Seite war offenbar nicht gut genug.

Auf jeden Fall wurde es nichts mit dem Blitzstart. Die Zeit verstrich. Wir trafen uns mit noch zwei weiteren Piloten. Und damit hatten wir sie schon fast alle durch. Von den früheren

50

zweihundert waren jetzt nur noch ein Dutzend tätig, und die mußten höllisch aufpassen. Immer wieder gab es polizeiliche Razzien und Beschlagnahmen, um die ausländische Öffentlichkeit zu beruhigen. Wer sagte ihnen, daß wir nicht deren Schnüffler waren, welche die geheimen Start- und Landepisten ausplaudern würden? Dann verzichtete man lieber auf den Verdienst und blieb Eigentümer seines Flugzeuges.

Zu Gast bei Powerfrau Vera

Nach einer Woche war uns klar, daß wir mit »Plan 1« gescheitert waren. Unsere Heimlichkeiten wurden eher unheimlich. Längst waren wir Ortsgespräch, denn die Piloten hatten die Ablehnung oft nicht allein entschieden. Sie hatten sich bei ihren Hintermännern rückversichert, die hatten uns kurz observiert, und alle wußten Bescheid. Im Notfall hielten die Mafiosi zusammen wie Frösche bei der Paarung. Auch wenn sie sonst erbitterte Konkurrenten waren.

So kamen wir zu »Plan 2«.

»Wir gehen zu Vera Regina, der Komunal-Politikerin. Ich werde ihr sagen, daß ihr TV-Interview vor einigen Monaten die europäischen Zuschauer besonders beeindruckt hat. Auf ihren Satz hin »Und wer kümmert sich um die armen Goldsucher?« hätte es beim Sender überraschend viele Anfragen gegeben. Tenor: »Wieso arm? Ich denke Goldsucher sind reich, zerstören den Wald und ermorden Indianer?«

Christina rasselte das runter, als stünde Vera Regina bereits vor ihr. In Wirklichkeit übte sie den Text. Der erste Eindruck würde entscheidend sein. »Und daraufhin hat mein Chefredakteur gesagt »Gehen Sie noch einmal nach Brasilien und beleuchten Sie diesen Aspekt des Problems. zeigen Sie, wie ein Goldsucher im Elendsviertel lebt, daß er keine Chance auf Arbeit hat, und daß das Goldsuchen seine einzige Möglichkeit ist, aus dem Elend auszusteigen. Zeigen Sie auch, wie hart dieses alternative Leben als Goldsucher ist, und wie die Männer mit den Indianern klarkommen. Gehen Sie vor Ort!«

Dabei sollte Vera Regina nur Mittel zum Zweck sein. Sie sollte uns Zugang verschaffen zu José Altino Machado, dem Big Boß des Gold-Geschäfts.

»Bist du sicher, daß sie Altino gut genug kennt?« zweifelte ich. Ich wäre wahrscheinlich direkt zu ihm gegangen.

»Ja, ganz sicher. Als ich sie damals interviewte, entdeckte ich auf ihrem Schreibtisch sein Foto in einem hübschen Silberrahmen. Das hatte sie dort bestimmt nicht stehen, nur weil sie seine Partei wählt.«

Christina, die alte Schnüfflerin! Ich selbst hätte Altino auf dem Foto vielleicht gar nicht erkannt, obwohl sein Konterfei jedem geläufig ist, der am Thema Gold arbeitet.

Ab jetzt traten wir als Reporter der Fernseh-Anstalt »Europa TV« auf. Aufkleber, Briefpapier und Visitenkarten waren unsere Dokumente. In Wirklichkeit existierte sonst nichts von dieser Firma. Sie war unsere Erfindung, und der Name sollte selbst Analphabeten verständlich sein, denn »Europa« und vor allem »TV«, waren auch erkennbare »Bilder« und für jedermann verständliche Vokabeln.

Das Wort »Europa« soll den Eindruck vermitteln, wir bedienten mit unseren Nachrichten einen ganzen Kontinent. Vielleicht war das noch die ehrlichste Lüge. Gelänge es uns, eine wirkliche Sensation auf Zelluloid zu bannen, dann würde sie sogar über Europa hinaus zur Kenntnis benommen werden. Hoffnung eines jeden Filmers. Wirkliche Nachrichten bedürfen keines besonderen Filmers oder Senders.

Die Aufkleber hatten wir wohlweislich erst jetzt angebracht, um bei Zollkontrollen keinesfalls nach unserer (fehlenden) journalistischen Legitimation gefragt zu werden. Für Zöllner wollten wir Touristen mit der Devise »Oh, ist Brasilien toll« bleiben.

Das Glück war uns hold. Als wir Vera Regina die Filmidee angetragen hatten, sagte sie sogleich und von sich aus: »Da müßt ihr unbedingt mit Altino reden. Denn wenn euch einer helfen kann, dann er.«

Das lief ja endlich mal glatter, als wir je erwartet hatten, unerwartet reibungslos. Wir jubelten im stillen und knufften uns vor Freude heimlich in die Rippen.

»Heute abend habe ich Altino zu Gast in meinem Haus. Wenn ihr Lust habt, seid ihr ebenfalls gern eingeladen.«

Wir ließen uns Freude und Überraschung gern anmerken.

»Das ist ja großartig. Wenn wir nicht stören, nehmen wir die Einladung selbstverständlich an.«

Bis 20 Uhr war noch reichlich Zeit.

»Wir können da unmöglich in Sandalen und T-Shirt aufkreuzen«, gab ich zu bedenken. »Ich kaufte mir noch schnell ein Paar Schuhe.«

Der Treff war mir die Investition wert. Obwohl ich nun, mit denen in Deutschland, zwei Paar Schuhe besäße. Der reinste Luxus. Und völlig gegen mein Prinzip. Denn wofür zwei Paar Schuhe, wenn man nur ein Paar Füße besitzt?

Christina wollte meiner Eleganz nicht nachstehen und gönnte sich eine kecke rote Bluse.

Verglichen mit früher, gab es inzwischen viel mehr Textilien-Shops in der Innenstadt. Die ehemaligen Garimpeiro-Ausrüstungs- und Goldhandels-Läden hatten sich in Boutiquen verwandelt. Die Rua Floriano Peixoto, die Straße am Flußufer, hatte sich gar in eine sehenswerte Promenade mit Pflastersteinen, Blumenrabatten und Bäumen gemausert, und am Anfang der Haupteinkaufsstraße, der Avenida Jaime Brasil, spannte sich eine Betonbrücke für Fußgänger über die Ringstraße mit der zu Herzen gehenden Aufschrift »PMBV se preocupa com sua segurança«, »Die PMBV(Partei) sorgt sich um ihre Sicherheit«. Da möchte man doch am liebsten gleich eintreten.

Aber nicht nur mehr Bäume und Pflastersteine verschönerten Boa Vista, auch ein neues Denkmal hatte jemand aufgestellt. In trauter Dreieinigkeit waren da in der Nähe des Regierungspalastes, auf der Avenida Capitão Ene Garacez, ein *fazendeiro,* ein *garimpeiro* und ein *indio* aufgebaut, die sich denkmalmäßig bemühten, über die tatsächlichen Verhältnisse hinwegzutäuschen.

Pünktlich um 20 Uhr holte Altinos Freundin uns ab. Sie war die Herzlichkeit in Person und schon jetzt, als sie uns die Wagentür öffnete, die vollendete Gastgeberin: liebenswürdig, bescheiden und charmant, aber auch turbo-dynamisch. War sie uns heute nachmittag in der Pause der Gemeinderatssitzung noch gestreßt und hektisch vorgekommen, wirkte sie jetzt ausgeglichener und entspannter. Sie trug ein weißes, enganliegendes Kleid mit so tiefem Decolleté, daß man meinen konnte, sie sei in Wirklichkeit bettelarm und habe am Stoff sparen müssen. Aber so kam ihr wohlproportionierter Körper gut zur Geltung.

Eine schicke Frisur steigerte spürbar ihr Selbstbewußtsein, und eine Wolke Parfum umwehte sie wie ein zweites Kleid. Auch der Innenraum des Autos war von dieser duftigen Wolke ausgefüllt, so daß man sich unwillkürlich fragte, ob das Auto ebenfalls beim Friseur gewesen war.

Vera Regina war eine attraktive Frau, und wenn sie so, beinahe freundschaftlich, plauderte, wäre man nie auf die Idee gekommen, wie fanatisch sie als Politikerin und Indianer-Hasserin sein konnte. Denn so, durch ihre streitbare Rede im Rundfunk, hatte Christina sie ja letztlich kennengelernt.

Nach viertelstündiger Fahrt hielten wir vor ihrem Haus in der Rua do Buritizeiro 56 im Stadtteil Caçari. Es war von einer hohen weißen Mauer umgeben, die oben mit Glassplittern Zähne zeigte und sich gegen Übersteiger wehrte. Die überdachte Eingangstür war massiv aus Metall. Vom Grundstück war noch nichts zu sehen, nur das Dach des Hauses.

Auf ihr Hupen hin wurde geöffnet. Ein professionell-finster blickender Mann, Typ Leibwächter, ließ uns ein, während Vera Regina ihren Wagen durch ein anderes Tor fuhr. Unter seinem Hemd profilierte sich unübersehbar ein mächtiger Revolver.

Die zwei großen Doggen, die uns gleich anmachen wollten, wurden durch kurzen Befehl des Bodyguard augenblicklich zur Räson gebracht und verwandelten sich im Nu in sympathische Schwanzwedler.

Ich war sehr aufgeregt. Mein Gesicht strahlte zwar Freude, Gelassenheit und »Danke für die Einladung« aus, aber mein Hirn badete längst in Litern von Adrenalin. Mein Herz pochte, als hätte ich hier nicht eine Unterredung mit Altino, sondern ein Rendezvous mit Vera Regina. Meine Handflächen waren weit schweißnasser als das schwüle Abendklima es erfordert hätte. Meine Muskulatur stand abrufbereit unter Vollstrom und hatte sich mit Herz und Hirn kurzgeschlossen, um notfalls vollsynchron für mich Einsatz zeigen zu können.

Unbemerkt streifte ich mit der linken Hand meine Gürtelschnalle. Dabei hatte ich das eben erst gemacht. Ich vergewisserte mich, ob der kleine 5-schüssige NAA[8]-Mini-Revolver noch da war und mir seinen vagen Schutz anbot. Natürlich war mir klar, daß sich meine fünf Kleinkaliber-Patronen gegen die 38er-Revolver der Gastgeber wie ein Pups gegen einen Orkan ausmachten, aber es war tröstlich, ihn zu spüren.

Wir waren nicht die ersten Gäste. Noch zwei andere waren da. Der eine wurde uns als Rechtsanwalt vorgestellt, der andere als Parteikollege der Hausdame.

»Er ist der jüngste Gemeinderatssprecher«, stellte sie ihn vor.

Wir nahmen Platz am flachen Tisch. Altino war nirgends zu sehen. Christina stellte die Filmausrüstung auf den Fußboden, das »TV-Europa« dezent sichtbar, wie zufällig. Die scheelen Blicke der Anwesenden hatten das Signal natürlich sofort registriert. Während Vera Regina uns einen *Cafezinho* offerierte, röntgten uns ihre Blicke und puzzelten sich ein Bild von uns.

[8] North American Arms

Kannte mich jemand von ihnen, oder hatte ich Glück? Das war im Moment meine einzige Sorge.

Christina gelang es leichter, die Unbekümmerte zu spielen. Sie war hier noch nicht so drastisch in Erscheinung getreten wie ich. Sie zog ihren ohnehin schon kurzen Rock noch frech 2 cm höher, mit der entschuldigenden Mimik »Ist das heute wieder heiß«. Entweder wollte sie damit von unseren Gesichtern ablenken (dann bedanke ich mich hiermit nachträglich) oder sie wollte schritthalten mit Vera Regina (dann sage ich »Frauen!«) Wer weiß das schon im nachhinein? Jedenfalls kamen mir solche Gedanken querhirn, und ich war froh, daß beide Frauen, summasummarum, ausreichend von mir ablenkten.

Der Raum war L-förmig. Wir saßen am Ende des kurzen Schenkels und konnten den Rest des Raumes nicht einsehen.

»Altino kommt gleich«, kündigte die Gastgeberin an. »Er duscht noch. Er hatte einen schweren Tag.«

»Goldsucher ziehen weiter. Missionare bleiben.«

Der Politiker und der Rechtsanwalt überbrückten die Wartezeit mit Konversation. Obwohl sie uns nicht direkt ansprachen, galten ihre Worte indirekt ausschließlich uns. Wir kannten das ja längst zur Genüge. Hier ein paar Kostproben.

»Sarney (ehemaliger Staatspräsident, der das Yanomami-Land auf 19 winzige »Inseln« reduzierte und den Rest der »wirtschaftlichen Nutzung« freigab), hat nicht den Yanomami 19 ›Inseln‹ gegeben, wie die Welt gern lamentiert und den Rest den Goldsuchern, sondern er hat uns Brasilianern endlich mal Reservate geschaffen, um im eigenen Land überhaupt arbeiten zu können, ohne von Indianern belästigt zu werden.«

»Überhaupt«, meinte der andere, »wenn alle Goldsucher Indianer-Killer wären, gäbe es nicht einen einzigen Indianer mehr.«

»Und dann diese Missionare! Schwelgen in Luxus, es mangelt

ihnen an nichts, während unsere Leute arm und arbeitslos sind. Sie entnehmen dem Boden nur das Gold und ziehen dann weiter. Die Missionare hingegen stehlen den Indianern die Religion und bleiben. Was ist wohl schlimmer?«

Bis Altino erschien, tröpfelten auch wir eine formelle Konversation in Veras schönen Kopf. Warum wir hier waren, welchen Inhalts der Film werden sollte, daß Altino und sie uns ein Interview geben könnten, vielleicht einen Goldsucher ihres Vertrauens vermitteln, der dann unser »Hauptdarsteller« werden sollte, und er vielleicht gar den Flug ins Sperrgebiet organisieren könnte.

Nachdem Präsident Fernando Collor de Mello das Yanomami-Land 1992 zum Indianer-Reservat erklärt hatte, war es nicht mehr so leicht wie früher einzufliegen. Gelegentliche Razzien und die Beschlagnahme einiger Flugzeuge hatten Wirkung gezeigt. Auch Altino war kürzlich eine Maschine weggenommen worden. Von ursprünglich 400 Flugzeugen waren noch etwa 15 im Einsatz. Und diese verbliebenen 15 Maschinen starteten entweder von privaten *fazendas* (Farmen) oder von ständig wechselnden Orten auf entlegenen Landstraßen. Überall witterte man Feinde. Besonders bei *gringos* wie uns.

Brasiliens Goldsucher hingegen hatten keine Schwierigkeiten, von heute auf morgen reinzukommen. Jeder Insider kannte die Piloten, ihre Telefonnummern und die Anschriften der Agenturen. Wir als Ausländer würden das nur über Beziehungen schaffen. Altino Machado war da die allererste Adresse.

Und hätten wir erst einen von Altino vermittelten Goldsucher der einfachen Arbeiterkategorie als Begleiter, Hauptdarsteller und Bodyguard, dann waren wir sicher, alles erreichen zu können. Nicht nur den Goldsucher würden wir dann filmen können, sondern garantiert auch, nach kurzer Zeit der Eingewöhnung, dessen mißtrauische Kollegen vor Ort im Wald und das gesamte Drumherum. Vor allem das derzeitige Verhältnis zwischen den *garimpeiros* und *indios*.

Geradezu sensationell wäre es, wenn es uns sogar gelänge, einen oder mehrere der Mörder von Haximu zu entdecken. Mit etwas Glück und Schmiergeld, dem brasilianischen Allheilmittel, errechneten wir uns grundsätzlich mehr als null Chancen, denn innerhalb der Goldsucher-Gemeinschaften waren die Mörder bekannt. Natürlich wäre es dann auch erforderlich, sich anti-indianisch zu geben. Das hatten wir bei früheren Reisen längst erprobt.

Wie weit jedoch häufig Wunsch und Realität auseinanderklaffen, sollte die Reise noch deutlich genug zeigen.

»Sie kenne ich!«

Endlich kam Altino. Vera Reginas Gesicht strahlte, als er, für uns noch unsichtbar, aus dem Bad-Bereich auf der Bildfläche erschien. Es bedurfte keines ihrer Worte, um zu wissen »Der große Meister kommt«. Sie lächelte und himmelte und erhob sich in Richtung Idol, ging ihm zwei Schritte entgegen, reichte ihm eine Hand – ich zitterte derweil – und wies mit der anderen auf uns.

»Altino – darf ich dir Christina und Rüdiger, zwei Journalisten aus Hamburg vorstellen?«

Und da stand er vor uns. Mit einem Lichtgeschwindigkeitsblick, links-rechts-ruck-zuck, hatte er uns gemustert, die Daten zur Abfrage in sein Hirnsystem eingegeben, während sein bartumrahmtes Gesicht ohne Regung blieb. Nur Christinas Rock erhielt eine Mini-Würdigung in Form eines Augenzuckens.

Es lief was ab in seinem Kopf. Das merkte man. Sonst hätte er zumindest ein Gastgeber-Lächeln zwischen die Barthaare gezaubert.

Ansonsten wirkte er durchaus positiv und nicht unsympathisch. Keinerlei Status-Symbole à la Uhr , Krawatte, Abzeichen, Goldklunker oder Handy, sondern nur lässige Jeans und ein dunkelblaues, offenes Sporthemd, in dessen Ausschnitt sich die Bart- mit den Brusthaaren paarten.

»Guten Abend, Christina«, begrüßte er sie und reichte ihr die Hand.

Dann schwenkte er zu mir, hielt die Grußhand ökonomischerwiese gleich in derselben Höhe und fragte: »Rüdiger aus Hamburg? Kenne ich Sie nicht?«

Oh Gott (sowas rutscht einem sogar als Nichtkirchler durch den Kopf), das war genau das, was ich befürchtet hatte. Und mir jagten Gedanken durch den Schädel wie »Wäre Christina doch allein gegangen!« und »Kleister noch mal, wie komme ich hier raus?«.

Die Gäste beschränkten sich auf neugierig-erstauntes Gucken.

Da ich keine andere Wahl hatte und insofern auch ein reines Gewissen, weil ich Altino noch nie persönlich begegnet war, sagte ich: »Das kann kaum sein. Ich sehe Sie heute zum ersten Mal.«

»Sollte ich mich dermaßen täuschen? Sie haben mir doch geschrieben!«

Ich atmete auf. Womöglich sogar hörbar. Denn nie im Leben hatte ich ihm geschrieben. Und ich sagte es auch gleich, um mir meinen Gedankentumult nicht anmerken zu lassen. Aber gleichzeitig blieb ich angespannt, alarmwach. Er mußte etwas wissen, er hatte mich nur noch nicht richtig einsortiert.

»Moment mal. Ich habe Ihren Brief sogar noch auf dem Schreibtisch liegen.«

Während er sich umdrehte, um den Brief zu holen, entspannte ich. Wenn seine Erinnerung nur mit dem Brief in Zusammenhang stand, müßte ich doch noch schadlos davonkommen. Ich wagte sogar ein unbefangenes Gast-Lächeln.

Schon nach wenigen Augenblicken kehrte Altino zurück. Der Brief mußte ganz oben gelegen haben.

»Hier ist er«, frohlockte er, »ich wußte doch, daß ich mich nicht irre.«

Ich schaltete mein gerade zur Schau gestelltes Kurz-Lächeln

auf »Dauer« um, schaute beinahe nur noch anstandshalber auf dies Stück Papier, als er es mir triumphierend direkt unter die Augen hielt.

»Na, sind Sie's oder sind Sie's nicht?«

Und da wurde mir sein Irrtum verständlich. Der Absender war nicht »Rüdiger«, sondern ein gewisser Kai Krüger, Filmer aus Hamburg, der für *GEO-Film* und *Premiere-TV* beinahe genau unser Thema verfilmen wollte. Obwohl Kai Krüger das Empfehlungsschreiben eines Brasilianers dazugefügt hatte, lag der Brief seit dem 30. August, das waren nun vier Monate, auf Altinos Schreibtisch. Irgendwie typisch brasilianisch. Mit Unbekannten tut man sich schwer, postalisch läuft sowas nicht so gut wie von Angesicht zu Angesicht. Aber immerhin hatte er deshalb ein schlechtes Gewissen. Und das sogar seit vier Monaten. Sonst wäre der Brief längst im Papierkorb verendet.

»Es ist nicht mein Brief«, erklärte ich der Versammlung. »Aber ich verstehe die Verwechslung. Denn die Namen klingen ähnlich, Rüdiger – Krüger, wir kommen beide aus Hamburg und wollen beide einen Film über Goldsucher drehen.« Christina gab mir Rückendeckung und lobte ihn sogar.

»Sie haben ja ein Wahnsinnsgedächtnis! Wie ein Elefant, wenn Sie wissen, was ich meine.«

Altino fühlte sich geschmeichelt. Er wußte, was sie meinte. Vera Regina erhitzte sich vor Stolz von coolen 37 auf beachtliche 38°C. Und das, obwohl sie sich bereits seit sechs Jahren kannten, und Christina raspelte weiter: »Ein Mann Ihrer Position war bestimmt auch schon in Deutschland?« Sie wollte ihm eine Gelegenheit geben, sich hier weltmännisch zu zeigen. Aber Altino mußte bekennen: »Leider nein. Ich kenne zwar fast die ganze Welt, aber Deutschland nicht.«

Doch dann stockte er, blickte kurz zu Boden und korrigierte sich.

»Verzeihung. Einmal war ich doch schon dort. Aber nur fünf Stunden. Und doch waren es fünf Stunden, die ich ewig in Erinnerung haben werde.«

Bewußt legte er eine Pause ein und zwang uns die logische Frage auf: »Warum denn das?«

Fast sprach sie jeder von uns gleichzeitig aus. Nur Vera Regina schien die Story schon zu kennen. Altino antwortete.

»Wir wollten die fünf Stunden damals nicht am Flughafen herumhängen und gingen in die Stadt. Da kamen wir zufällig an einer großen Buchhandlung vorbei. Ich weiß noch genau, wie die Straße hieß. Sie hieß Kaiserstraße. Der Laden hatte viele Bücher ausgestellt, und plötzlich entdeckten wir ein Sonderfenster »Yanomami«.

Genüßlich gönnte er sich ein Päuschen. Er verstand es sehr gut, brillant zu erzählen. Sogar Vera lauschte wieder gespannt, obwohl das für sie bestimmt Schnee von gestern war.

»Eigentlich müßte solches Talent eine eigene TV-Schau kriegen«, entschied Christina leise. »Oder er müßte Pfarrer werden, der Leute zuquatscht.«

Zuviel Land für die paar Indios

Jemand, ich glaube es war der politische Aufwärtsstreber, schob ihm einen *Caipirinha*[9] zu. Vera schubste ihn, hockeymäßig, auf der glatten Tischplatte gleich zurück an den Absender.

»Du weißt doch, daß Altino nicht trinkt.«

Und Altino pflichtete ihr bei, als er lächelnd meinte: »Wenigstens nie im Dienst. Aber leider bin ich immer im Dienst. Und außerdem bin ich kein Pilot.«

Damit auch wir den Gag verstanden, erklärte er ihn kurz.

»Die saufen mehr Schnaps als ihre Flugzeuge Sprit.«

Nach dieser kurzen Einlage fuhr er fort.

»Und an der Wand hing eine Landkarte. Sie zeigte das angebliche Yanomami-Land. Ich sage angeblich, weil es diejenigen Grenzen zeigte, die die fanatischen Menschenrechtler ihnen zusprechen möchten . . .«

[9] Brasiliansiches Nationalgetränk aus Zuckerrohrschnaps, Limonensaft, Zucker und Eis. Schmackhaft und umhauend.

Vera unterbrach ihn, indem sie ihn mit ihren elegant mani-
kürten Fingern auf die Oberschenkel tippte. Dann wandte sie
sich an uns.

»Ich weiß nicht, ob euch die Zahlen bekannt sind?! Da sollen
7000 Indianer, vielleicht sind es nur 3000, ein Gebiet zugespro-
chen bekommen, das zweimal so groß ist wie die Schweiz . . .«

». . . so groß wie Portugal«, gab Altino dem Gemälde noch einen Pinselstrich. Und der Rechtsanwalt bestätigte: »Das sind
pro Indianer 13,5 Quadratkilometer. Wo gibt's denn sowas?«

Er wollte eine Nachrechenpause einlegen, aber die wurde von
Vera zunichte gemacht. Sie wußte: »die 220.000 sogenannten
freien Indianer Brasiliens, die der Staat noch hat, machen ein
fünftel Prozent der Bevölkerung aus und beanspruchen zehn
Prozent des Landes. Das muß man sich mal vorstellen.«

Christina lächelte uns zu, als wollte sie sagen, der *Cafezinho*
schmeckt toll. Jedenfalls nickte sie so in Richtung des Täs-
schens vor ihrem Mund, aber sie sagte in Wirklichkeit und auf
deutsch und leise: »Nun kommt die Frau des Hauses in Form.
So habe ich sie damals im Radio erlebt.«

Altino lächelte. Sein Produkt Vera konnte sich hören und sehen lassen. Sie war längst ein Stück Altino geworden und mit
dessen Ansichten programmiert. Der Boß schien zufrieden.
Das Spielchen lief ganz in seinem Sinne. Die beiden Deutschen sollten schon mal nebenbei mit Informationen gefüttert
werden. Vera erntete ein Lächeln und einen Ein-Sekunden-Au-
genaufschlag vom großen Meister. Was konnte schöner sein?

»Und was war mit der Landkarte?«, hakte Christina nach.

Darauf hatte Altino natürlich gewartet.

»Damit war eigentlich nichts: Sie zeigte die Grenzen der Weltverbesserer, und sie zeigte eine einzige Landepiste von 120 vor-
handenen. Sie zeigte die Meine, und die war deutlich mit einem Fähnchen markiert: *Pista do Altino Machado.*«

Das war natürlich eine interessante Überraschung. Aller Gesichter waren entsprechend neugierig auf ihn gerichtet wie

fünf Magnetnadeln nach Nord. Sogar Vera Regina pendelte sich treu auf ihren Nordpol ein.

»Nur deine Piste war da eingezeichnet?« fragte der Rechtsanwalt. Vielleicht witterte er einen neuen Rechtsstreit.

»Genau. Nur meine Piste. Und zwar nicht Xidea, wie sie heute heißt, und die von der FUNAI genutzt wird, weil sie so gut ist, sondern da stand: *Pista do Altino Machado.*«

Sicher dachte er, durch Wiederholung würde der Fall spannender. Alle hingen gebannt an seinen Lippen. Jeder spürte, da würde noch ein Clou kommen.

»Wir gingen also in den Laden und verlangten den Geschäftsführer. Einer meiner Begleiter war aus Frankfurt und sprach gut deutsch. Aber der verwies uns an die Verkäuferin, die das Fenster gestaltet hatte. »Fragen Sie doch bitte sie«. Das taten wir. »Sie haben da so ein interessantes Fenster zum Thema Yanomami. Und dazu zeigen Sie eine Karte mit dem einzigen Vermerk *Pista do Altino Machado.* Was heißt das?«

Die Verkäuferin entflammte auf der Stelle wie ein Streichholz. Wir hatten kaum zuende gesprochen, da sprudelte sie heraus: »Das ist der größte Indianer-Mörder aller Zeiten!«

Natürlich gab sich Altino ihr gegenüber nicht zu erkennen. Statt dessen fragte er weiter: »Das ist ja interessant. Woher haben Sie denn diese Information?«

»Von Bischof Dom Aldo aus Boa Vista, den ich gut kenne. Er hat uns das erzählt und die Karte gegeben.«

Während die anderen beifällig lachten, und sich in ihrem, der Mafia zweifelhaften Ruf sonnten, der immerhin bis ins verträumte *Alemanha* gedrungen war, dachten wir über die Unglaublichkeit von Zufällen nach. Da machte eine einzige Buchhandlung auf der ganzen Welt für etwa zwei Wochen ein solches Schaufenster – und ausgerechnet da taucht der Haupttäter, der nie zuvor in Deutschland war, dort auf und sieht es. Offenbar hat der Bischof die Glücksengel auf seiner Seite, was ihm als Kirchenmann natürlich zusteht. Neid-Neid. Beziehungen sind eben alles. Und ich dachte außerdem, daß das genau die Zufälle des Glücks waren, die auch wir uns immer wünschten. Daß wir gerade jetzt einen solchen Moment durchlebten, sollten wir schon Sekunden später erfahren, als Altino plötzlich sagte: »Schade, daß Sie nicht gestern hier waren. Da war meine Schwester zu Besuch. Die spricht perfekt deutsch.«

Vier fragende Gesichter blickten ihn an. Das war auch für die anderen Besucher neu.

»Die hat in Freiburg studiert. Das muß irgendwo in Süddeutschland liegen.«

Ja, schade, dachten wohl zwei der Fragezeichen. Welch ein Glück, dachten die anderen beiden, die wir darstellten.

»Meine Schwester hat mir erzählt, daß die Yanomami in Deutschland wohl sehr bekannt sind. Alle zwei Jahre hält da irgendein Deutscher auf Einladung einer Zeitung (er meinte die Badische Zeitung) im Audimax der Universität einen Vortrag über die Yanomami und läßt da den großen Brasilien-Kritiker heraushängen.«

Meine Güte, dachte ich. Wenn ich tatsächlich gestern gekommen wäre, hätte mich das Schwesterchen garantiert wiedererkannt. Denn dieser Irgendeine war kein anderer als ich. Wie kann es nur solche Zufälle und soviel Glück geben! Hatte der Bischof mir etwa eines seiner Engelchen abgegeben? Oder waren das alles nur Partyscherze? Nein, es war mein persönliches Glück.

»Verbrennt einen Brasilianer«

Am nächsten Tag waren wir zum Interview verabredet. Treffpunkt: die Firma *MARSAM* in der Avenida Benjamin Constant, Ecke Cecília Brasil. In einer Vitrine vorm Eingang verriet ein ein Kubikmeter großer Goldhaufen aus »vergoldeten« Steinen, womit die Firma handelte.

Innen dann, in der Empfangshalle, angenehme Kühle. Nicht nur Kühle der Luft, sondern auch seitens der jungen eleganten Empfangsdamen, die gleichzeitig für den Verkaufsstand mit *pepitas de ouro,* den Gold-Nuggets zuständig waren.

Schräg gegenüber den Vorzeigefrauen saß der Goldaufkäufer mit der scheinbar unbestechlichen Elektronik-Waage.

Mitten in der Empfangshalle war eine gemütliche Plastikle-der-Sesselgruppe um ein laufendes Fernsehgerät arrangiert. Daneben zwei, drei urwaldnahe Topfpflanzen, die nicht so recht zu der aufgemotzten Eleganz der Halle passen wollten. Sie verloren Blätter und wirkten mickrig. Vielleicht war das aber auch so beabsichtigt, um den goldsüchtigen Kunden ein authentisches Micro-Bild vom Ort der Goldgewinnung zu vermitteln, von der sterbenden Natur infolge mechanischer und quecksilbriger Zerstörung. Links der Halle gab es noch drei Besprechungszimmer. In einem davon konferierte Altino Machado.

Er begrüßte uns herzlich und stellte uns mit einem aufschluß-reichen Satz seinen Kollegen vor: »Das ist Christina. Sie hat über Vera einen Film gedreht und sie gut herausgestellt. Und das ist Rüdiger, ihr Assistent. Beide kommen aus Deutschland, das übrigens 30 Millionen Dollar bewilligt hat zur Demarkie-rung indianischer Gebiete.«

Bautz. Wir waren ein wenig sprachlos. Die laufenden Fern-sehapparate im Foyer schienen sie gut mit Daten aus aller Welt zu füttern.

Zunächst herrschte mal Stille. Nur die Klimaanlage wollte nicht verstummen. Und Altino schmunzelte. Wir waren in die Verteidigung gedrängt. Christina sagte: »Regierung und Volk sind nicht immer einer Meinung? Oder ist das in Brasilien an-ders?«

»Immer auf die armen Goldsucher«, belebte jemand die pein-liche Ruhe. Er nannte sich Robertinho, »kleiner Robert«, und war genauso gut über alles informiert.

»Allein Greenpeace hat 157 Millionen gegeben«, sagte er, »um der ›Umwelt‹ zu helfen, wie sie es nennen. Und die Organisation ›Null Wachstum‹ hat mit 1,3 Millionen Dollar das wenigste gegeben. Alle Organisationen zusammen haben fast 1 Milliarde Dollar aufgewendet für den ›Naturschutz‹ in Brasilien. Und damit gegen die Goldsucher.«

Oh, my goodness, ich liebe diese wandelnden Statistiken, diese Zahlen-Jongleure. Altino leistete einen weiteren Beitrag in dieser Runde und zeigte uns eine Postkarte. Sie stammte von militanten Umweltschützern aus England. Text:

»Rettet den Regenwald! Verbrennt einen Brasilianer!«

Das Interview mit Altino brachte an wesentlichen »Neuigkeiten« vor allem, daß es gar nicht die Goldsucher seien, die den Indianern die Malaria gebracht hätten.

»Das ist Quatsch. Das kommt daher, daß sie sich nicht waschen.«

Von diesen Scherzen besaß er ein reichhaltiges Repertoire. Und er sprach sie betont gelassen aus, als seien sie unumstößliche Fakten. Hatte man sonst den Eindruck, in ihm einen gebildeten Politiker vor sich zu haben, mußte man bei solchen Äußerungen ständig Abstriche vornehmen.

Aber immerhin erklärte er sich bereit, uns einen Goldsucher zu vermitteln, mit dem wir unsere Filmidee im Wald abdrehen könnten. Und das war eigentlich der Hintergedanke des Interviews. Wir wollten ihm Bedeutung suggerieren, seiner Eitelkeit huldigen und dann, mit seiner Empfehlung, uns ungehindert im Goldgebiet bewegen.

»Morgen muß ich zurück nach Manaus. Am besten, Christina fliegt gleich mit. Dann kann sie ihren ›Darsteller‹ in der *favela* von São Raimundo selbst aussuchen. Ich kenne den ›Bürgermeister‹ dieses Stadtteils sehr gut. Ich werden ihn anrufen, und er wird euch weiterhelfen.«

Dann spielte er wieder den besorgten Freund.

»Traut aber trotz aller Empfehlungen niemandem. Im Wald

herrschen eigene Gesetze. Meidet Gruppen von weniger als 5 Personen. Da wird schnell jemand ermordet. Sicherer sind Großgruppen ab 20 Personen. Da kommt sowas so gut wie gar nicht vor.«

Als Christina anderntags mit Altino nach Manaus fliegen wollte, war natürlich alles längst ausgebucht.

»Wir sind völlig ausverkauft«, bedauerte die Frau am Schalter. »Auch der nächste Flug ist voll, und es gibt eine lange Warteliste.«

Altino konnte das nicht irritieren. Mit einer Hand tätschelte er Vera Regina, die ihm das Abschiedsgeleit gewährte, mit der anderen berührte er Christina sanft. Dann löste er sich von beiden, ging weltmännisch-forsch hinter den Schalter, klappste der VARIG-Dame kurz auf den Po und orderte: »Die Passagierin gehört zu mir. Also gib ihr'n Ticket.« – Und im selben Moment hatte Christina ihren Flug nebst OKAY. Sie flog mit Altino nach Manaus.

Freund oder Feind?

Altinos Vertrauter in der *favela* des Stadtteils São Raimundo hieß Flávio. Ein Junge hatte Christina zu ihm gebracht. Über wacklige Stege, steile Treppen, stinkende Wasser, schwimmenden Müll und durch Spaliere neugieriger Kinder, wurde sie von ihm bei einem Täßchen Cafezinho empfangen und behandelt wie eine hochrangige Politikerin. Altinos Empfehlung mußte wohl sehr positiv gewesen sein.

Ja, er kenne da einen jungen Mann, sagte Flávio, der ohnehin ins Yanomami-Land wollte, um dort zu arbeiten. Das träfe sich ja gut. So wäre ihr und auch dem Jungen geholfen. Denn Christina hatte verlauten lassen, den Flugpreis und einen angemessenen Lohn zu zahlen. Den Lohn hatten wir gestaffelt. 500 Dollar Grundlohn, weitere 1000 bei zufriedenstellender Kooperation. Für brasilianische Verhältnisse ein Supergehalt, das sogar Flávio drei Kehlkopfbewegungen vor Überraschung abzwang und sicher auch die Überlegung, wie hoch er seinen Anteil bemessen sollte. Das einzige Handicap: Was wir unter »zufriedenstellend« verstanden, mußte er uns überlassen. Die Interpretation sollte eine Vertrauenssache bleiben. Wie gut wir mit dieser Idee beraten waren - sie stammte vom Goldfuchs Altino - sollte sich schon sehr bald herausstellen. Er kannte seine Pappenheimer.

Der junge Mann hieß Fernando. Er war um die 18 Jahre alt, wohnte ein paar Bretterverschläge weiter müllhangaufwärts und war von den am Fenster drängelnden Kindern schnell herbeigeholt. Er war sofort zur Zusammenarbeit bereit, und schon wenige Tage später konnten wir ihn an der Bushaltestelle in Boa Vista abholen.

Fernando gefiel uns gleich recht gut. Er stammte aus einer kinderreichen Familie. Elf Kinder hatten die Mutter und die älteren Geschwister zu versorgen. Schon die vierjährigen Zwillinge halfen bereits. Sie sammelten Metalldosen. Sie waren auch die einzigen, die denselben Vater hatten. Alle anderen stammten von verschiedenen Erzeugern. Und keiner dieser Kindermacher hatte sich je um die Familie gekümmert.

Klar, daß Fernando gar keine Zeit gehabt hatte, zur Schule zu gehen. Er hatte von morgens bis abends Altpapier und Marktabfälle sammeln müssen, um einen Beitrag zur Ernährung der Familie zu leisten. Und das nicht etwa 8 Stunden pro Tag, sondern bis zu 14 und 365mal im Jahr.

Klar auch, daß Fernando kaum eine Chance besaß, einen korrekt entlohnten Job zu bekommen. Klar, daß sein Weg in die Armut vorgezeichnet war.

Schon immer hatte Fernando davon geträumt, als Goldsucher zu arbeiten. Das war ein Leben in Freiheit und Unabhängigkeit, da konnte man, mit etwas Glück, schnell reich werden. Außerdem war es abenteuerlich und eine echte Männersache, wie er meinte. Später sagte er einmal: »Im Gold sind alle Menschen gleich, weil sie eine Waffe tragen.«

Wie oft hatte er gehört, daß Leute wie er den Schritt ins Gold gewagt und als reiche, gestandene Männer zurückgekehrt waren! Hatten sie vorher nichts, rein gar nichts besessen – jetzt fuhren sie ein tolles Auto, hatten sogar Hausangestellte und Geliebte, so viele sie wollten. Daß Fernando den Sprung bisher noch nicht gewagt hatte, lag ausschließlich am Geld. Er hatte keinerlei Ersparnisse. Jeder Centavo ging drauf für Lebensmittel für die Familie.

Auch Fernando als kleiner Nobody hatte schon eine Freundin gehabt. Sie hatte Alicia geheißen, mußte sehr hübsch gewesen sein, aber die Beziehung bestand nicht mehr. Wenn Christina auf dieses Thema zu sprechen kam, blockte Fernando ab. Also respektierten wir das. Uns sollte es egal sein. Wir brauchten ihn als Garant für unsere Sicherheit, als Garant für den Film und auch als Helfer zum Tragen des Gepäcks, falls Märsche nötig werden sollten. Denn für zwei Personen war unser Gepäck zu schwer.

Wir ahnten natürlich nicht, daß Fernando uns genauso brauchte – als Garanten für sein Ticket, aber auch als Helfer bei seinem geheimen Vorhaben, von dem wir zu dem Zeitpunkt noch nichts wußten. Wir kamen für Fernando wie gerufen.

Obwohl wir aus schlechter Erfahrung längst ein wenig klüger geworden waren, zögerten wir nicht, als Fernando die Hälfte seines Garantielohnes, also 250 Real (= 250 Dollar) im voraus erbat. Sein Argument war einleuchtend: »Ich falle in der Zeit als Ernährer der Familie aus.«

Im Taxi zum Versteck

Es war noch stockdunkel, als uns Francisco mit seinem klapprigen Taxi No. TR 0028 vorm Hotel Eusébio abholte. Uns war es erstmals ein wenig kühl im sonst heißen Boa Vista. Das lag nicht nur an der morgendlichen Frische, sondern im wesentlichen an unserer Aufregung, obwohl wir zu Francisco großes Vertrauen hatten. Er war gewissermaßen Christinas persönlicher Leibchauffeur. Immer wenn sie sich in der Stadt aufhielt und größere Fahrten zu erledigen hatte, hatte sie Francisco gewählt.

Außer uns saßen noch Fernando im Wagen und ein Freund Franciscos. Er war der Besitzer des Flugzeugs.

Schon nach 30 km verließen wir die nach Süden führende Bundesstraße und fuhren nach Westen in Richtung Alto Alegre am Rio Mucajaí. Lange bevor wir den Ort erreichten, ging es in die straßenlose, aber wegreiche Steppe.

Es war Januar, also Trockenzeit, und das Gras zundertrocken und goldgelb. Mitten in den Gras-Seen wuchsen vereinzelt Büsche und Bäume. Je näher wir zum Fluß kamen, desto häufiger wurden die waldähnlichen Inseln. Als hätten ihre Wurzeln

Kontakt zum Grundwasser, wucherten sie da, kreisrund abgezirkelt, so üppig wie im Regenwald selbst.

Nahe einer unscheinbaren Hütte hielt der Wagen an. Inzwischen war es hell geworden, und die Landschaft reflektierte die sanften Farben der aufgehenden Sonne.

Francisco hupte zweimal kurz und wartete. Es dauerte eine ganze Weile, ehe ein alter Mann angeschlurft kam und das Zeichen für »reine Luft« gab. Francisco begrüßte er mit leisen Worten. Uns schenkte er lediglich ein kurzes Nicken. Aber es wirkte nicht unfreundlich. Eher scheu. Wir mußten aussteigen. Unser Gepäck wurde ins Gebüsch gestellt.

»Wir müssen jetzt zu dem Piloten und ihm Bescheid sagen«, beruhigte uns der Besitzer des Flugzeugs. Er drückte dem alten Mann ein riesiges Freßpaket in die Hand und schlug vor, zunächst mal in Ruhe zu frühstücken. Francisco und sein Begleiter fuhren allein weiter.

Wir begaben uns in das Holzhaus. Der Hüttenbesitzer setzte den Kaffeetopf aufs Feuer und verteilte Brot und Käse aus dem Paket. Obwohl er so wirkte, als könnte er jeden Brotkrümel dringend gebrauchen, um nicht augenblicklich zusammenzuklappen, legte er seinen Anteil hühner- und ameisensicher in eine Plastiktüte, hängte sie mitten in den Raum und schob uns unseren Anteil rüber.

»Morgens trinke ich immer nur Kaffee und rauche eine Zigarette«, entschuldigte er sich.

Bestimmt war es der Ledergürtel seiner Hose, der ihn zusammenhielt und seinen Hungertod hinauszögerte.

Wir hingegen langten zu. Der Kaffee belebte, und damit es nicht bei einem Täßchen blieb, spendierte Christina ein halbes Pfund aus unseren Vorräten.

»Wußtest du, daß wir kamen?« verwickelte sie ihn in ein Gespräch. »Ja. Die haben angerufen.« antwortete er.

Wir schauten uns im Halbdunkel des qualmgefüllten Raumes um. Ein Telefon konnten wir nicht entdecken. Er ahnte unsere

Gedanken, nickte mit dem Kopf in Richtung entfernter Gebüsche hinterm Haus und meinte: »Es steht da draußen.«

Wir werteten es als Zeichen von Vertrauen zu uns Gringos, daß er es uns sogar zeigte. Von selbst hätten wir es bestimmt nicht entdeckt. Mitten im kniehohen Gras, verborgen in einem liegenden rostigen Eimer, den jeder nur für Müll halten konnte, lag ein nigelnagelneues Funkgerät. Mit Grasbüscheln war es gegen neugierige Blicke geschützt. Die Antenne war ein invalider Draht, auf dem Wäsche flatterte. Sollte gesendet oder empfangen werden, verband man die Wäscheleine mit dem Funkgerät.

Selbst die Wäsche hatte noch ihre Bedeutung.

»Wen ich mal nicht zu Hause bin«, sagte der Alte, »zum Beispiel zum Fischen, dann wissen unsere Leute immer genau, ob die Luft rein ist. Wenn die rote Turnhose rechts hängt, ist alles in Ordnung.«

»Was könnte denn hier in der Einsamkeit mal nicht in Ordnung sein?« interessierte uns.

Der Alte schmunzelte, seine listigen Augen begannen sogar zu strahlen.

»Na, wenn es Razzien durch die Polícia Federal gibt. Wenn sie sich hier irgendwo verstecken und auf landende Flugzeuge warten. Aber sie haben uns noch nie ertappt.«

Klar auch. Der Alte arbeitete nicht allein. Alle Siedler standen per Pferd und Fahrrad miteinander in Verbindung. Auch Kinder wurden als Kuriere eingesetzt.

Nach einer halben Stunde kam Francisco zurück.

»In 10 Minuten kommt das Flugzeug. Macht euch fertig.«

Vom Alten hatten wir erfahren, daß es sich irgendwo in der Nähe einer »Wald-Inseln« befand. Man hatte in Siedlermanier einen Tunnel in das Gestrüpp hineingehackt und hielt es dort verborgen. Am Eingang war der Tunnel mit Lianen zugehängt. Jedesmal wurde es von Hand reingeschoben und rausgeholt.

Die einmotorige, blau-weiße Cessna landete in einer riesigen Staubwolke auf einem der ebenen Feldwege. Deren Breite war gerade für die Räder der kleinen Maschine ausreichend.

Man war sich seiner Sache völlig sicher. Alle Beteiligten gaben sich heiter-gelöst und schienen auch nicht in Eile zu sein. Was uns wunderte, war, daß sie sich gar keine Mühe gaben, das Kennzeichen der Maschine zu kaschieren. Es wurde mit unverändertem Nummernschild geflogen: PT-BIC.

Und dann ging es los. Eine kurze Drehung auf dem Weg, Vollgas und hoch in die Luft.

Gleich unter uns der Rio Mucajaí, und schon nach wenigen Augenblicken kam der Übergang von der Savanne zum dichten Regenwald, und damit befanden wir uns bereits über Yanomami-Gebiet.

Kurz darauf überflogen wir die evangelische Missão Mucajaí der MEVA-Sekte. Deutlich müßten sie unser Kennzeichen und erst recht die Absicht ausmachen können. Aber man beschränkte sich, wie seit eh und je, aufs Bekehren »verirrter« Seelen und störte sich nicht am Völkermord.

Wir waren gerade 5 Minuten in der Luft, als der Pilot völlig unerwartet eine scharfe Wende flog. Er legte sich dabei stark auf die Seite, als wolle er ein Kunststück vorführen. Christina fragte aufgeregt: »Polizei?«.

»Nein, ich muß zurück. Hier ist eine Wespe im Cockpit. Wenn man Pech hat, kann man durch sie seine ganze Maschine einbüßen. Sie braucht einen nur an der falschen Stelle stechen. Zum Beispiel ins Auge oder in den Kehlkopf.«

Gesagt, getan. Er landete, schlug die Wespe tot und startete erneut. Selten habe ich einem Piloten mehr vertraut als ihm.

Je mehr wir uns dem Rio Parima vor der venezolanischen Grenze näherten, desto gebirgiger und wolkiger wurde es. Schließlich war der Himmel sogar streckenweise dicht. Es regnete.

»Kannst du denn jetzt überhaupt landen?« fragten wir den Piloten besorgt.

»Ja. Es war ein paar Tage trocken. Da macht ein solcher Schauer nicht viel. Wichtiger ist, daß ich zwischen den Bergen ein Loch finde, um unter die Wolkendecke zu kommen. Nur dann kann ich die Piste erkennen.«

Wir hatten alle klatschnasse Hände vor Aufregung. Zweimal ragten neben uns, sekundenlang sichtbar, steile Felsformationen auf. Der Pilot starrte abwechselnd auf den Höhenmesser, den Kompaß und seine Uhr. Er kreiste. Wir waren über dem Zielgebiet. Jetzt mußte nur noch das Loch gefunden werden.

Ich tröstete Christina, ohne auf ihre spürbare Angst einzugehen, denn schließlich ging es mir ja nicht besser: »Eins beruhigt mich bei diesen Manövern. Der Pilot will ebensowenig verrecken wie wir.«

Da stimmt was nicht

Ich versuchte sogar ein lockeres Lächeln, ließ den coolen Larry heraushängen. Als schaute ich in einen Spiegel, lächelte plötzlich auch der Pilot. Der Grund: Er hatte ein Loch gefunden, war unter die Wolken getaucht und wußte sogar genau, wo er sich befand, obwohl alles einheitlich dunkelstgrün war. Allenfalls leuchteten uns zwei, drei gelbblühende Bäume wie Ampeln entgegen.

»Da liegt die Pista Chico Mineiro«, zeigte er nach vorn.

Er flog tiefer und zog einen Kreis über der schmalen, lehmigen Piste. Die Falten seines Gesichts verlagerten sich von den Mundwinkeln zur Mittelstirn.

»Scheiße«, knurrte er. »Irgendwas stimmt da nicht. Da sind sonst immer Leute. Heute ist niemand da.«

»Was hat das zu bedeuten? Was machen wir jetzt?«

»Ich fliege erst mal zu den anderen Pisten. Dort sind garantiert Goldsucher, und die können mir sagen, ob womöglich die Polizei hier ist.«

Es gab tatsächlich noch andere Landestreifen. Da waren zum Beispiel die von Jão Pernambuco, Mayastade oder Melachete.

Die Piste, die er nun ansteuerte, erschien uns überhaupt nicht in der Lage, ein Flugzeug aufzunehmen. Sie war kurz wie ein Barthaar und schmal wie die zusammengekniffenen Lippen diverser Weltverbesserer.

»Willst du da runter?« zitterten wir.

»Ja, haltet euch fest. Ich muß genau vorne aufsetzen, ich darf keinen Meter verschenken. Aber weil die Piste bergan steigt, ist der Bremsweg kürzer als normal.«

Aus dem Grün der Bäume blinkten vereinzelt die blauen Plastikdächer der *garimpeiros*.

»Die scheinen ja die Polizei nicht gerade zu fürchten«, sagte ich zu dem Piloten.

»Doch. Aber auf dieser Piste landet die Polizei nicht. Sie ist ihr zu kurz. Und wenn sie mit dem Hubschrauber kommt, kann man sie rechtzeitig hören. Dann ist solch ein Dach ruckzuck abgeschnitten und mitgenommen. Ehe auch nur einer der Polizisten auftaucht, ist der Wald längst wie ausgestorben. Das ist hundertmal erprobt.«

Am Ende der 200-Meter-Piste standen drei Goldsucher. Sie machten bestimmte Verrenkungen. Später erfuhren wir, daß sie das geheime Zeichen dieser Piste für »alles ok« darstellten. Jede Landebahn hat ein anderes Signal. Nach einmaligem Überfliegen dieses Mini-Air-Strips stürzte sich der Pilot wie ein Kamikaze-Akrobat auf die Vorderkante der Bahn, kriegte sie auch zu fassen, die Maschine wollte schlingern, fing sich aber sogleich und raste selbstmörderisch auf den Wald am oberen Ende zu. Es schien, als rase der Wald seinerseits auch auf uns zu. Wir rissen die Arme nach vorn und stützten uns gegen den Vordersitz ab, als ginge es darum, aus Menschenarmen Eisenstangen zu machen. Und genau drei Meter vierundachtzig, jedenfalls ungefähr, vor dieser Wand stand die Maschine. Dank ABS-Bremsen und Flugerfahrung des Piloten.

Noch ehe sie richtig zur Ruhe kam, sprangen die drei Goldsucher den seitlichen Abhang herunter und drehten sie auf der Stelle, so daß wir notfalls augenblicklich wieder startbereit waren.

»Für alle Fälle«, lachte der Pilot nun wieder erleichtert. Nach dem ermüdenden Flug war die Landung für ihn wie eine Kanne Mokka vom stärksten.

Wir stiegen aus, um Luft zu schnappen. Der Pilot stellte uns vor und erklärte das Vorhaben.

»Sie kommen über Altino und wollen einen Film über Fernando als Goldsucher drehen. Fernando und Altino hängen irgendwie zusammen.«

»Es sind keine Naturschützer oder Indianerfreunde«, fügte er gleich hinzu, als die Goldsucher nicht die erwartete Reaktion zeigten und uns um den Hals fielen. Erst als er ihnen eine Stange Zigaretten unterm Sitz hervorkramte, lockerte sich die Atmosphäre.

Schon diese kurze Episode machte uns deutlich, daß sich hier im Gold etwas geändert hatte gegenüber früher. Sie war das erste Anzeichen. Die relative Gelöstheit vergangener Jahre war dahin. Wir hatten es jetzt mit dem Harten Kern zu tun, der genau wußte, wie schnell man neuerdings Probleme bekommen konnte, wie unberechenbar Fremde sein konnten, und wie man sich Risiken vom Hals schafft.

Nein, sagten die Goldsucher schließlich, hier sei zur Zeit weit und breit keine Polizei. *Chico Mineiro* sei frei. Und so hüpften wir binnen weniger Momente zur Zielpiste *Chico Mineiro*.

Chico Mineiro war angenehmer als die Skipiste von eben. Sie war 400 Meter lang, ausreichend breit und in gepflegtem Zustand. Von den Pflegern allerdings weit und breit keine Spur. Wir standen einsam und verlassen, nachdem der Pilot sofort wieder zurückgeflogen war.

Von dem Moment an, als er seine Cessna beschleunigte und sein Augenmerk einzig auf die Piste richten mußte, waren wir von der Zivilisation abgeschnitten. In genau vier Wochen würde er uns wieder abholen, morgens zwischen 7 und 8 Uhr. Drei Tage sollten wir notfalls warten. Solche Verspätungen wären möglich.

Weil die »Formalitäten« des Rückfluges bestens geregelt waren, und wir außerdem Fernando bei uns hatten, sahen wir keine Veranlassung, uns nach dem Geheimzeichen dieser Piste zu erkundigen. Das war ein Fehler, wie sich bald schmerzlich herausstellen sollte. Dabei hätte es nur einer kurzen Frage an den Piloten bedurft. Nun war er fort. Nun war es zu spät. Das zu verfluchen, hatten wir bald wochenlang Zeit.

Kein Mensch, aber Spuren

Laß uns schnell die Klamotten verstecken«, riet Fernando. »Womöglich hat ein versteckter Polizeifunker die Landung beobachtet und den Helikopter alarmiert. Besser ist, wenn die Polizei hier nichts vorfindet.«

Die Arbeit mit Fernando ließ sich also gut an. Genau so umsichtig hatten wir ihn uns gewünscht.

Zunächst schien die Piste wie ein großer, länglicher Gefängnishof. Riesige grüne Mauern rundherum und nirgends ein Ausgang. Lediglich dort, wohin die Maschine entschwebt war, gab es etwas mehr Licht, weil die Bäume da ursprünglich abgeschlagen worden waren, und die nachwachsende Pflanzengeneration noch nicht annähernd die Höhe der übrigen Bäume erreicht hatte. Was dort nachwuchs, hatte sich aber zu einem wild-verfilzten Dickicht zusammengeballt.

Trotzdem mußte es Wege geben, denn überall waren deutlich frische Menschenspuren erkennbar.

Unweit der Stelle, an der wir ausgestiegen waren, ging Fernando auf die Wald-Mauer zu, stieg über einen Querstamm, bog ein paar Äste zur Seite und hatte damit die »Tür« zum Wald geöffnet. Gleich hinter den Zweigen begann ein schmaler Pfad.

Er führte bergab. Durch den Regen war er glitschig. Aber Unmengen von Wurzeln boten den Füßen ausreichend Halt, wie Treppenstufen. Auf den ersten Metern des Weges stapelten sich links und rechts und kreuz und quer zahllose Baumstamm-Segmente. Kleine, große, dünne, dicke. Modernde Reste aus der Gründerzeit der Piste, als man die Urwaldriesen mit Kettensägen in handliche Scheiben und Meterstücke zerteilt hatte, um sie zur Seite schaffen zu können.

»Diese Piste ist in 30 Tagen gebaut worden«, hatte uns der Pilot vor dem Abflug noch gesagt. »30 Männer mit nichts als Sägen und Spaten. Dann war sie fertig. Ich war seinerzeit einer der Ersten, die hier landeten. Damals standen da unten noch die barackenartigen Unterkünfte von Chico Mineiro, dem die Piste gehörte, weil er sie bauen ließ. Nach dem Ende des Gold-Booms, 1992, sind sie teils abgebrochen, teils verbrannt worden. Heute sieht man nichts mehr davon. Der Wald hat alles wieder zugedeckt. Heute gibt es nur noch die blauen Plastikbehausungen weit weg im Wald.«

Und genau zu denen wollten wir hin. Zwar war Fernando auch zum ersten Mal hier, aber der Pilot hatte ihm natürlich Hinweise gegeben. Denen zufolge gab es drei Hauptwege, die von der Landebahn ins Innere führten. Wir folgten einem davon.

Als sich die Äste des Wegeingangs hinter uns geschlossen hatten, wurde es dunkel. Genauer gesagt – dunkelgrün. Es war totenstill. Keine Tierstimmen, kein Blätterrauschen, kein Flugzeug, kein Motorengeräusch. Vereinzelt tropften letzte Regentropfen von den unteren Etagen der Blätterebenen.

Nach 200 Metern lag an einem Bach ein verlassenes Lager. Noch vor Stunden mußten hier Menschen gelagert haben. Mehrere Feuerstellen, blätterbedeckte Dächer für die Hängematten und viel Müll waren zu sehen, Speiseöl-Dosen, Plastiktüten, Makkaroni-Packungen und Reste der gelben Plastikwasserrohre, durch die die Dieselpumpen das Spülwasser für die Goldwäsche drückten.

Unter einem der Laubdächer steckten im Geäst sogar ein Tütchen mit Kaffee und ein halbes Pfund Reis. Demnach litt man hier nicht allzu große Not, demnach war die Anzahl der Goldsucher hier nicht besonders groß, sondern überschaubar. Man schien sich zu kennen und diese kleinen persönlichen Bereiche zu respektieren. Man war nicht, wie in anderen Gebieten, so sehr in Not, daß jeder jeden bestahl.

Christina machte sich denn auch gleich Sorgen.

»Hoffentlich haben wir die 50 kg Reis nicht umsonst mitgenommen.«

Sie waren unser gewichtigstes Geschenk, das Gastpräsent für die Goldsucher. Ein Kilo wurde normalerweise mit bis zu einem Gramm Gold (= 10 Dollar) gehandelt. Ein kleines Vermögen also, was wir da mit uns schleppten.

»Laß uns den Reis irgendwo verstecken«, schlug Fernando hier im Lager vor. Er blickte sich um, und 100 Meter tief im Wald zwängten wir das plastikgeschützte, insektensichere Paket in einen hohlen Baum. Die Enden der Höhlung stopften wir mit Laub zu, das hier knietief am Boden lag. Vom Reis war nichts mehr zu sehen. Hoffentlich hatte uns niemand beobachtet. Dann wären wir um ein wichtiges »Kapital« ärmer. Denn daß man unsere Depots nicht so respektieren würde wie die ihresgleichen, setzten wir als »Gesetz« voraus.

Wir schnallten das restliche Gepäck auf den Rücken und machten uns auf den Weg. Fernando ging voran. Wir durchwateten den Bach. Sein schlammiges Wasser verriet die Tätigkeit der Goldsucher. Irgendwo am oberen Verlauf mußten sie wühlen. Wir hätten bestimmt auch im Flußbett gehen können, aber der Weg war direkter, der Bach hingegen mäanderte.

Aus handgegrabenen Mulden im Sandufer neben dem Bach hatten wir Trinkwasser geschöpft. Besonders Christina und ich waren sehr durstig gewesen, obwohl wir uns noch keine 30 Minuten am Boden befanden. Für mich ein Zeichen dafür, wie aufgeregt wir waren.

Der Weg war beschwerlich. Er war lehmig, rutschig, teilweise knöcheltief schlammig. Man mußte höllisch aufpassen, um nicht auszurutschen und die Gelenke zu verstauchen. Wenn man an den Bäumen Halt benötigte, war es wichtig, nicht in Dornen zu greifen, einige waren heimtückisch stachelig.

So waren wir, mit kurzen Pausen, in denen wir das Gepäck neu anordneten, etwa vier Stunden gegangen, als der erste Dieselmotor zu hören war. Wir atmeten auf und hatten gleichzeitig Herzklopfen. Jetzt würde sich bald zeigen, ob wir Glück hatten, ob wir aufgenommen oder abgelehnt wurden, ob Altinos Empfehlung Wert besaß, oder ob die Reise von vornherein zum Scheitern verurteilt war, weil sie uns davonjagten.

Da aber Fernando keinerlei Anzeichen irgendwelcher Bedenken zeigte, ermutigte uns das spürbar. Dennoch vergewisserte ich mich zum x-ten Male, ob mein Revolver und das Pfeffer-Spray griffbereit waren. Sowohl Christina als auch ich und sogar Fernando hatten je einen Revolver; wir einen ROSSI 38, nicht rostend.

Piffe, aber niemand zu sehen

Das Pfeffer-Spray war neu. Ein Import aus den USA, in Deutschland noch nicht zugelassen. Es soll unvergleichlich wirksamer sein als das handelsübliche CS-Gas. Allerdings hatte ich es noch nicht erprobt. Ich vertraute ausnahms- und vielleicht fahrlässigerweise der Werbeaussage. Derzufolge müßte ich damit sogar einen Jaguar stoppen können. Wenn er mich nah genug ranließ. Aber das war meine geringste Sorge. Das Spray bedeutete für uns gesteigerte Sicherheit. Es war einerseits wirkungsstark und andererseits nicht so endgültig wie ein Schuß. Denn sollte es tatsächlich je zu einer bewaffneten Auseinandersetzung kommen, dann rechneten wir uns objektiv nur wenige Chancen aus, lebend davonzukommen. Um ih-

nen im Ernstfall zu entfliehen, fehlte es uns an Geländekennt-
nissen, würden wir an keiner Piste auftauchen können und
hätten einen Fluchtweg von mehreren Wochen Fußmarsch.

Genau in dem Moment, als wir die ersten Arbeiter sahen, er-
tönte rechts seitwärts von uns ein schriller Pfiff. Er ging mir
durch Mark und Bein, vor allem, weil er so unvermutet kam
und deutlich das Zeichen einer Warnung war. Die Männer an
den Maschinen konnten ihn wegen des Lärms nicht hören.
Wir blieben sofort stehen. Auch Fernando respektierte das
Signal. Sekunden danach kam auch von links solch ein Pfiff.
Wir versuchten, die beiden Pfeifen ausfindig zumachen. Aber
sie blieben verborgen.

Ich pfiff einfach zurück, um unsere Harmlosigkeit zu zeigen,
daß es uns nichts ausmachte, gesehen worden zu sein. Dann hatte doch irgendeins der Signale die Männer an den Maschinen
erreicht. Sie sprangen aus den Gruben ins angrenzende Dickicht.

Fernando rief etwas in den Wald: »Wir sind Freunde Altinos.«

Eine Weile noch blieb es still. Dann gab sich der erste Pfeifer
zu erkennen. Er kam auf uns zu, mit seiner Flinte unterm
Arm. Mehr oder weniger war sie auf uns gerichtet. Seine Hand
umfaßte den Abzug.

»Bom dia«, riefen wir ihm entgegen und hielten unsere leeren
Hände sichtbar. Er sollte wissen, daß wir nichts verborgen hatten. Christina raunte ich zu: »Mach keine schnellen Bewegungen, damit der Kerl nicht durchdreht.«

»Bom dia«, antwortete es da genau hinter uns. Dort stand der
andere Mann. Wir hatten ihn überhaupt nicht gehört und er-
schraken wahnsinnig. Denn der Spontangedanke war: Umzingelt! Entsprechend erschrocken fuhren wir herum. Aber dann
kam Entwarnung. Der Mensch hinter uns hatte zwar auch eine Flinte. Aber er trug sie auf dem Rücken. Friedlicher konnte
er seine Absichten nicht klarmachen. Auch der andere schul-
terte jetzt sein Gewehr. Sie reichten uns die Hand. Wir waren
aufgenommen.

Nr. 1 nahm Christina das Gepäck ab und ging voran. Die Männer aus den Gruben, etwa sieben, ließen sich auch wieder blicken. Sie nickten nur kurz rüber und trollten sich zurück an die Arbeit. Statt ihrer interessierten sich drei magere, kläffende Hunde intensiver für uns. Der Führer brachte sie zum Schweigen: »*Cala boca!*«

Neugierige Blicke auf Christina. Fernando und mich würdigten sie nur mit Streifblicken. Frechheit!

Wir folgten unseren beiden Pfeifern. Sie ließen die Gruben seitlich liegen. Es ging steil bergan, weg vom Pfad, und nach etwa 500 Metern standen wir vor ihren blauen Plastikunterkünften.

Bis auf zwei Köchinnen waren sie leer. Die Hängematten der Goldsucher hingen aufgerollt an den Pfählen. Sie waren alle auf der Arbeit.

Immerhin nahmen sich die Frauen die Zeit, uns per Handschlag zu begrüßen. Die Führer hatten es übernommen, uns vorzustellen. Wir kämen über Altino.

»Aha«, nickten sie nur. Wenn man ihre Mimik und die kargen Worte addierte, hieß das »*Tudo bem*«, alles ok.

Natürlich kochten Bohnen und Reis in den Töpfen. Was auch sonst? Aber die konnten einen Moment getrost ohne Aufsicht weiterbrodeln.

»Wollt ihr hier bei uns schlafen?« erkundigten sie sich.

Aber da es sehr eng war und ich mit Christina und Fernando allein sein wollte, lehnten wir dankend ab.

»Wir haben selbst ein Dach und werden es nebenan spannen.«

Fernando jedoch zog es vor, unter seinesgleichen zu sein. Er band die Hängematte zu den anderen.

Uns war es recht. So konnte er erste Informationen sammeln.

Gegen 18 Uhr wurden die Maschinen abgeschaltet. Die Ruhe tat wohl. Trotz des harten 12-Stunden-Tages sahen die Männer keineswegs erschöpft aus. Die, die den Job im Wasser gehabt hatten, erkannte man sofort an der faltigen leichenfarbigen Haut. Ich hätte mir da bestimmt zentnerweise Vaseline draufschmieren müssen. Sie waren daran gewöhnt. Alle waren übersät von Stichen der Pium-Fliegen. Ihre Waffen hatten sie griffbereit am Rande der Grube stehen. Es waren alles Flinten vom Kaliber 20 und zwei Revolver vom Kaliber 38. Weil diese Art Waffen hier Tradition haben, fiel mir eine Ausnahme auf. Sie gehörte dem Ältesten von ihnen, dem man auch ansah, daß er wohl der ärmste Schlucker von allen war. Ein typischer Vertreter der »Horde der Hemdlosen«: ein verschlissene Turnhose undefinierbarer Farbe und ein T-Shirt, das einem Schweizer Käse glich, denn es war genauso gelb (vom Lehm) und genauso durchlöchert. Mehr besaß er nicht. Entsprechend mußte er am meisten unter den tagsüber aktiven Stechmücken, den Pium, leiden. Sie waren hier so massiv vertreten, daß man meinen konnte, abends müßten die Goldsucher ihres gesamten Blutes beraubt sein.

Dieser alte Mann hatte seine Flinte selbst gebastelt. Er hatte ein Rohr auf einem Brett befestigt. Im Rohr steckte eine Schrotpatrone. Mittels eines Gummibandes konnte er einen Holz-»Schlitten« spannen, an dem sich vorn ein stumpfer Nagel befand – sein Schlagbolzen. Mit dem Gummiband katapultierte er den Nagel vor die Patrone und hatte damit eine einfache, aber hochwirksame Nahkampfwaffe.

Die *garimpeiros* verteilten sich am Ufer, bis einer den anderen nicht mehr sehen konnte, und entledigten sich ihrer lehmgelben Hemden und Hosen. Gab man sich sonst, vor allem gegenüber den brasilianischen Frauen locker, so war man bei der Intimwäsche prüde. Hier begann die Privatsphäre. Es gab sogar zwei Duschkabinen aus Plastikfolien-Fetzen. Eine für *homens,* Männer, eine für *mulheres,* Frauen.

Und sie wurden tatsächlich so benutzt. Zunächst hatte ich das für einen Lager-Gag gehalten. Vor allem, als wir hörten, daß fast jeder der Männer mit den beiden Köchinnen geschlafen hatte.

Die gelbe Schmutzwäsche wurde schließlich auf einen Haufen geworfen und saubere Hemden und Shorts von der Lianen-Leine genommen. Die Unzahl gelber und weißer Schmetterlinge, die die Garderobe als Spielplatz genutzt hatte, war völlig irritiert und war nun heimatlos. Einige nahmen mit der Liane vorlieb, andere flogen fort.

Zwei Männer füllten große Kanister mit Trinkwasser und schleppten es den Berg hinauf. Der Wasserdienst war genau eingeteilt. In der Küche hing der Dienstplan. So hatte alles seine Ordnung, und Streit wurde vermieden. Jedenfalls diesbezüglich.

Dann hockte man sich um den improvisierten Tisch aus gespaltenem Palmstammholz und ließ sich den Reis und die Bohnen schmecken. Sogar ein Stück Fleisch war erkennbar, der Rest eines Gürteltiers.

Nachdem die Männer versorgt waren, gingen die Frauen an den Bach. Sie füllten zwei Aluminiumschüsseln mit Wasser und Unmengen Waschpulver und weichten die gelbe Wäsche ein. Morgen früh würden sie sie mit Engelsgeduld waschen, bis sie sich von ihrer gelben Farbe getrennt hatte. Es war schon beeindruckend, wie sie, ohne Kochen und Waschmaschine, diese Klamotten wieder gesellschaftsfähig kriegten.

Risse und fehlende Knöpfe wurden sorgsam repariert. Für all diese Arbeit waren die Frauen völlig gleichberechtigt am Goldfund beteiligt.

Sie hießen Teresa und Inês, waren etwa 25 Jahre alt und wirkten nicht nur hier, infolge Frauenmangels und anhaltender Entbehrung, hübsch. Auch in der Stadt hätte man sich nach ihnen umgeschaut. Obwohl sie sich ihrer Wirkung bestimmt bewußt waren, waren sie in keiner Weise arrogant. Sie benahmen sich in jeder Weise zu allen gleich freundlich. Sie spielten die Übermacht, die sie durch ihre zahlenmäßige Unterlegenheit besaßen, nicht aus.

Sie waren, wie ich das schon in vielen *garimpos* erlebt hatte, auffallend kollegial, bescheiden und natürlich. Kein Anzeichen dafür, daß sie sich einiges Geld nebenbei mit Liebesdiensten verdienten.

Bei Inês und Teresa gewann man sogar das Gefühl, daß sie sich auf die Nächte freuten. Sie waren heiter und gelöst, keinem Flirt abgeneigt, und ich erlebte auch nie, daß sie einen Bewerber gegen den anderen ausspielten. Flirt war gratis. Nur wenn es zu einer Vereinbarung für die Nacht kam, kostete das Geld. Flirt war eine Werbe-Ausgabe. Zwar wurde erst am Morgen danach gelöhnt, aber es wurde nicht gekobert, nachgefeilscht, sondern es blieb beim Festpreis. Hier betrug er drei Gramm je Nacht. Von Camp zu Camp konnte das unterschiedlich sein. Auch fünf Gramm waren möglich. Ein stolzer Preis also, wenn man bedachte, daß hier pro Grube maximal 150 Gramm Gold in drei Wochen gefunden wurden. Zog man die 70 Prozent ab, die der *Dono do garimpo,* der Boß, in jedem Fall beanspruchte, blieben für vier Goldsucher und eine Köchin, für fünf Personen also, nur 45 Gramm übrig. Das waren 9 Gramm. Und davon waren dann 3 oder 5 Gramm sehr viel.

Wer rauchte, wer den *Cachaça* (Zuckerrohr-Schnaps) liebte und dies vom Boß des Camps kaufen mußte, dem blieb eigentlich nichts mehr, um auch noch eine Frau zu lieben. Er konnte sich allenfalls abends die unterdrückten, aber hörbaren Liebesgeräusche aus den Plastik-Zelten der Frauen anhören, die 50 Meter entfernt in Richtung Bergspitze standen. Und – je nach Veranlagung – blieb ihm der weltweit eingebürgerte Ausweg, seine angestauten Probleme einfach selbst in die Hand zu nehmen oder sie ausschwitzen.

Infolge des hohen Preises war es denn auch klar, daß die

Die Goldsucher

Für Leser/innen, die noch keines meiner Bücher gelesen haben, möchte ich hier kurz erklären, wie das Goldwaschen überhaupt funktioniert.

Da werden zunächst entlang der Flußläufe die Bäume gefällt. Nach 3 Wochen sind sie so weit getrocknet, daß man das dünne Geäst verbrennen kann. Die Stämme werden mit Kettensägen in transportable Scheiben geschnitten und beiseitegeschafft.

Dann wird von einem Mann mit Hochdruck-Wasserstrahlern das Erdreich auf einer Fläche von ungefähr 20 mal 20 Metern aufgerissen. Ein zweiter Mann saugt das Schlammwasser mittels einer zweiten Maschine wie mit einem gigantischen Staubsauger ab. Ein dritter Mann sorgt dafür, daß der »Staubsauger« nicht verstopft. Er hält den Einlauf frei von Ästen und Steinen. Manchmal gibt es einen vierten Mann, der sich mit den übrigen Männern abwechselt. Er fungiert als *gerente,* als »Geschäftsführer«, und ist ein Vertrauter des Bosses. Der Boß arbeitet nicht mit. Er regiert sein Territorium von der Stadt aus und kommt regelmäßig, um seinen Gold-Anteil abzuholen. Das eigentliche Arbeitsteam ist also drei bis vier Männer und – mitunter – eine Frau stark.

Die Baumwurzeln werden von dem Wasserdruck mühelos untergespült und sacken mit der tieferwerdenden Grube nach unten.

Je nach Bodenbeschaffenheit dauert die Arbeit in einem *barranco,* Claim, 2–4 Wochen. Ist das Erdreich steinhaltig, werden die Steine von Hand vorzerkleinert und dann von anderen schweren Maschinen pulverfein gemahlen.

Die gesamte abgesaugte Schlamm-Suppe wird über Holztreppen geleitet, die etwa 45 Grad Neigung haben. Da Gold 14mal so schwer ist wie Wasser, verhält es sich anders als der Schlamm. Es bleibt in den toten Winkeln der Treppenstufen liegen. »Teppiche« aus Sackstoff-und Drahtgeflechte erleichtern das Festhalten des Goldstaubs.

Ist die Grube drei Meter tief, wird die Arbeit beendet und eine neue in Angriff genommen.

Vorher jedoch ist »Erntezeit«. Die »Teppiche« werden sorgsam in einem Faß voller Wasser ausgespült. Man kann, hier bei den Yanomami, das Gold nur ahnen, denn Nuggets gibt es nicht. Hier gibt es nur Goldstaub. Die Masse aus Schlamm und Gold in der Tonne wird nun, händeweise und manuell, mittels der Goldpfannen weitergewaschen:

Eine Handvoll Schlamm und ein Schuß Wasser werden in die v-förmigen Eisenpfannen gegeben. Dann schwenkt man sie so, daß das Wasser zu rotieren beginnt. Das leichte Wasser und der Sand schleudern

über die Kante hinaus. Das Gold bleibt am tiefsten Punkt der Pfanne liegen.

Man gibt dem restlichen Goldschmutz im Verhältnis 1:1 Quecksilber hinzu. Das Gold bindet sich sofort an das sich stets zusammenballende Quecksilber. Der Schmutz bleibt liegen.

Das Queck-Gold wird zu guter Letzt mit einem Bunsenbrenner erhitzt. Schon ab 50 Grad Celsius verdampft das hochgiftige Quecksilber in die Atmosphäre. Das Gold verbleibt als Goldschlacke in der Pfanne. Bei dieser Arbeit sind alle Partner beisammen. Da es keine Nuggets gibt, sondern nur Staub, ist Diebstahl mit 99%iger Sicherheit ausgeschlossen. Dann wird geteilt.

Das Quecksilber bleibt natürlich nicht am Himmel. Weil es fast ebenso schwer ist wie das Gold, kommt es zurück auf die Erde und zerstört mit seiner Giftigkeit langsam aber nachhaltig die Natur.

Nach der Aufteilung des Goldes ist jeder frei und kann weiterziehen oder bei der nächsten Grube wieder dabeisein. Wer vor Beendigung einer Grube aufhört, verliert seinen Gold-Anspruch. Wer jedoch durch Krankheit ausfällt, erhält den gleichen Anteil wie die *socios*, die Kollegen. Auch wenn er nur einen Tag geholfen hat. Wer stiehlt und ertappt wird, wird erschossen.

Frauen während der meisten Nächte nicht belegt waren. Im wahrsten Sinne des Wortes. Aber immerhin verdienten sie mit allen Fähigkeiten zusammen – also Kochen, Waschen, Lieben – mehr als die kleinen Goldsucher.

»Früher war das anders«, belehrte uns einer der Männer. »Da wimmelte es hier von Arbeitern, und die Frauen waren rund um die Uhr mit ihrer Dienstleistung beschäftigt, wobei ich nicht Kochen und Waschen meine. Das war damals unter ihrer Würde. Entweder war man Köchin oder *puta.*«

Das Besondere an diesem *barranco* war der Garten. Teresa hatte ihn vor einem halben Jahr angelegt, und schon jetzt bot er erntereifen Salat. Daneben gediehen Tomatenstauden, Zitronengras und Maniok. Am Berghang trocknete das Fell eines Hirsches. Die Idylle erweckte den Eindruck, als wolle man sich für alle Zeiten hier niederlassen. Allerdings beschränkte sie sich im wesentlichen auf diesen Garten. Gleich daneben gammelte ein ganzer Hang voll unverrottbaren Zivilisationsmülls vor sich hin.

»Angst vor der Polizei? Wir?«

Um 6 Uhr am nächsten Morgen war die Nacht vorbei. Es wurde hell, und man ging sich waschen und im Fluß seine Notdurft verrichten.

Weiter oben mußte es noch mehr Goldsucher geben, denn das Wasser kam bereits völlig gelb an.

»Habt ihr keine Angst, daß man euch am gelben Wasser deutlich vom Flugzeug aus sehen kann?« wollten wir wissen. Aber da hatte ich wohl einen guten Witz gemacht.

»Wenn wir informiert werden, daß es mal wieder eine Razzia gibt, stellen wir die Motoren ab und verstecken sie. Und wenn die Razzien länger dauern, waschen wir von Hand. Das kann man aus der Luft nicht sehen.«

Das sei zwar viel mühsamer, aber das, was der Pfannen-Wäscher fände, sei nicht abgabepflichtig. Das gehörte ihm allein. Summa summarum läge es jedoch unter dem Motorenresultat. Deshalb zöge man die Maschinenarbeit vor.

»Unsere Kumpels, die in der Umgebung von Xidea und Auaris[10] arbeiten, haben sich sogar auf Nachtarbeit mit der Pfanne umgestellt«, wußte einer der Männer. »Aber das bringt nichts. Im Petroleumlicht kann man nicht so gut arbeiten wie im Tageslicht. Deshalb ist das Wichtigste für uns, daß wir über Polizeiaktionen vorher informiert werden.«

Und das, da waren sich alle einig, klappte zufriedenstellend.

»Damit die Polizei ihre Aktionen nicht mit leeren Händen abschließt, bringt sie immer einige von uns raus. Am liebsten lassen sich die Malariakranken ausfliegen. Mit der Polizei kostet der Flug nichts«, meinte ein anderer. »Wenn du aber mit einem unserer Piloten fliegst, kostet das 10 Gramm.«

»Außerdem sparst du die 9 Gramm Gold für die Malariabehandlung. In Boa Vista ist sie gratis«, ergänzte ein anderer.

»Ich bin schon zweimal nach Boa Vista geflogen worden. Im Krankenhaus Francisco Elesbão bekam ich Tabletten, und als ich wieder fit war und eine Weile bei meiner Freundin und Familie gefeiert hatte, bin ich erneut hergekommen.«

So einfach war das also. Zur Rechenschaft wurde man in keiner Weise gezogen – Goldwaschen im Indianer-Reservat ist in Brasilien ein Kavaliersdelikt.

Sicher könnte man über jeden der Männer eine lange Reportage machen. Keiner unter ihnen, der nicht schon haarsträubende Geschichten erlebt hätte. Auch dann, wenn er erst 18 war. Wie Olívio. Eigentlich war er uns nicht sonderlich aufgefallen. Er war einer von den Stillen. Was ihn aber von allen unterschied, war eine üble Narbe auf dem Rücken. Manchmal klagte er über Schmerzen.

»Was ist passiert? Woher hast du die Wunde? Bist du gestürzt?«

[10] Große Landepisten mit ständigen Posten des Militärs und der FUNAI.

89

Christina wollte die Wunde näher in Augenschein nehmen und sie versorgen. Vielleicht ihm ein Schmerzmittel verabreichen. Wir brauchten dringend noch Gelegenheiten, um das Wohlwollen der Goldsucher zu steigern.

Olívio selbst antwortete erst gar nicht. Ein anderer tat es für ihn.

»Dem hamse 'ne Niere geklaut.«

Wir müssen wohl ziemlich sprachlos dreingeschaut haben. Und als der Sprecher dann Olívio mit einem Schubs ermunterte, sagte er: »Das ist schon lange her. Ich war damals 12. Und trotzdem entzündet sich die Operationsstelle immer wieder.«

»Und wie war das? Haben deine Eltern dich gezwungen, eine Niere für Geld zu opfern?«

»Nein. Man hat sie mir gewaltsam genommen. Ich sollte eines Abends für meinen Vater Zigaretten holen. Da griffen mich in der Dunkelheit irgendwelche Hände, drückten mir ein stinkendes Tuch übers Gesicht – und von da an weiß ich von nichts mehr.«

Er hielt inne und kratzte sich zum wiederholten Male an der besagten Stelle. Jetzt, als wir davon sprachen, juckte sie besonders intensiv.

»Ich erinnere mich erst wieder, an den Moment, als ich wach wurde. Ich lag am Rande einer Müllkippe und wurde vom Lärm der Lastwagen wach, die morgens den ersten Müll abluden. Ich hatte große Schmerzen und schrie um Hilfe. Zuerst dachte ich, ich sei beim Lebensmittelsuchen auf der Kippe verunglückt. Wir gingen nämlich oft zum Sammeln dorthin.

Jemand half mir auf die Beine und brachte mich nach Hause. Ich hatte einen blutigen Verband um den Leib. Meine Eltern schrien laut auf, als ich unser Haus betrat. Seit einer Woche war ich fort gewesen. Sie hatten eine Vermißtenanzeige aufgegeben und schon gar nicht mehr mit mir gerechnet. Dann sahen sie die Narbe, und da wußten sie, was man mit mir gemacht hatte. Sie gingen mit mir zur Polícia Militar, um Strafanzeige zu stellen. Aber die schien das gar nicht zu interessieren. In Manaus verschwinden ständig irgendwelche Leute.«

»Hat man hinterher die Täter ermittelt?«

»Nein. Es hat niemand nachgeforscht. meine Eltern waren arm. Da rührt keiner einen Finger für dich. Als meine Mutter meine Hose wusch, fand sie in der Tasche 100 Reais. Der Chirurg, der die Niere geklaut hatte, wird mir das Geld zugesteckt haben.«

»Da kann er noch von Glück sagen«, meldete sich der andere Goldsucher wieder zu Wort. »Andere Menschen wachen erst gar nicht mehr auf. Man findet sie dann ohne beide Nieren und ohne Augen. Ermordet. Das ist nichts Neues. Ich komme aus Recife. Da ist das fast jeden Tag so.«

Plötzlich waren wir ohne Führer

Zwei Tage waren wir in diesem Camp. Wir wollten die Kamera nicht gleich auspacken, um keine Aufregung auszulösen und verhielten uns abwartend, beobachtend, freundschaftsschließend. Christina hatte da natürlich erheblichen Vorsprung. Sowohl die Frauen als auch die Männer vertrauten sich ihr mehr an als mir. Inês zeigte ihr stolz die drei Goldsterne, die sie sich in ihre oberen Schneidezähne hatte einlegen lassen, und Christina präsentierte zum xten Male ihre blonden Haare bis zu den Haarwurzeln. So recht wollte niemand glauben, daß sie wirklich blond von Natur und nicht aus der Tube waren.

Wir hofften auch, daß Fernando mit allen gut klar kam, sich in eine der beiden Gruppen integrieren und uns dann den Film ermöglichen würde. Aber er mochte nicht arbeiten. Sein Gehalt war ja gesichert. Und die Filmprobleme schien er uns zu überlassen. Seine Apathie war nur dann wie weggeblasen, wenn fremde Goldsucher unser Camp passierten. Dann lebte er auf. Er verwickelte sie in Gespräche, gestikulierte großartig in der Luft herum und ließ sich ganz offensichtlich Wege erklären, als wolle er noch bis zum Mond marschieren. Okay, sagten wir uns, so wird er zur lebenden Landkarte und uns von größerem Nutzen sein.

Dann tauchte Manoel auf. An dem Jubelschrei und der Herzlichkeit der Umarmung war jedem klar: Da hatten sich zwei alte Freunde wiedergefunden.

Manoel war nicht älter als 18 Jahre. Er war klein, etwa 1,65 m, schlank und wirkte durchtrainiert. Und er war nicht der Ärmste. Er trug ein 10 Gramm schweres Nugget am Hals. Sein Rückflugticket. Oder seine Malaria-Kur.

Er passierte unser Lager mit dem traditionellen *remanchim* auf dem Rücken, der stabilen, elastischen Lianen-Kiepe. Darin festgebunden befanden sich mordsschwere Eisenteile, die Hammer-Stücke für die Stein-Zerkleinerungsanlagen.

»Das ist Manoel«, stellte Fernando ihn uns vor. »Er wohnt bei mir im Stadtteil. Wir sind Freunde. Er ist schon zwei Jahre im Gold und kennt das gesamte Gebiet.«

Unwillkürlich überlegten wir, ob nicht Manoel der bessere Typ für unseren Film wäre, denn er wirkte auf uns viel sympathischer. Sein Lächeln, seine strahlenden Zahnpasta-Reklame-Zähne bezauberten.

»Manoel trinkt nicht und raucht nicht«, charakterisierte ihn Fernando. Das war allerdings etwas Besonderes.

»Verbietet dir das deine Religion?« fragten wir mißtrauisch. Denn anders konnten wir uns das nicht erklären.

»Nein«, lächelte er. »Das Zeug ist teuer und nicht gesund. Die, die hier trinken und rauchen, kommen nie zu Ersparnissen. Sie schuften, bis sie für die Arbeit zu schwach sind und gehen hier so arm raus, wie sie reingekommen sind.«

Für einen 18jährigen, der genau wie Fernando, keine Schulbildung besaß, eine beachtliche Grundeinstellung. Noch mehr waren wir verblüfft, als wir sahen, daß er für zwei Behandlungen Malariatabletten besaß. Das war hier völlig unüblich und eine große Kostbarkeit zugleich. Denn die Malaria war das Hauptübel unter allen Leiden hier. Und obwohl das jedem bekannt war, trafen wir kaum je eine Person, die vorbeugend eigene Tabletten mitgebracht hätte. Und das, obwohl sie in der Stadt über Gesundheitsbehörden völlig gratis zu beschaffen waren. Man vertraute lieber seinem Glück als der Vorbeugung, und wenn es doch mal anders kam, kaufte man sich die Tabletten beim Boß oder Piloten. Auch wenn sie dort 9 Gramm kosteten, inklusive dilettantischer mikroskopischer Analysen.

Fernando und Manoel schienen sich gesucht und gefunden zu haben. Da hockten sie am Bachufer und erzählten sich ihr halbes Leben. Fernando war nicht wiederzuerkennen. Soviel Power hatten wir bei ihm noch nicht wahrgenommen. Bis Manoel aufstand, sich seine Last umschnallte und weiterging. Zurück in seinen *barranco*. Und im selben Moment schnallte sich auch Fernando sein Gepäck auf, nahm sich gerade noch die Zeit, uns allen einen Gruß zuzuwerfen. Dann hatte ihn der Wald verschluckt. Wir haben Fernando nie mehr wiedergesehen.

Das ahnten wir natürlich in diesem Moment noch nicht. Eher dachten wir, er wolle seinen Freund begleiten, ihm tragen helfen und dessen Camp besuchen. Bis uns abends unsere »Kameraden« aufklärten.

»Nein«, hieß es, »Fernando sucht doch seine verschollene Freundin Alícia. Hat er euch das nicht erzählt?«

Nein, hatte er nicht. Mit keiner Silbe.

»Alícia war 2 Jahre lang seine große Liebe«, erklärte Teresa dann Christina und lachte nachfühlend, als träume sie auch von solchem Glück.

»Von heute auf morgen war sie dann aus der Stadt verschwunden. Keiner wußte, wo sie sich aufhielt, was passiert war. Auch Alícias Eltern waren ahnungslos. Aber das hatte Fernando nicht gewundert, denn Alícia hatte zu ihnen kein besonders gutes Verhältnis.«

»Ja und dann?«

»Fernando vermutete zunächst, daß Alícia ermordet worden wäre. Jeden Tag schaute er in die Zeitung, ob dort eine unbekannte Tote abgebildet wäre, er ging sogar jeden Tag zur IML, dem *Instituto Medico Legal,* dem Leichenschauhaus. Aber seine Alícia blieb verschwunden und dann hörte Fernando, daß sie hier in den *garimpos* arbeiten würde. Als Frau für die Männer, als *puta.*«

Alles hätte Fernando vermutet, aber niemals das. Zwar stimmte es, daß ihre Beziehung zueinander nicht mehr so berauschend war wie im Anfang, aber sie hatten nie Streit gehabt. Was sie vor allem miteinander verband, war, daß sie miteinander die ersten Liebesbeziehungen ihres Lebens erlebt hatten. Unermüdlich suchte er weiter. Bis ihm irgend jemand verraten hatte, er habe Alícia in einem der *garimpos* am Rio Parima getroffen. Dort arbeite sie für einen gewissen Boca Rica, Reicher Mund, einen Gold-Boß der übleren Sorte. Der habe sie wahrscheinlich gegen ihren Willen dorthin gebracht. Daß Alícia das freiwillig getan haben könnte, schied für Fernando aus. Nie hatte sie solche Neigungen oder Absichten bekundet. Alícia wollte immer Schneiderin werden. Schon als Kind hatte sie sich die tollsten Kleider genäht. Es konnte also gar nicht anders sein, Boca Rica hatte Alícia gewaltsam entführt. Boca Rica traute man das zu. Entführung war noch das Geringste. Er schreckte auch vor Mord nicht zurück.

Seinen Namen hatte der Mafioso sich erworben, nachdem er mehr Gold im Mund spazieren trug, als eigene Zähne.

»Sogar mehr als seinen charakteristischen Mundgeruch«, lachte Teresa.

Als sie das erzählte, wich sie unwillkürlich einen Schritt zurück. So als hätte sie dies Erkennungsmerkmal schon selbst eingeatmet, als sie ihm zu Diensten, zu Liebesdiensten war.

Wie auch immer. So was sprach sich halt rum und man roch es, auch wenn man nicht mit Boca Rica geschlafen hatte.

»Ja und ist das nun so? Arbeitet Alícia da gegen ihren Willen?« wollten wir wissen.

»Quatsch! Die hat Boca Rica in Manaus auf der Straße kennengelernt. Er hat sie ein paar mal zu sich eingeladen und ihr natürlich viel mehr bieten können als Fernando. Er ging mit ihr essen, nahm sie mit ins Hotel, und das hat ihr natürlich gefallen. Wer träumt nicht davon, auf diese Weise der *favela* zu entrinnen und den Sprung ins bessere Leben zu schaffen?«

Das konnten wir allerdings verstehen. Für *Favela*-Bewohner gibt es keinen weiteren Abstieg mehr auf der Sozialleiter. Was und wer immer sie da rausholt, erscheint ihnen als Aufstieg in eine bessere Welt. In ein Leben ohne Hunger, in eigenen vier Wänden und mit mehr als einem T-Shirt.

Hatte ich eben noch Wut auf Fernando gehabt, weil er unerwartet von dannen zog, tat er mir jetzt leid. Ich malte mir den Moment aus, in dem die Gerüchte für ihn Wirklichkeit würden, wo seine Treue mit Ettäuschung konfrontiert werden würde und wenn ihm bewußt würde, daß er gegen Boca Ricas Reichtum keine Chance besaß.

Wir sahen Fernando zwar nie wieder, aber wir hörten von ihm und seinem tragischen Schicksal und können es aus zweiter Hand berichten.

Und dann tauchte »Menschenfresser« auf

Doch für uns ergaben sich zunächst völlig neue Probleme, eine veränderte Situation. Wir standen einsam und verlassen auf weiter Flur. Unser V-Mann war verschwunden. Um uns herum nur Leute, zu denen wir noch keinen ausreichend guten Draht hatten. Ich ärgerte mich, Fernando 250 Reais Vorschuß gegeben zu haben.

Bis auf oberflächliche Gespräche lief hier nichts mehr. Wir wollten auch bewußt nicht diese Goldsucher bei ihrer Arbeit filmen. Das hätte sie womöglich mißtrauisch gemacht. Schließlich hatten wir immer erzählt, mit Fernando hätten wir den Film geplant und mit niemandem sonst. Wir waren in einer frustierenden Situation. Seitens der Leute war kein Entgegenkommen zu spüren. Ein neuer Begleiter war nicht in Sicht.

Doch zumindest herrschte keineswegs Feindschaft. Das war zur Zeit das einzig Positive.

»Ich denke, wenn wir etwas Geduld haben und uns ein wenig nützlich machen, können wir hier auch drehen«, tröstete mich Christina.

So machten wir uns denn nützlich. Christina schnitt Inês eine neue Frisur, ich half beim Steineklopfen, wir schenkten jedem ein Set Malariatabletten, und wir schenkten ihnen den Sack mit Reis, den wir bei der Landepiste versteckt hatten.

Und dann kam es zu jener verhängnisvollen Begegnung mit *Come gente,* »Ißt Menschen«, so sein Spitzname. Es war aber eher eine zutreffende Bezeichnung als ein Pseudonym. Come gente, der Menschenfresser war uns widerlich vom ersten Moment an.

Daß dieser Mann uns unsympathisch erschien, war nicht nur unser subjektives Empfinden. Ich glaube, es war objektiv. Es war die Folge seiner Reaktion auf uns.

»Wer sind diese Gringos?« waren seine Begrüßungsworte. Er frage nicht uns, sondern die Brasilianer. Aber er zeigte auf uns. Aus seinen Augen sprühten Funken und seine rechte Hand machte unzweifelhaft deutlich, was er als seine vordringlichste Aufgabe betrachtete: »Euch gehört die Kehle durchgeschnitten!« Angewidert spie er auf die Erde.

Sein Urteil stand fest, bevor die Jungs in den Gruben auch nur irgend etwas sagen konnten. Ohne die Augen von uns zu lassen, zeterte er weiter. Ich rechnete jeden Moment damit, daß er seine Flinte hochriß und abdrückte. Der Kerl war der personifizierte Haß und ein Choleriker ersten Grades.

Natürlich kam auch mein Blut sofort in Wallung. Augenblicklich hatte ich mich vergewissert, daß mein Revolver griffbereit in der rechten Hosentasche steckte. Er wurde nur vom Hemd über der Hose verdeckt.

»Wir sind Freunde Altino Machados«, rief ich ihm zum dritten Male zu. Auch die Goldsucher hatten ihm das längst gesagt, aber Come gente interessierte das nicht.

»Altino Machado?« ereiferte er sich schließlich und schien kurz vor der Explosion. Ich lehnte mich vorsichtshalber an einen dicken Baumstamm, um sofort dahinterzuspringen, wenn die Situation sich zuspitzte.

»Geht mir los mit diesem Oberverräter! Der interessiert mich überhaupt nicht. Der gehört genauso getötet wie ihr!«

Christina dachte wohl, er verwechsele die Personen. Sie nahm an, es gäbe womöglich zwei Altinos. Deshalb erklärte sie: »Meinen wir denselben Mann?. Wir reden von José Altino Machado, dem Gewerkschaftsboß.«

»Ja. Wir reden von genau dem. Von dem angeblichen Gewerkschaftschef, der nach dem Überfall auf Haximu nichts Eiligeres zu tun hatte, als sich von uns zu distanzieren. Er vertrete keine Mörder, hat er gesagt, als er sein Amt niederlegte. Damit hat er doch wohl klar ausgedrückt, ›Goldsucher sind Mörder‹. Geht mir also weg mit Altino.«

Vergeblich versuchte Christina, ihm die Idee unseres Filmprojekts klarzumachen. Come gente hörte nicht zu. Wie ein Schwerthieb zerteilte sein rechter Arm die Luft, fast wie ein Peitschenschlag.

»Aus und vorbei. Haltet die Schnauze. Ich sage euch nur eins: Verschwindet von hier, oder ihr seid tote Leute.«

Erregt stapfte er davon.

Bevor er außer Hörweite war, drehte er sich noch einmal um. Seine Worte galten den Goldsuchern.

»Kommt nicht auf die Idee, ihnen zu helfen. Die gehen zurück zur Chico Mineiro und verduften mit dem ersten Flugzeug. Damit basta!«

Als er außer Sicht war, herrschte zunächst mal Ruhe. Die Motoren tuckerten im Leerlauf.

Ein Foto wäre Selbstmord gewesen

Hat der hier was zu sagen?« fragten wir sie. »Woher kommt der? Wen vertritt er?«

Die Antworten klangen verhalten. Sie hatten Angst vor dem »Menschenfresser«, zumindest wollten sie sich nicht wegen irgendwelcher Gringos Probleme aufhalsen. Wir waren hilflos. Was würde nun mit dem Film? Sollte man wenn möglich, »auf die Schnelle« etwas abdrehen und dann umkehren? Wann käme der Hysteriker zurück? Blieb er vielleicht mehrere Tage fort, so daß uns diese Zeit noch für einen Dreh bliebe?

Nein, das schien hoffnungslos. »Menschenfresser« tauchte hier jeden zweiten Tag auf und nicht nur er. Auch andere Goldsucher passierten das Lager. Selten einer allein, meist mehrere, einmal sogar zwanzig in einer Gruppe. Und niemand vermochte zu sagen, wer zu wem hielt. Ein zweiter wie dieser Come gente war jedoch nicht unter ihnen. Einige waren überrascht, wenn sie uns sahen. Sie waren irritiert, sie waren verschlossen – aber sie waren nie dermaßen aggressiv.

»Macht euch nichts draus. Der beruhigt sich schon wieder«, tröstete uns jemand. Aber uns begleiten in ein entferntes *garimpo*, wo der Fleischfresser keinen Einfluß mehr besaß, das wollte niemand. Da gaben sich alle als vollbeschäftigt aus, die die Gruben nicht eher verlassen durften, bis alle die Arbeit gemeinsam beendeten. Wer früher aufhörte, verlor seinen gesamten Anteil.

»Nur wenn du krank bist, wirklich krank und dann fehlst, läuft deine Beteiligung weiter«, erklärten sie uns die ungeschriebenen Gesetze der Goldgräberei. Auf jeden Fall sollten wir den Mann nicht unterschätzen, der habe keine Skrupel. Aber das spürten wir auch ohne Warnung.

»Die Art und Weise, wie er über das Massaker von Haximu geredet hat, gab mir das Gefühl, daß er zu den Tätern gehört«, machte sich Christina Luft. »Am liebsten hätte ich von ihm heimlich ein Foto gemacht.«

»Das hätte uns noch gefehlt. Ich glaube, dann lägen wir hier jetzt als Leichen.«

Die Männer machten sich wieder an die Arbeit. Wir trollten uns rauf zu den Hängematten und schmiedeten krampfhaft Pläne.

Das Bequemste und Sicherste war, die Warnung ernst zu nehmen und nachzugeben. Das bedeutete gleichzeitig, daß die gesamte Reise ab Hamburg wegen dieses Psychopathen für die Katz gewesen wäre.

Eine weitere Möglichkeit war, es auf den Zusammenprall ankommen zu lassen. Aber da machten wir uns nichts vor – wir würden den kürzeren ziehen. Kein einziger Goldsucher würde zu uns halten.

Oder tatsächlich jetzt schon mal filmen, was sich filmen ließ. Auf gut Glück. Doch auch das verwarfen wir. Es würde Stümperwerk werden. Denn die normale Tagesroutine im *garimpo* hatten wir längst zur Genüge anderweitig gefilmt. Ein Schnelldreh machte nur Sinn, wenn etwas Außergewöhnliches passierte. Und da war nichts in Aussicht. Für Besonderes braucht man vor allem Geduld und dann, wenn es passiert, eine rasche Reaktion. Denkbar wäre allenfalls eine zweite Auseinandersetzung mit dem Kannibalen. Aber nun dreh sowas mal ohne zu zittern!

Wir mußten einen anderen Ausweg finden. Das Optimale wäre es, im Handumdrehen in ein völlig anderes Gebiet zu verschwinden. Und zwar im Eilmarsch weit weg. Das konnten wir wegen der fehlenden Ortskenntnis und des schweren Gepäcks nicht allein. Wir waren auf Hilfe angewiesen. »Ideal wären drei Leute«, einigten wir uns.

Um Come gente nicht zu reizen und um ihn zu täuschen, packten wir alles zusammen. Wir bildeten zwei Haufen. Einer war unser Marschgepäck. Der zweite enthielt das, was wir notfalls zurücklassen wollten. Wichtig war jetzt leichtestes Schnellmarsch-Gepäck. Nötigenfalls waren wir innerhalb von fünf Minuten startklar.

Unsere Hoffnung waren die durchziehenden Goldsucher. Täglich hatte es zwei bis vier Neuankömmlinge aus Richtung Piste gegeben. Aber die schieden wahrscheinlich aus. Die hatten noch ihre eigenen Probleme mit der Standortsuche. Außer vielleicht solchen, die vom Heimaturlaub zurückkehrten und sich hier bereits auskannten. Und dann waren da alle die, die ständig von irgendwo nach irgendwo unser Lager kreuzten.

Sie sprachen wir vor allem an. Wie viele sich mit »zuviel Arbeit« entschuldigten, weiß ich nicht mehr. Doch schließlich war uns das Glück hold. Es erschien in Form eines Strahlemannes, mit Liedchen auf den Lippen, Anfang 20, kräftig und auch dann noch bereit uns zu helfen, als die andern ihm von Come gente erzählten. Das war unser neuer Mann. Mensch, hatten wir ein Glück.

Morgen früh stünde er hier auf der Matte, mit drei Freunden. Er kenne ein gutes *garimpo,* ein Stück jenseits von Chico Mineiro. Dahin würde er uns bringen. Da gäbe es sogar friedliche Indianer und es läge direkt am Rio Parima.

Wir atmeten auf. Richtung Piste! Das war insofern gut, als wir dem »Fleischliebhaber« sagen konnten, wir seien auf dem Heimweg. Falls wir ihm begegneten.

»Die Indianer«, informierte uns Zero, wie er sich nannte, »leben in bester Nachbarschaft mit den Goldsuchern. Sie besuchen sich gegenseitig und verkaufen nicht nur Bananen, sondern sogar ihre Frauen.«

Den letzten Satz sprach er augenzwinkernd mehr zu mir.

Bloß niemandem verraten, wieviel Geld wir besitzen

Die Männer des Dorfes von Macuxi, so heißt der Häupt-
»ling, hat sich sogar mal fürs Fernsehen zusammen mit
80 Goldsuchern auf der Piste Chico Mineiro getroffen, um die
gegenseitige Freundschaft zu demonstrieren. Das ist um die
ganze Welt gegangen.«

Wir schwelgten in neuen Träumen. Indianer, Goldsucher, Urwald, Maschinenwäscher, Pfannenwäscher, Floß-Waschanlagen ...
Da fehlten uns eigentlich nur noch Indianer, die nicht auf Seiten der Goldsucher standen. Solche, die sich ihre Unabhängigkeit bewahrt hatten. Und die würden wir über Davi Kopenawa,
den bedeutendsten Repräsentanten dieser Indianer, allemal
kriegen. Das könnte, alles in allem, ein interessanter Film werden. Christina skizzierte ein neues Film-Exposé in ihr Hirn
und verbesserte es alle fünf Minuten. Unsere Niedergeschla-
genheit wich einer Euphorie.

Lange konnten wir an diesem Abend nicht einschlafen. Vielleicht war Zero sogar unser neuer Hauptdarsteller ...

50 Dollar hatten wir jedem seiner, unserer, Begleiter geboten.
Das waren 5 Gramm Gold. Das war weitaus mehr als sie unter
glücklichsten Umständen hier in einer Woche erbaggern konnten. Wer für uns arbeitete, sollte auch korrekt entlohnt werden.
Am üblichen Ausbeutungssystem wollten wir uns nicht beteiligen.

Um nicht den Verdacht aufkommen zu lassen, wir schleppten
große Geldreichtümer mit uns herum, hatten wir den Geldbe-
sitz erklärt mit: »Das ist unser Geld für den Rückflug«. Denn
das hatte der Pilot uns noch besonders eingeschärft: »Zeigt niemals, daß ihr Geld habt.«

Zero äußerte sich bei unserem Angebot überraschend besorgt.
»Aber das könnt ihr doch nicht machen. Wie wollt ihr dann
zurückkommen?« Ihm genüge der Reis.

Auf die Frage der Rückkehr waren wir vorbereitet.
»Wir zahlen den Rückflug nach unserer Ankunft in Boa Vi-

sta. Altino Machado kann das garantieren. Ihr erhaltet euren Lohn cash.«

Zero durften wir nicht verlieren. Keinesfalls durfte das an lumpigen 50 Dollar scheitern.

Altino erwähnten wir gern und oft. Er sollte unser großer Protektor sein, uns wenigstens bei einigen Männern zu mehr Ansehen verhelfen.

Zero zerbrach sich unseren Kopf.

»In Ordnung«, meinte er. »Dann gebt ihr mir 50 Dollar. Aber den Helfern braucht ihr nur jedem 10 zu geben. Sie können nicht die ganze Strecke mitkommen. Sie helfen uns nur bis zur Piste. Dort finden wir entweder andere Leute, oder wir legen ein Depot an, von wo wir die Sachen später nachholen.«

Genauso hatten wir uns Fernando gewünscht: Mitdenkend, zupackend, unkompliziert. Statt seiner hatten wir nun Zero. Er verkörperte unseren Idealbegleiter.

Er entsprach diesem Ideal um so mehr, als er anderntags früh und pünktlich um 8 Uhr mit drei Kameraden auf der (Hänge-) Matte stand.

Jeder von uns schnappte sich das ihm zugedachte Gepäckbündel, und ohne viele Worte ging es zurück zur Piste. Die Goldsucher an den Maschinen winkten nur kurz mit den Armen, die beiden Köchinnen beschränkten sich auf »Boa viagem, gute Reise«, ohne sich vom Kaffeekochen abzuwenden. Wir werteten diese Zurückhaltung als Zeichen des Mitgefühls, des Verständnisses für unsere Situation und der Scham für den »Menschenfresser«, der uns in diese Lage gezwungen hatte. Heute glaube ich eher, sie haben gewußt, was in Kürze ablaufen würde.

Die drei Männer, die Zero da mitgebracht hatte, waren nicht gerade unsere Typen. Sie wirkten unzivilisierter, heruntergekommener und waren wortkarg. Ihnen allein, ohne Zero, hätten wir nicht vertraut.

Aber in seiner Begleitung, unter seiner Regie, sollte uns das nicht stören. Sie gingen voran, Zero als letzter und wir als Allerletzte, als Schlußleuchten.

Unser Gepäck wog etwa 15 Kilo. Das mag nicht viel erscheinen. Aber es ist die Dauer, die eine Last zum Problem macht. Der holprige Weg tat ein übriges. Wir hatten schwer zu schleppen.

Da ereignete es sich, daß wir ein Stampfen und Stöhnen wahrnahmen und den Ruf »Atenção!« Als wir uns umblickten, stürmten 4 Goldsucher des Weges. Direkt auf uns zu. Zwei vorn nebeneinander, zwei hinten. Auf ihren Schultern ruhten Baumstämme von einer Stärke, die mein Gepäck bei weitem an Gewicht übertrafen. Und an diesen Balken hing ein riesiger Dieselmotor von schätzungsweise 4–5 Zentnern.

Die Männer trugen Fußballschuhe mit Stollen an den Sohlen. Dadurch fanden sie auf den rutschigen Wegen gut Halt. Wir preßten uns an die Seite, und sie rasten im Eiltrab vorbei. Für uns hatten sie weder Blick noch Gruß. Aber nicht aus Feindschaft, sondern aus Anstrengung. Die Last schien ihnen fast die Schlüsselbeine zu brechen. Nur ein einziger hatte seine Schulter mit einem Handtuch gepolstert. Man sah ihnen die gewaltige Anstrengung deutlich an. Die Adern am Kopf waren geschwollen, sie schwitzten und die Beinmuskeln traten hervor wie bei Bodybuildern. Sie hechelten nach Luft. Ihre Schuhe hinterließen tiefe Eindrücke im Schlamm.

»Meine Fresse«, entfuhr es mir, »ich bräche nach 100 Metern zusammen.«

Zero war auch an die Seite getreten. Meine Bemerkung konnte ihm höchstens ein schlappes Lächeln hervorlocken.

»Das ist unser Alltag. Wichtig ist, daß man während der ersten Kilometer keine Pausen einlegt. Sobald man absetzt, läßt die Kondition schlagartig nach. Und jede Pause bewirkt, daß die nächste noch schneller kommt. Die laufen jetzt mindestens eine Stunde im Trab. Ihr eigentliches Ziel liegt aber sechs Stunden von hier entfernt.«

»Okay, Opa«, dachte ich für mich. »Die Jungs sind jung, akklimatisiert und trainiert. Mit 20 hätte ich das vielleicht auch lockerer weggesteckt.«

Selbst Christina, die Ex-Leistungssportlerin, hatte echte Konditionsprobleme. Den ersten der Männer unserer Gruppe sahen wir ohnehin nicht mehr. Wie eine Lokomotive war er davongestapft. Wir schritten weiter. Bloß keine unnötigen Pausen. Schon bei dem Gedanken an diese Hochleistungsschlepper kriegte ich weiche Knie.

»Rüdiger, ich schwitze wie in der Sauna und fühle mich total maddelig«, rief Christina mir da zu.

Ich wartete, bis sie aufgeholt hatte. Sie zitterte am ganzen Körper, war blaß, ihr Gesicht eingefallen. Das leichte Gepäck war zu einer schweren Bürde geworden.

»Ich glaube, ich habe Malaria.«

Entkräftet suchte sie Halt an einem Baumstamm. Zero hatte das noch irgendwie mitbekommen. Er kam zurück, blickte sie an und meinte auch sofort: »Die hat Malaria. Sie ist ja ganz gelb.«

Die anderen drei Männer waren indes vollends unseren Blicken entschwunden.

»Macht euch keine Sorgen. An der Piste warten sie.«

Grund zu Mißtrauen gab es nicht. Zero war gewissermaßen unser Pfand. Außerdem hatten die Männer nichts unbedingt Wertvolles. Sie trugen die Geschenke für die Indianer, den Proviant und die Reserve-Kamera-Ausrüstung.

»Komm, gib mir dein Gepäck«, schlug Zero vor und ehe Christina etwas erwidern konnte, hatte er es sich schon aufgeladen. Es schien ihm nichts auszumachen. Er verfügte über eine beneidenswerte Kondition.

Christina riß sich zusammen und stapfte hinterher. Mehr torkelnd als stapfend.

»Geh so langsam, wie du willst«, schlug ich vor. »Ich halte mich hinter Zero. Sobald wir die Piste erreicht haben, schicke ich

dir zwei Leute, die dich den Rest der Strecke in einer Hängematte tragen.«

Ich atmete erleichtert auf, als wir das schmuddelige Camp in
unmittelbarer Nähe der Piste erreichten und ich die Männer,
unser Gepäck und den Rauch des Feuers erblickte. In einer alten Speiseöl-Dose blubberte ein Kaffee.

Frauen-Alltag im Goldcamp

Unterdessen hatten unser Fernando und sein Freund Manoel ihr Ziel längst erreicht. Es hatte nur drei Marschstunden von unserem Standort entfernt gelegen. Allerdings war der Weg dorthin steil und beschwerlich gewesen. Ausläufer der Serra Parima.

Fernando hatte das überhaupt nichts ausgemacht, denn ihn trieb eine gewaltige Kraft. Da oben, unweit des Lagers von Manoel, sollte Alícia arbeiten. Das hatte ihm sein Freund gesagt. Was Manoel allerdings nicht verstehen konnte, war Fernandos Überzeugung, sie sei gewaltsam hierher entführt worden.

»Das glaube ich nicht. Weder wirkt sie wie eine Gefangene, noch hat sie das jemals geäußert. Ganz im Gegenteil sogar. Sie ist die beste Freundin von Boca Rica und genießt eine regelrechte Sonderstellung. Sie ist die große Dame in seinem *garimpo*.«

Fernando hatte es die Sprache verschlagen. Seine Alícia? Das konnte wohl kaum sein. Selbst wenn sie sich in Boca Rica verguckt hätte, dann hätte sie ihm, Fernando, doch zumindest etwas gesagt. Niemals wäre sie einfach wortlos abgehauen und spurlos verschwunden. Dafür kannten sie sich viel zu lange.

Er konnte sich alles nur so erklären, daß sie gute Miene zum bösen Spiel machte und auf eine Gelegenheit zur Flucht wartete.

Die Chancen dafür aber standen schlecht. Kein Pilot würde sie gegen die Order *Boca Ricas* mitnehmen. Er würde von keinem Pistenbesitzer je wieder einen Flug-Auftrag erhalten. Auch um sein körperliches Wohlergehen hätte er sich dann Sorgen zu machen.

Und zu Fuß heimkehren, als Frau allein, das wäre ebenso hoffnungslos. Sie wäre Freiwild für alle und jeden. Zuflucht bei Indianern zu suchen, das käme ihr nicht einmal im Traum in den Sinn. Aus Unwissenheit und auf Grund der vielen wilden Geschichten, die man sich hier über diese Menschen erzählte, wären ihr Indianer suspekt. Sie schieden als Zuflucht aus.

»Was ihr an Hoffnung bleibt, ist die Flucht mit einem Freund«, resümierte Fernando. »Vielleicht wartet sie längst auf mich.«

Manoel erwiderte darauf nichts. Er war sich sicher, daß Fernando da Illusionen hegte. Und so sagte er nur: »Am besten, ich bitte sie, dich hier in unserem Lager zu treffen. Laß dich aber nicht selbst bei *Boca Rica* blicken.«

Alícias »Wohnort« lag nur gut 20 Minuten von Manoels Unterkunft entfernt. Die Verbindung war schnell hergestellt. Mit niemandem sonst hatten sie darüber gesprochen. Sollte Fernandos Theorie stimmen, mußten sie vorsichtig zu Werke gehen. Boca Rica war nicht der Mann, der sich hier im Gold, wo er ein ungekrönter Fürst war, seine Lieblingsfrau stehlen lassen würde.

Deshalb war die Begegnung zwischen Fernando und Alícia auch nicht direkt im Lager Manoels vorgesehen. Da gab es nämlich noch drei Männer, und die ging die Angelegenheit nichts an. Hier wußte man nie, wer momentan zu wem hielt. Goldsucher sind Opportunisten. Sie halten stets zu dem, der das bessere Angebot macht, zu dem, der ihnen größere Vorteile bietet. Ein falscher Vertrauter, und man zog den Kürzeren.

Die Begegnung erfolgte schließlich in der Dämmerung. Sobald es dunkel wurde, mußte Alícia wieder zurück sein. Sonst würde das auffallen und Mißtrauen erregen. Sie war bestimmt nicht minder aufgeregt als Fernando. Alles hätte sie erwartet, nur nicht, daß ihr Fernando sie hier je aufspüren würde, um sie zurückzuholen.

Aber Alícia war nicht aufgeregt vor lauter Wiedersehensfreude und wegen der Aussicht auf »Rettung«. Alícia war aufgeregt wegen ihres schlechten Gewissens. Oft hatte sie sich einen solchen Moment im Geiste vorgestellt. Anfangs vielleicht mehr als in letzter Zeit, wo die vielen neuen Eindrücke des Waldes mit immenser Wucht auf sie eingestürzt waren. Aber nach ihrem Verschwinden hatte sie sehr oft daran gedacht, Fernando eine Erklärung zukommen zu lassen. Da sie jedoch nicht selbst schreiben konnte, hatte sie es immer wieder hinausgezögert. Ihr fehlte die schreibkundige Vertrauensperson, die die Zeilen für sie zu Papier gebracht hätte. Und Boca Rica konnte sie unmöglich darum bitten. Der war eifersüchtig wie ein Hahn im Hühnerhof, der trotz seiner vielen Hennen jeden neuen Hahn behackt hätte. Frauen waren für Boca Rica ein Statussymbol, ein Beweis seiner Männlichkeit und Macht. Die ließ er sich nicht von einem »hergelaufenen Straßenjungen« streitig machen. Obwohl Alícia noch jung war – das spürte sie instinktiv. Und gar keinesfalls wollte sie auf diese ihre neue Stellung in der Gesellschaft verzichten. Vielleicht nie wieder in ihrem Leben würde sich ihr eine solche Chance bieten. Wie viele Frauen in den *favelas* kannte sie, denen solcher Aufstieg nie vergönnt gewesen war. Sie war fest entschlossen, sich nicht von Fernando umstimmen zu lassen.

Boca Rica indes reagierte anders

So kam es, daß Alícia hin- und hergerissen war, als sie Fernando gegenüberstand. In einem Anflug von Resten vergangener Zuneigung umarmte sie ihren alten Freund herzlich und innig.

»Fernando«, war das einzige Wort, das sie herausbrachte. Manoel gab sich desinteressiert. Er schaute zur Seite, beobachtete die Szene mehr aus den Augenwinkeln.

Alícia war über die Heftigkeit ihrer Umarmung selbst erschrocken und hielt Fernando, als sie seine stürmische Reaktion spürte, dann doch geschickt auf Distanz.

Was die beiden in der Kürze ihrer Begegnung besprachen,

vermag man nur zu spekulieren. Aber es war klar, daß sie ihm reinen Wein einschenkte und davon sprach, welch andere Zukunftsperspektive sie mit Boca Rica hatte als mit ihm, Fernando.

Wie Manoel sich später erinnerte, war Fernando durch die Mitteilungen völlig aufgelöst.

»Er zitterte am ganzen Körper. Auch noch, als Alícia schon längst wieder zurückgehuscht war. Da hatte er seine erste Liebe, wider alles Erwarten, tatsächlich aufgespürt – und nun dieser Sturz ins bodenlose schwarze Loch! Die ganze Nacht tat er kein Auge zu. Am Morgen stand es für ihn fest; er wollte mit Boca Rica sprechen. Das hatte er Alícia auch gesagt. Ihre Warnungen beeindruckten ihn nicht.«

Vor einer solchen Begegnung hatte Alícia ihn jedoch ausdrücklich gewarnt. Sie kannte Boca Ricas Jähzorn, und sie fürchtete um ihre Vorrangstellung. In dieser ihrer Angst war sie Fernando zuvorgekommen. Sie hatte ihrem Gönner vom Auftauchen Fernandos erzählt und ihn damit vorsorglich ihrer Treue versichert.

»Er will es nicht wahrhaben, daß ich nur dich liebe. Am besten, du sprichst mit ihm. Dann weiß er, woran er ist und wird zurückkehren.«

So berichtete es Alícia später Manoel.

Boca Rica indes reagierte anders. Er , der große Gold-King, sollte solch einem »Pinscher« Erklärungen abgeben und um Verständnis werben? Das war ja wohl die Höhe! Dem Typen gebührte ein gehöriger Arschtritt, und dann hatte er schleunigst und für alle Zeiten von hier zu verschwinden. Wo käme man denn hin, wollte man alle, die auf seine Frau oder Frauen, ein Auge warfen, um Unterredungen ersuchen?

Hier mußte ein Exempel statuiert werden. Hier war man nicht in Manaus. Hier galt das Gesetz des Waldes, des Goldes, des Stärkeren.

»Ich kümmere mich darum«, hatte Boca Rica Alícia gesagt. Und das tat er denn auch.

Boca Ricas Busenfreund, sein ständiger Begleiter, Cousin, Schatten und Vertrauter, hieß Mauro. Unter den Goldsuchern galt Mauro als *Pistoleiro*. Was ihm an Bildung, Macht, Geld und Einfluß eines Boca Ricas fehlte, kompensierte er mit Großspurigkeit und seinem 345er-Revolver. Seinem *para homen,* seinem Mannstopper. Mauro sollte Fernando gehörig einschüchtern und zwar unmißverständlich.

Die verräterische Kette

»Notfalls schlag ihn zusammen und brich ihm ein paar Knochen. Damit ihm die Lust vergeht, sich je wieder in meine Angelegenheiten zu mischen.«

Wann genau und wo sich Mauro und Fernando dann begegnet sind, ist nie klargeworden.

»Die letzten Worte, die ich von Fernando in Erinnerung habe, waren: ›Der große Boß will mich sprechen. Ich gehe hin.‹ Wer ihm die Nachricht übermittelt hat, habe ich nicht erfahren. Es war aber nicht Alícia und auch nicht Boca Rica. Denn der war am Tage von Fernandos Verschwinden für drei Tage nach Boa Vista geflogen und hatte somit ein Alibi. Auch wenn ihn nie jemand danach befragt hätte. Und Alícia kann es nicht gewesen sein. Sonst hätte sie nicht so reagiert, wie sie es getan hat.«

Tatsache blieb nur, daß Fernando nie wieder auftauchte.

»Das ist einwandfrei Fernandos Kette!« Alícia schien fast sprachlos und wie gelähmt. »Wo habt ihr die gefunden?«

»Vielleicht eine Stunde von hier entfernt. Erst dachten wir, das wäre Gold. Als wir sie aufhoben, merkten wir natürlich, daß es nur Messing war. Und eigentlich haben wir sie nur mitgenommen, weil uns das Amulett daran so gefiel.«

Die Kette hatte bei einer Leiche gelegen, die diesen Namen aber nicht mehr verdiente. Es waren nichts weiter als ein paar

Knochen und Reste verfaulter Garderobe. Die größeren Tiere des Waldes sowie die Insekten und die Bakterien hatten den, der da gelegen hatte, standesgemäß entsorgt.

Daß Fernando das Amulett vor seinem Heimflug einfach in den Wald geworfen hätte, um sich der Erinnerung an die glückliche Zeit mit Alicia zu entledigen, schied aus. Bestimmt hätte er das Schmuckstück nicht ausgerechnet neben einen Toten geworfen.

Auch die Möglichkeit, daß er es verschenkt hatte, und der Leichnam ein völlig anderer war, schied aus.

Das alles raste durch Alicias Kopf. Eine Welt brach für sie zusammen. Boca Rica, ihr Liebhaber und Boß war ein Mörder. Ihr Herz raste, ihr Magen revoltierte. Eine Zukunft brach zusammen. Sie müßte ihn sofort zur Rede stellen. Die einzige Hoffnung, an die sie sich klammerte, war, daß es ein Unfall gewesen sein möge oder aber ein Verbrechen, in das Boca Rica nicht verwickelt war.

»Könnt ihr mir die Stelle zeigen?« fragte sie die Männer.

»Kein Problem. Aber inzwischen ist nichts mehr da. Wir haben ihn wegen des Gestanks in den Fluß geschubst.«

»Was ist denn mit dir los?« Boca Rica hatte Feierabend gemacht und war in ihre gemeinsame Unterkunft zurückgekehrt. »Du siehst ja aus wie der Tod.«

»Warum hast du Fernando umbringen lassen?« Sie stieß die Frage mit nie gekannter Heftigkeit hervor. Für sie gab es an diesem Sachverhalt nichts zu deuten. Im Grunde war sie auch gar nicht diskussionswillig. Sie konnte sich ja denken, was nun käme. Auf keinen Fall würde er zugeben, daß er eifersüchtig gewesen war und der Macho in ihm nach Bestätigung schrie. Dazu wäre er bestimmt zu feige.

Womit Alicia gar nicht gerechnet hatte, war Boca Ricas wirkliche Reaktion.

Ehe sie sich versah, hatte er sie an der Bluse ergriffen und drehte den Stoff als wollte er ihn auswringen. Zischend entwich die gesamte Luft aus ihrem Brustkorb. Am ausgestreckten Arm hielt er sie angewidert von sich und ließ sie ein paar Strampeleinheiten in der Luft hängen – und dann einfach fallen.

»Bist du größenwahnsinnig geworden? Hast du nicht mehr alle Tassen im Schrank? Wer bist du eigentlich, daß du dir anmaßt, so mit mir zu reden? Du vergißt wohl ganz, woher du kommst und wo du heute noch wärst, wenn ich dich da nicht weggeholt hätte.«

Zornbebend stapfte er davon. Alícia hatte sich noch nicht erhoben, da flogen nacheinander ihre Habseligkeiten aus dem Zelt ins Freie. Von drinnen dann der Nachruf: »Sieh zu, wo du ab jetzt bleibst. Sieh zu, wer dich ab jetzt ernährt. Verkriech dich meinetwegen bei Irina und verdien dir deinen Lebensunterhalt mit Ficken. Aber versuch nicht, mit meinen Flugzeugen heimzukehren. Alles, was mir gehört, existiert ab jetzt nicht mehr für dich.«

Als 10jährige zur Prostitution gezwungen

Irina war Alícias Vorgängerin in Sachen Zusammenleben mit Boca Rica. Sie wohnte ein wenig abseits im Wald. Sie besaß ein kleines blaues Plastikzelt, das rundum geschlossen war und so keinem neugierigen Spanner-Blick Einsicht gewährte.

Die Einrichtung war spartanisch, wie überall hier. Ein Bett, ein Regal, ein Tisch, eine Bank. Die wenige Habe fand bequem in zwei Kunststoff-Koffern Platz. Jetzt lagerte oder hing sie im und am Regal. Was nicht ausgepackt wurde, schimmelte und wurde unbrauchbar.

Seitlich des Zeltes gab es noch einen winzigen Dachüberstand. Dort befand sich die Kochstelle. Es war eine tunnelartige dicke Lehm-Röhre mit zwei Löchern für zwei Töpfe.

Mehr brauchte man hier nicht. Allenfalls saubere Bettwäsche und eine Schüssel mit klarem Wasser für die Kundschaft.

Irina war 32 Jahre alt und Prostituierte. Sie arbeitete nirgends als Köchin, sondern ausschließlich im Bett. Wenn man hier und in diesem Gewerbe 32 Jahre alt war, galt man eigentlich als »Altes Eisen«. Daß Irina dennoch ausgelastet war, im wahrsten Sinne des Wortes, verdankte sie drei Umständen: Sie war zierlich, sah erheblich jünger und vor allem gut aus. Sie war von ansteckender Heiterkeit. Und es herrschte hier im Distrikt Jeremias und Umgebung ein Mangel an Frauen.

Längst wäre Irina zurückgekehrt in ihre Heimat zu ihrer Familie nach Ceará. Aber dort würde sie nicht annähernd das verdienen, was sie hier erarbeitete. Ceará gehört zu den ärmsten Landstrichen Brasiliens, und dort war die Konkurrenz infolgedessen unbegrenzt groß.

»Dort machen es manche Frauen für einen Teller Reis mit Bohnen«, hatte sie Alícia einmal gesagt.

Die beiden Frauen waren sich nie unsympathisch gewesen. Obwohl sie hier einen völlig verschiedenen sozialen Status besaßen. Irina, die *puta,* und Alícia, die *dona do garimpo.* Das waren zwei Welten, Freudenfrau und Chefin, wenngleich Alícia ihre Position letztlich auch nur für ihre Liebesdienste bekleidete. Im Unterschied zu Irina genoß sie lediglich den Vorzug, nur einem Mann zu Gefallen und Diensten sein zu müssen.

Die beiden Frauen waren sich auch dann nicht unsympathisch geworden, als Alícia hier auftauchte und Irina dadurch ihre Position als First Lady des *garimpo* einbüßte. Vielleicht lag das daran, daß sie und Boca Rica nicht im Streit auseinandergegangen waren. Ihre Beziehung war einfach ermüdet. Daß es so kommen würde, hatte Irina vorhergesehen. Und nun umzusatteln auf Frau für alle, fiel ihr nicht schwer.

Irina hatte seit dem 10. Lebensjahr als Prostituierte gearbeitet. In Fortaleza, in Recife, in Manaus und nun hier.

Es begann damit, daß Irinas Mutter viele und immer noch mehr Kinder gebar, aber nie einen Vater für diese Kinder als Ehemann vorweisen konnte. Die Folge war – es fehlte ein Ernährer. Man war bettelarm und ständig hungrig. Nur einmal gab es da einen Mann, der bei ihnen wohnte. Er hatte jedoch sehr bald mehr Interesse an Irina als an der Mutter und er war es auch, der sie dann im Alter von 9 Jahren in sein Bett zwang.

Zunächst war Irinas Mutter hell empört. Doch als der »Freund« damit drohte auszuziehen und sein Geld woanders auszugeben, war es die eigene Mutter, die sich in die Situation fügte und schließlich sogar von Irina verlangte, zu tun, was der Freund verlangte.

Als dann zwei von Irinas Geschwistern Lungenentzündung bekamen und eins sogar starb, ergriff der Mann die Flucht.

»Ich will mir bei euch nicht den Tod holen.«

Irinas Familie war wieder allein mit Hunger und Existenzkampf. Wie früher lebten sie von den Mülltonnen. Doch selbst dort fand man nicht immer ausreichend Nahrung oder Wiederverkäufliches. Zu viele Menschen in ähnlicher Situation teilten sich inzwischen den Abfall der Stadt. Wenn die Müllwagen ihre Schätze den Hang hinunterkippten, dann fielen sie wie die Geier darüber her.

Ein weiteres Problem war der ständig beißende Qualm. Denn, um die Müllmengen zu reduzieren, sorgten Männer der Stadt-Entsorgung dafür, daß ständig Feuer brannten. Mal loderten sie haushoch. Mal schwelten sie vor sich hin. Aber immer waren die Brände mit Rauch verbunden. Viel Rauch sogar. Dafür sorgten die Kunststoffe.

Wenn die *badameiros,* die Müllsammler nach Hause kamen, litten sie noch stundenlang unter Hustenanfällen.

Das mochte Irinas Mutter bewogen haben, sie vom Müll auf die Straße zu schicken. Seit der Touristenboom in Fortalezza stetig zugenommen hatte, war auch das Interesse an Kinderprostituierten gewachsen. Je jünger die Mädchen und Jungen waren, desto besser standen die Verdienstchancen.

Irina hatte sich zu fügen. Wenn ihr einer der Freier besonders heftig zugesetzt hatte, und sie Schmerzen hatte und weinend zuhause im Bett bleiben wollte, schickte die Mutter unbarmherzig vor die Tür.

Irina machte dann nicht nur Bekanntschaft mit Männern unterschiedlichster Art, sondern auch mit Schnüffel-Leim und Alkohol. Immer häufiger kehrte sie nicht zur Familie zurück und schlief mit Gleichaltrigen auf der Straße. Unter ihnen fand sie auch einen ersten kleinen Freund, ihre erste Liebe.

Als sie 11 Jahre alt war, geschah es, daß ein Polizist sie zwingen wollte, Geld an ihn abzuliefern. Dafür würde er sie beschützen. Sonst könne er für nichts garantieren. Irina weigerte sich. Sie versuchte zu entwischen. Aber der Polizist war schneller. Er fing sie ein und als weit und breit keine Zeugen zu sehen waren, schoß er ihr ohne Vorwarnung mit dem Revolver in den Fuß. Sie verlor dabei drei Zehen und mußte fortan die Hälfte ihres Verdienstes abliefern. Bis sie es im Alter von 13 Jahren vorzog, Fortalezza über Nacht zu verlassen und sich in Recife niederzulassen.

Nach anderen Städten war sie nun hier im *garimpo* gelandet. Längst hatte sie einen Sohn. Aber der lebte in Boa Vista und besuchte ein Internat. Er war krank.

Zu ihr also flüchtete Alícia, und Irina nahm sie auf.

»Wir müssen dir aber draußen eine regensichere Stelle für deine Hängematte schaffen. Nachher habe ich Besuch. Ich habe ihm verbindlich zugesagt.«

Irinas Zuverlässigkeit war bekannt. Ihr Service hatte sich empfohlen. Mitunter war sie eine Woche im voraus ausgebucht. Man sagte ihr nach, daß sie ihren Beruf nicht nur wegen fehlender Alternative ausübte, sondern weil sie ihn liebte. Nach der harten Jugend, die sie verlebt hatte, schien das erstaunlich.

»Ich bin neugierig auf all die verschiedenen Männer, ihre Art und Weise und auf all die Geschichten, die jeder zu erzählen hat«, erklärte Alícia dazu. Nur zweimal im Leben hatte sie über längere Zeit mit nur einem Mann zusammengelebt. Das war ihre erste Liebe in Ceará und das war Boca Rica.

Dadurch, daß sie sich von ihm im gegenseitigen Einvernehmen getrennt hatte, hatte er ihr auch erlaubt, hier nun wieder in ihrer Profession aktiv zu werden. Sicher war das nicht nur ein rein menschliches Zugeständnis von ihm gewesen. Hin und wieder passierte es, daß er sich selbst eine Nacht reservierte. Dann mußte sie schon getroffene Vereinbarungen mit anderen Männern verschieben. Boca Rica legte Wert auf diese Vorrangstellung. Und auf noch einer Bedingung hatte Boca Rica bestanden: Irina durfte keine Kondome bei ihrer Arbeit verwenden. Nicht nur, wenn sie mit ihm zusammen war. Nein, nie.

Kindestötung

Wie bei vielen Naturvölkern der Erde, ist es auch bei den Yanomami üblich, ein Kind dann unmittelbar nach der Geburt zu töten, wenn es mit einem erkennbaren körperlichen Schaden auf die Welt kommt. Hat es jedoch bereits Muttermilch getrunken, bevor man den Fehler entdeckt, läßt man es leben.

Werden Zwillinge geboren, wird der zweitgeborene getötet, weil die Erfahrung gezeigt hat, daß eine Mutter nicht zwei Kinder gleichzeitig ernähren und auf den Wanderungen – neben ihrem vielen Gepäck – tragen kann.

Dazu einmal die NEUE ZÜRICHER ZEITUNG:

Der jüngste Fall von Kindesmord ereignete sich in einer Entbindungsstation der Amazonas-Metropole Manaus. Hebammen, die keine Kenntnis von den kulturellen Eigenarten der dortigen Indianer hatten, erläuterten einer Yanomami-Mutter die Defekte an den Geschlechtsorganen ihres gerade geborenen Sohnes und ließen sie daraufhin allein. Die Frau tötete das Kind auf der Stelle. Sie kann dafür aber nicht zur Rechenschaft gezogen werden, da laut Gesetz nichtakkulturierte Indianer als nicht straffähig betrachtet werden … Funai-Direktor Raimundo Catarino Serejo erklärte dazu: »Wenn ein Baby mit einem physischen Problem zur Welt kommt, das es später hindert, alle Lebensfunktionen zu übernehmen, wird es getötet. Jedes erwachsene Individuum muß fähig sein, ohne Hilfe zu überleben.«

»Ich will, daß du meine Männer zufrieden machst. Um so besser arbeiten sie. Um so weniger Streit gibt es.«

Das bedeutete nicht etwa, daß Boca Rica von Zeit zu Zeit ein friedliebender Mensch wäre. Bewahre! Er war ein Geschäftsmann, ein Raffke. Je mehr Irina »anschaffte«, desto mehr Nebeneinnahmen hatte auch er. Denn ein nicht unerheblicher Teil ihrer Einnahme flossen in seine Tasche.

Irina hatte das zu akzeptieren.

»Was ist schon ein Tripper«, hatte er mal gesagt. »Der ist schneller auskuriert als jede andere Krankheit der Welt.«

Auch Syphilis hatte Irina schon zweimal gehabt. Da hatte die Behandlung halt etwas länger gedauert. Im übrigen lebte sie wie eigentlich sehr viele Brasilianer. Man genoß den Augenblick und vertraute dem Glück.

Und Irina war zufrieden, denn sie brauchte das Geld. Ihr 16-jähriger Sohn litt an einem Tumor im Kopf, und sie sparte für eine Operation im Ausland. Krankenversichert war man hierzulande nicht. Den Arzt zahlte man selber.

»Treib das Kind ab oder töte es!«

Alícia hingegen hatte sich nicht mit ihrer geänderten Situation abgefunden. Hier als Prostituierte zu arbeiten – diese Demütigung würde sie sich nie aufzwingen lassen.

»Vielleicht ist es ja nur eine Laune von ihm«, deutete sie Irina gegenüber an. Es war ein letzter kleiner Hoffnungsschimmer. »Ich werde eine Nacht darüber schlafen und morgen mal schauen, wie die Stimmung ist. Mein Problem ist nämlich nicht nur der Rauswurf, sondern auch, daß ich ein Kind von ihm erwarte. Ich bin im vierten Monat.«

Irina schien das nicht zu überraschen. Sie war schon ganz andere Geschichten gewöhnt. Vielleicht hatte sie's auch längst gewußt, *garimpos* sind Tratsch-Börsen.

»Ich glaube nicht, daß er sich davon umstimmen läßt. Er hat ja genügend Kinder.«

Irina hatte recht. Die Unterredung zwischen Alícia und dem Mafioso war kurz und heftig. Boca Ricas Wut hatte sich nicht gelegt, sondern eher verschlimmert.

»Dein Gör? Wer sagt mir denn, daß es von mir ist? Aber egal. Es interessiert mich überhaupt nicht. Falls du meinst, damit irgendwelche Ansprüche zu haben, kann ich dir nur sagen: Laß es doch abtreiben.«

Alícia, ohnehin kaum noch beherrscht, verlor vollends die Fassung.

»Du weißt genau, daß es von dir ist, und du weißt auch, daß ich es jetzt nicht mehr wegmachen kann.«

Boca Rica nötige das nur ein Lächeln ab.

»Dann töte es doch nach der Geburt. Wie die Indianer.«

Das verschlug Alícia endgültig die Sprache. Sie sollte ihr eigenes Kind töten? Abtreibung, das war eine Sache. Da ging es nach ihrem Verständnis noch nicht um einen fertigen Menschen. Aber das geborene Baby . . .

Deutlich erinnerte sie sich noch an Boca Ricas Worte, weil sie das Thema erst kürzlich diskutiert hatten. Da hatte eine Indianer-Mutter ihr Neugeborenes getötet, weil es an einem Fuß nur 4 Zehen hatte. Sie hatte einen dicken Ast über den Hals des Babys gelegt und sich einfach draufgesetzt. Das hatte sich hier im *garimpo* rumgesprochen und Boca Rica hatte höhnisch geäußert: »Sie sind eben Primitive, gerade eine Stufe über dem Affen-Stadium. Menschen würden das nie machen«.

Dabei wußte jeder, der sich weniger vorurteilsbehaftet mit Indianern auseinandersetzte, daß diese Art Kindestötung bei vielen Naturvölkern Brauch war. Ihr Leben in der unbarmherzigen Natur hatte einfach gezeigt, daß Schwaches nicht durchkommt und nur zur Belastung für die gesamte Dorfgemeinschaft werden mußte.

Mitunter kam es vor, daß Mütter einen körperlichen Mangel

nicht sofort feststellten. Sobald sie dem Kind dann einmal die Brust gegeben hatten, war es für die Tötung zu spät. Dann mußten sie es durchbringen. Wir selbst hatten ein solches Kind einmal getroffen. Es war mongoloid.

Alícia entschloß sich, zu fliehen. Würde sie auch kein Pilot mitnehmen, so hatte sie zumindest zwei gesunde Beine. Und würde sie allein auch nie durch das Indianer-Land nach Boa Vista zurückfinden, so konnte sie doch in einem anderen *garimpo* arbeiten. Weit weg von hier, wo niemand von ihr wußte, und wo vor allem Boca Rica keinen Einfluß besaß. Möglichst bei irgendeinem Konkurrenten, mit dem er in Streit lag.

Venezuela erschien ihr als Ausweg. Die Grenze lag zwar nicht sehr weit weg, aber, durch das hohe Grenzgebirge von Brasilien abgetrennt, war es eine andere Welt. Fünf Tage betrug der Fußweg bis dort zur Piste Constituinte.

Die einzigen Probleme, die sie sah, waren ihre Unkenntnis des Geländes und die Tatsache, daß sie als Frau allein Freiwild wäre.

Da erinnerte sie sich Manoels. Sie wußte, daß Manoel ihr zugetan war. Sie richtete es ein, daß sie sich begegneten und berichtete von ihrer Situation und ihrem Plan. Manoel witterte die Chance seines Lebens der verehrten Frau nahe zu sein und versicherte sie seiner Begleitung. Und dann platzte er mit der Neuigkeit heraus: »Ich weiß inzwischen, daß es Mauro war, der Fernando ermordet hat! Mit besoffenem Kopf hat er damit rumgeprahlt. Aber er hat natürlich volle Deckung durch Boca Rica. Der soll die Nachricht sogar kommentiert haben mit: ›Auf dich ist wenigstens Verlaß‹.«

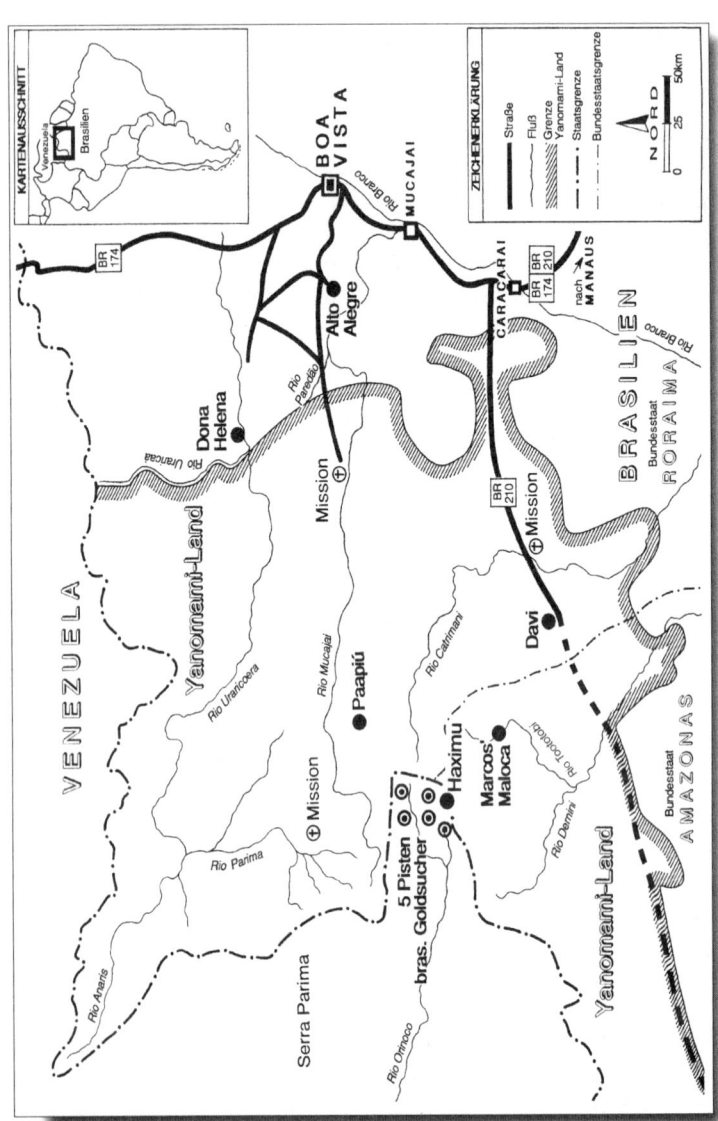

Der Pistoleiro

Manoel war nichts lieber, als Alícia zu helfen. Schon immer hatte er sie bewundert, aber solange sie mit Boca Rica lebte, war sie für jeden Goldsucher tabu. Nun war das anders. Alícia war frei, und sie hatte sich an ihn mit der Bitte um Hilfe gewandt.

»Ich vertraue hier sonst niemandem. Ich möchte damit nicht mal Irina belasten. Sonst verliert sie ihren Job hier meinetwegen. Sie ist wegen ihres Sohnes darauf angewiesen.«

So glücklich Manoel war, so riet er doch zur Vorsicht.

»Laß uns ein paar Tage warten. Sonst ergeht es uns wie Fernando. Du läßt dir nichts anmerken. Und ich mache die Grube zuende. In einer Woche sind wir damit durch. Und danach ist es normal, wenn man sich etwas Neues sucht. Zumal die Ausbeute hier schlecht ist. Letztes Mal hatte ich sieben Gramm für drei Wochen! Früher sollen sie hier noch Kilos gefunden haben.«

Kilos – diese Gerüchte erzählte man sich in jedem *garimpo*. Immer gab es die woanders. Nur nie am eigenen Arbeitsplatz. Und eilte man den Gerüchten nach, dann merkte man, daß die Geschichten schlichtweg erlogen waren oder gezielt als Lüge gestreut, um ahnungslose Arbeitskräfte anzulocken.

Aber Venezuela – das schien auch für Manoel verlockend. Das war noch jungfräuliches Terrain. Da ließen sich wirklich noch andere Mengen finden. Hier war man schon die soundsovielte Gräber-Truppe. Da war alles abgesiebt.

Es regnete in Strömen, und es war früh am Morgen. Alícia und Manoel hatten zwei Kilo Reis beiseitegeschafft und sie wasserdicht auf ihre *remanchins,* die Lianenkiepen geschnallt. Mehr Lebensmittel zu organisieren, wäre aufgefallen. Und sie würden auch reichen für die fünf Tage Weg. Manoel besaß ausserdem eine Flinte und sieben Patronen. Vielleicht würde man Glück haben und einen *mutúm* (auerhahnähnlichen Vogel) schießen. Nur mit Fischfang stand es schlecht. Hier oben, im Quellgebiet aller Flüsse, gab es nur Kleinstfische, Jungbrut.

Drüben dann, in Venezuela, konnte man sich neu versorgen. Es gab eine gut funktionierende »Infrastruktur« dort. Zusammen hatten sie 20 Gramm Gold. Das entsprach 20 Kilo Reis. Sie waren, für ihre Verhältnisse, reiche Leute.

Der Zeitpunkt der Flucht war gut gewählt. Eine Stunde noch bis zum Tageslicht. Dazu der strömende Regen, der ihre Spuren schnell auflöste.

Manoel besaß eine Taschenlampe. Sie sorgte für die nötige Helligkeit, wenn der schmale Trampelpfad zuende schien. Der Strahl huschte über schlammiges Erdreich, über Fußstapfen voller Wasser. Er suchte besser begehbare Seitenstreifen, glitt gelegentlich auch die nassen Stämme hoch, durchstach die silbrigen Regenperlenvorhänge und ließ Lianen wie Riesenschlangen erscheinen.

Wäre der frühe Aufbruch nicht so wichtig gewesen, hätte man sich tief in die Hängematte eingerollt. Keinen Hund hätte man bei diesem Wetter vor die Tür geprügelt. Niemand sprach ein Wort, die Geräusche der stapfenden und saugenden Füße im Lehm wurden vom Regen erstickt. Das Wasser, das milliardenfache Tropfen, überlagerte alles Übrige. Jeder hing seinen Gedanken nach und wünschte sich, den Vorsprung bis zur Dämmerung möglichst weit auszubauen.

Damit war es urplötzlich vorbei. Ein greller Blitz schoß durch das Schwarz der Nacht, wie ein glühender Bohrer. Er fraß sich in Manoels Gesicht ein. Geblendet blieb er stehen. Hilflos griff er zu den seitlichen Stämmen, um nicht aus dem Gleichgewicht zu fallen. Ganz kurz zuckte der Strahl gnädig zur Seite und erfaßte mit derselben Intensität Alícia. Dann nagelte er erneut Manoel fest. Hilflos und bewegungsunfähig blieben sie stehen. Die Penetranz und Aggressivität des Lichts war schmerzhaft. Manoels Taschenlampe war gegen diesen Blendstrahl ein verglimmendes Teelicht. Und dann folgte die Stimme! Sie schien den Lichtdolch in eine Stichsäge zu verwandeln. Dabei formte sie nur einen Satz. Aber der Hohn, die Schadenfreude, die daraus trieften, machten schrecklich deutlich, wer da sprach: Es war Mauro, der *Pistoleiro*. Nur er konnte es sein. Wer sonst würde bei so einem Sauwetter hier irgendwelcher jagdbaren Tiere harren?

»Schau an, wen ich da gefangen habe!«

Sehen konnten sie ihn nicht, denn er hielt seine Opfer fest im Bannstrahl.

»Da werdet ihr Boca Rica ja viel zu erzählen haben.«

Manoel hatte die Augen geschlossen. Das Licht schmerzte. Alicia ging es besser. Für zwei Personen reichte die Blendbreite nicht aus. Zu ihr zuckte das Licht nur kurzzeitig rüber, um sich ihrer Anwesenheit zu vergewissern. Sie sollte ihm ebensowenig entkommen wie Manoel. Mauro als Berufskiller genügten diese Bruchteile von Sekunden, um sich klarzumachen, daß von Alicia keine Gefahr zu erwarten war. Sie hatte sich hilfesuchend an Manoel geklammert. Sie zitterte wie im Malariaanfall. Der Strahl fixierte nur ausschließlich Manoel. Er war im Moment, wenn überhaupt, der einzige Gegner. Das Mädchen würde von selbst mitlaufen, wie zwei Schuhe am Fuß, wie zwei Krücken neben einem Behinderten.

Manoel nutzte die Sekunden zu reflexartig schneller Überlegung. Bestimmt hatte Mauro die Flinte auf ihn gerichtet. Wie jeder Jäger, der auf Wild lauert.

Daß er die Augen geblendet schließen mußte, gab ihm den vielleicht einzigen Vorteil dieses Moments. Er konnte hinter den Lidern seine Angst verbergen.

»Was fasele ich denn da von Boca Rica? Den langweilt ihr höchstens. Ich erledige, was zu tun ist, gleich hier.« Der Tonfall machten beiden klar, daß Mauro jedes Wort ernst meinte.

»Lauft selbst. Ich will eure Leichen nicht schleppen!«

Noch hatte keiner von beiden geantwortet. Was auch immer sie sagten, Mauro würde sie verspotten.

Einen Moment lang wollte Alícia was von »Liebe mit Manoel machen« sagen. Aber bei dem Regen und so fern vom Lager schien das absurd. Ihr Fluchtgepäck sprach überdies für sich. Es bedurfte nicht irgendwelcher Erklärungen.

»Los, rechts rüber zum Fluß«, befahlen Stimme und Strahl gleichzeitig.

Manoel drehte sich langsam zur Seite. Er ließ Alícia vorausgehen.

Als das Licht nun seinen Rücken anstrahlte und an ihm vorbei den Weg ausleuchtete, ging es ihm merklich besser. Er konnte sehen und fühlte sich wieder Herr seiner Sinne und Kräfte.

»Los, nicht so lahm! Runter zum Fluß! Ich will nicht den Weg mit euren Leichen blockieren und verstinken. Und schon gar nicht will ich euch da runterschleppen. Das könnt ihr gefälligst selbst tun. Als letzte gute Tat.« Mauro mußte schallend über seinen spontanen Witz lachen.

Manoel spürte den Flintenlauf im Rücken. Seine eigene hatte er beiseite werfen müssen. Seine Gedanken rasten. »Wenn Mauro mit einer Hand die Lampe und mit der anderen die Flinte halten muß und darüber hinaus auf den Weg zu achten hat, dann ist er, wenn überhaupt, jetzt besiegbar.« Das schoß Manoel durch den Kopf. Daß es so war, spürte er deutlich am Lauf der Flinte. Mal berührte sie seinen Rücken geradezu schmerzhaft. Und dann pendelte sie wieder irgendwo unfühlbar hin und her. Blitzartig spielte er in Gedanken durch, wie er sich jetzt befreien könnte: Um 90 ° nach links drehen und sich dabei ducken. Gleichzeitig mit dem linken Arm den Flintenlauf nach oben schlagen und Mauro mit der vollen Kraft der Rechten die Hoden, Ohren und Augen bearbeiten, die Kehle durchbeißen, und das alles möglichst schnell nacheinander und nicht umklammern lassen und dann – Sprung! – in die Dunkelheit entweichen.

Und genau in diesem Moment kam ihm der Zufall zu Hilfe. Es machte einen Rutsch, einen Plumps und einen Knall. Alles fast gleichzeitig. Die Taschenlampe hatte irgendwie ihren Herrn verloren, wirbelte kurz durch die Luft, landete neben dem Pfad und spendete nur noch funzelhaftes Licht. Gerade genug, um zu erfassen, was passiert war. Mauro war ausgerutscht. Er hatte, wie von einer Faust getroffen, den Halt verloren, hatte im Sturz sogar Manoel halb zu Boden gerissen, sein Finger, ständig am Abzug, hatte diesen gezogen und den Schuß ausgelöst und Manoel reagierte mit einer Geschwindigkeit, wie man sie nur in Momenten höchster Lebensgefahr entwickelt. Im Grunde war ihm gar nicht klar, was da hinter ihm geschehen war. Ob Unfall oder Angriff. Er hörte nur den dröhnenden Schuß, spürte die Berührung durch den stürzenden Pistoleiro, hielt das wohl auch für einen möglichen Treffer und hatte nur einen einzigen Gedanken: zur Wehr setzen. Noch spürte er sich im Vollbesitz seiner Kräfte, noch lebte er, und Mauro hatte seinen Schuß verpulvert. Ein Nachladen kam gar nicht in Frage. Die Gefahr war jetzt, daß Mauro seinen gefürchteten »Smith & Wesson 345 Magnum« zu fassen bekam. Dann verfügte er über eine undurchdringliche sechsschüssige Bleiwand.

Reflektiv ging Manoel zum Angriff über. Alicia kreischte vor Angst. Sie wußte gar nicht, was der Tumult bedeutete. Sie hielt Manoel für getroffen und sah auch ihr letztes Stündchen gekommen. Im Restschein der Lampe sah sie das kämpfende Knäuel.

Obwohl der ältere Mauro dem jungen Manoel körperlich überlegen war, hatte auch Manoel seine Vorteile. Da waren die Schrecksekunde des Mauro, der verlorene Schuß, der Sturz. Sein Revolver war nicht so griffbereit wie sonst. Wegen des Regens hatte er einen Plastik-Poncho über seiner Garderobe getragen. Und die todbringende Faustwaffe war nicht schnell genug erreichbar. Zu sehr hatte er sich auf die Flinte mit ihrer normalerweise sicheren Nahkampf-Streuwirkung verlassen. Nun lag sie im Schlamm. Leergeschossen.

Für Manoel ging es ums nackte Leben. Seine Stärken waren seine Angst, seine Elastizität und seine Erfahrungen als Mitglied der Jugendbanden von Manaus. Mit aller Kraft verkrallte er sich in Mauro, um ihn am Griff zum Revolver zu hindern. Denn der war für ihn der Schrecken schlechthin. Im selben Augenblick spürte Manoel die momentane Hilflosigkeit seinen Opfers. Statt sich seiner Arme und Hände zu bedienen und den Jungen damit unschädlich zu machen, riß Mauro an seinem verdammten Poncho herum, um an die Waffe zu gelangen. Manoel erfaßte die Chance und dröhnte Mauro mit aller Kraft seine beiden flachen Hände gegen die Ohren. Wirkte das schon wie eine Explosion in Mauros Kopf, so trafen ihn im selben Moment Manoels Finger in die Augen. Mauro verging Hören und Sehen. Der dritte Schlag traf seinen Kehlkopf. Mauro war bewußtlos.

Alicia hatte sich erstaunlich schnell berappelt. Als sie merkte, daß Manoel nicht verletzt war und sich mit Mauro auf der Erde wälzte, hatte sie geistesgegenwärtig die schwere Stablampe ergriffen. Eigentlich, um zu leuchten. Als sie dann das verhaßte fanatische Gesicht des Pistoleiro vor sich im Schlamm sah, über ihm den schmächtigen Manoel, der sich wie ein Kampfhund des Angreifers erwehrte, da schlug sie zu. Wie ein Eisenstab traf die lange Stablampe den Verbrecher quer über die Stirn. Im selben Moment war es stockdunkel. Die Lampe und Mauro hatten ihren Geist aufgegeben.

Als seitens Mauros kein Widerstand mehr kam, entsann sich Manoel seiner eigenen kleinen Lampe. Nervös und hastig nestelte er sie aus der Tasche. Und dann sahen sie den Mann. Die Haut auf der Stirn war aufgesprungen, Blut floß, der Regen tat ein übriges, alles war rot. Aber Mauro lag mucks-mäuschenstill. Noch nie hatte jemand dieses Dynamit-Bündel von Mann so still gesehen. Das ausströmende Blut war das einzige, daß sich an ihm bewegte. Manoel und Alícia atmeten auf.

»Wenn er am Leben bleibt, sind wir tote Leute«

»Mein Gott, wir haben ihn geschafft«, keuchte Manoel und konnte es noch gar nicht fassen. Der unbesiegbare Pistolenmann lag kampfunfähig vor ihm.

Alícia hielt sich in einigem Abstand von ihm. So als fürchte sie immer noch, er könne jeden Moment aufspringen und weitermachen.

»Das war meine Rache für Fernando«, flüsterte sie. »Nie hätte ich vorher gedacht, daß ich so etwas fertigbringe.«

Manoel ließ sich aber nicht zu einem Siegesrausch hinreißen. Nur Sekunden genoß er den Triumph. Der kleine David vorm großen Goliath. Noch lebte Mauro, und er konnte jeden Moment zu sich kommen.

Als erstes nahm Manoel den Revolver an sich, steckte ihn in den Hosenbund. Das war wirklich ein Monster an Gewicht und Volumen. Mit den sechs Patronen wog das Ding fast soviel wie ein kleines *Paka,* dachte er. Unwillkürlich mußte er seinen Hosengürtel enger schnallen. Sonst hätte ihm das Metall glatt die Hose ausgezogen.

»Wir müssen ihn fesseln«, stellte Manoel fest.

Sie rissen Mauro die Turnschuhe von den Füßen, nestelten die Schnürbänder heraus, und banden ihm die Hände aus Angst und Erregung so stramm auf den Rücken und an seinem Hosengürtel fest, daß das Blut nicht mehr zirkulieren konnte.

»Hier, nimm die Lampe und hol schnell ein paar Meter Lianen. Eine Fessel ist zuwenig«, sagte Manoel.

Alícia beschaffte eine Liane, die nur fünf Millimeter stark, aber unzerreißbar war. Sie wuchs gewissermaßen allerorten, wurde sogar zum Bau der Häuser verwendet, behielt monatelang ihre Elastizität und verrottete nur sehr langsam. Jeder, der mit dem Wald zu tun hatte, kannte diesen unentbehrlichen Rohstoff.

Mauro wurde damit eingeschnürt bis zur völligen Bewegungsunfähigkeit. Jetzt betrachteten sie ihn als endgültig besiegt.

Es dämmerte. Trotz des Regens erkannte man die zunehmende Helligkeit. Gleich würde der Regen aufhören. Das war meistens des Morgens so.

»Was machen wir mit ihm?«

Das fragten sich eigentlich beide. Und beiden war gleichzeitig klar, daß sie selbst tote Leute wären, wenn sie ihn am Leben ließen, oder wenn irgend jemand davon erführe. Nirgendwo im großen Brasilien würden sie jemals Ruhe finden.

»Er hat Fernando ermordet. Er hätte uns beide ermordet. Er hat schon viele andere auf dem Gewissen. Wir schmeißen ihn, so wie er ist, in den Fluß.«

Alícia war zu allem entschlossen. Manoel drückte sie an sich.

»Genau das habe ich auch gedacht. Leuchte du. Ich rolle ihn runter.«

Das Unterholz seitlich des Weges war nichts weiter als dünne Sprößlinge. Sie bogen sich unter der rollenden Last wie Halme zu Boden und richteten sich sofort wieder auf. Als wäre nichts gewesen. Wo kräftiges Holz den Weg versperrte, griff Manoel sich Mauros Hemd und zerrte ihn daran vorbei.

Da kam Mauro unerwartet zu sich! Seine Augen waren vom Blut verklebt ebenso Nase und Mund; kaum sah man noch, wo die eigentliche Wunde war. Alles war blutig. Er huste und prustete sogar Blut aus Nase und Mund. Dann lallte er: »Was habe ich euch eigentlich getan?«

Alles hatten Alícia und Manoel erwartet. Aber nicht, daß Mauro auf einmal den Unschuldsengel spielte.

»Du hast Fernando umgebracht. Du wolltest uns erschießen

und ersäufen«, sprudelte Alícia raus. Mit einer Heftigkeit, wie sie sie noch nie in ihrem Leben empfunden hatte, trat sie ihn in die Seite.

»Halt deine Schnauze, du Dreckschwein. Von uns kannst du kein Mitleid erwarten.«

Mauro schwieg. Sicher durchflog er mit dem Rest seines Geistes seine Chancen.

Schließlich hatten sie ihn am Ufer des reißenden Flusses.

Mauro bäumte sich auf. Er konnte den Fluß wahrscheinlich nicht sehen, weil seine Augen vom Blut verklebt waren. Aber er konnte ihn hören. Er fürchtete, daß sein letztes Stündchen geschlagen hatte. Da man ihm Harmlosigkeit und gute Absichten nicht abnahm, versuchte er es mit Resten seiner alten Taktik. Er drohte.

»Das werdet ihr noch bitter bereuen. Jeder wird wissen, daß ihr es wart, weil ihr geflohen seid. Boca Rica wird euch zu finden wissen.«

Aber diese Drohung erreichte genau das Gegenteil. Sie ließ auch den letzten Funken Mitleid in den beiden erlöschen.

»Dich erschießen und in den Fluß werfen, ist ein viel zu milder Tod für dich«, eiferte sich Manoel. Und zu Alícia sagte er: »Hol eine dicke Liane. Ich ertränke das Schwein.«

Die ganze Unerbittlichkeit des Waldes und des Stärkeren, des Kriminellen, die Mauro ohne jede Nachsicht, ohne jedes Mitgefühl, gegenüber seinen Gegnern oder Auftragsopfern stets gezeigt hatte, bekam er nun selbst zu spüren.

Sie zogen ihm die Liane unter den Armen durch, verzurrten sie vor der Brust und stießen ihn in den Fluß. Sie gaben ihm »Leine«, bis die Strömung ihn zwischen zwei Felsen in eine Turbulenz getragen hatte. Dort ließen sie ihn rotieren. Minute um Minute. Das Wasser riß ihn in die Tiefe und wirbelte ihn hoch Mal um Mal. Immer wieder. Anfangs hörten sie noch seine Schreie, die mehr dem Drang nach Luft als der Hoffnung auf Hilfe entsprangen.

Dann war es still. Das menschliche Bündel drehte sich an der Liane wie ein Fisch an der Angel. Es tauchte unter und tauchte auf. Aber es war still.

Eine viertel Stunde ließen sie Mauro dort rotieren. Sie genossen ihre Rache. Ihr keuchender Atem beruhigte sich. Sie waren mit dem Leben davongekommen.

Dann zogen sie ihn raus. Er war mausetot. Manoel band ihm je einen Stein um den Bauch, den Hals und die Füße.

»Laß ihn doch einfach schwimmen«, sagte Alícia. »Warum soviel Mühe für solch ein Schwein? Jede Beerdigung ist für ihn zu schade.«

Manoel hatte sich längst wieder gefangen. Er dachte weiter.

»Sie sollen ihn nie finden. Er soll spurlos verschwunden bleiben. Denn wenn er irgendwo angespült wird, sähe man, daß er getötet wurde. Erst dann kämen wir wirklich in Verdacht.«

So wurde Mauro außerhalb der Strömung in einer stillen Bucht versenkt. Er tauchte nie wieder auf. Wie viele seiner Opfer.

Ausgeraubt

Christina hatte sofort begonnen, Malariatabletten zu schlukken. Prophylaktisch hatten wir nichts eingenommen. Vorige Reisen hatten gezeigt, daß hier im Goldgebiet, im Eldorado der Malaria, Vorbeugung mit konventionellen Waffen à la Resochin und Fansidar nicht mehr viel ausrichtete. Die Erreger waren durch die zehntausendfache Einnahme der üblichen Tabletten längst resistent und verlangten stärkere Giftdosen. Lariam war angesagt. Und weil dieses Mittel sehr massiv wirkt, nahmen wir es nicht zur Vorbeugung, sondern erst, als die Malariaanfälle begannen.

Malaria kommt in Schüben. Sie ist, wenn auch nur sehr entfernt, mit Folter vergleichbar. Da kommt der eine Folterknecht und schlägt voll zu. Man hat Fieber bis kurz vor der Eiweißgerinnungsgrenze und sofort danach einen Schüttelfrost, der Häuser zum Erbeben brächte.

Dann kommt der nächste Folterknecht, der den Sanften, den Verständnisvollen, den Mitfühlenden spielt. Hitze und Kälte weichen und machen der totalen Erschöpfung Platz. Er gewährt dir Ruhe, läßt dich schlafen.

Christina und ich hatten schon mehrfach Malaria tropica (in Brasilien heißt sie »falciparum«) gehabt. Wir kannten die Symptome zur Genüge. Alles, was an Erscheinungsbildern dabei möglich ist, haben wir hinter (und sicher auch vor) uns. Das ist ein bunter Reigen aus Durchfall, Kopfschmerz, Fieber, Schüttelfrost, Milz- und Leberschwellung, haßgelbem Urin und Herz- und Muskelproblemen. Übertragen von einer einzigen winzigen Mücke.

Die Malaria bietet eigentlich nur zwei Vorteile: Sie schützt die Natur vor der ungebremsten Vermehrung des Menschen, und man verliert sein Übergewicht.

Als Zero und ein Helfer bei Christina eintrafen, hatte der Fieberanfall gerade ein wenig nachgelassen. Gegen den Kopfschmerz hatte sie sich eine Thomapyrin gegönnt. Ein Stück des Weges war sie schon allein gegangen. Die Männer halfen ihr, so gut das die schmalen und rutschigen Wege zuließen.

Schließlich waren wir wieder vereint. Wir genossen den heissen, starken Kaffee, während Christina sich aufs Trinken von Flußwasser beschränkte. Neben dem schmuddeligen Bach hatten wir wieder eine Sickergrube gebuddelt. In ihr war das Wasser klar.

»Mein Freunde müssen jetzt in eine andere Richtung und Dieselöl holen. Ab jetzt gehen wir drei allein«, eröffnete uns Zero.

Okay. Das hatten wir gewußt. Blieb die Frage des Transports. Wir mußten ein Depot anlegen.

Als die Männer entlohnt und vom Wald verschluckt waren, suchten Zero und ich einen geeigneten Platz für das Versteck.

»Laß es uns nicht zu nah hier am Camp machen. Da lagern ständig alle möglichen Leute und natürlich streunen die manchmal nach links und rechts ins Dickicht. Allein schon deshalb, um zur Toilette zu gehen. Wenn sie da so hocken und um sich spähen, dürfen sie nichts erkennen.«

Zero war sehr umsichtig. Das gefiel mir. Immer mehr festigte sich mein Wunsch, ihn als Hauptdarsteller in Christinas Film zu engagieren.

Endlich war alles, was wir nicht unmittelbar benötigten, unter Dach und Blatt. Unsere eigenen Bündel waren geschnürt. Zero lud sich das meiste auf. Christina bestand darauf, ebenfalls und gleichwertig beladen zu werden. Sie hatte wohl gerade eine Phase der Entspannung. Außerdem ging es gegen ihre Prinzipien, wenn Frauen bei jeder Gelegenheit gleichberechtigt sein wollen, nur dann nicht, wenn es um schwere körperliche Arbeit geht.

Am meisten konnte sie sich aufregen, wenn in Action-Filmen Frauen in Gefahrenmomenten schön, dumm, hilflos und kreischend in der Ecke herumstanden, statt mitzumischen. Ihr Motto, schon seit ihrer Jugend: »Gleiche Arbeit, gleicher Lohn«. Und den hatte sie sich immer redlich erkämpft.

Wir waren startklar und wollten los. Und in genau diesem Augenblick geschah das Unglück.

Wie aus heiterem Himmel kam Come gente durch unser Lager gestiefelt. Come gente, der »Menschenfresser«. Ich dachte, mich trifft der Schlag. Wäre er nur zehn Minuten später erschienen, wären wir fort gewesen. Nein – er mußte genau jetzt aufkreuzen. Ich wußte, jetzt würde der entscheidende Moment für das Gelingen oder den Fehlschlag unserer ganzen Reise kommen.

Er blieb stehen, stützte seine schwere Kiepe gegen einen Baumstamm, sah sprachlos von einem zum andern und fragte dann Zero: »Was geht hier vor?«

Zero blieb locker. Bestimmt wußte er von seinem Verbot für jedermann, uns nicht helfen zu dürfen. Er lächelte, fummelte weiter am Gepäck, als gäbe es an unserem Marsch nichts zu deuten.

»Warum nicht korrumpieren?«

Ich überlegte krampfhaft, ob es sinnvoll wäre zu sagen, wir wären nur im Begriff, die 200 Meter bis zur Piste raufzugehen. Aber das würde Come gente uns niemals abnehmen. Nachmittags flogen keine Maschinen, und wenn keine flogen, konnte man schlecht so tun, als wolle man dennoch an der Piste warten. Die Chance, daß man bei einem überraschenden Erkundungsflug der Policia Federal gesehen würde, war zu groß. Man blieb im Versteck und zeigte sich erst, wenn man die Maschine deutlich als die eigene erkannt hatte. Deshalb kreisten die Flugzeuge normalerweise bis zu dreimal dicht über der Piste. Fast sahen Goldsucher und Pilot sich Auge in

Auge. Man gab ihm das Geheimzeichen der Piste, und er kam runter. Landung und Start dauerten höchstens fünf Minuten.

Von meiner Antwort wurde ich entbunden, als Zero sagte: »Ich helfen ihnen tragen. Ich bringe sie raus aus dieser Gegend.«

Come gente nahm seinen Weg wieder auf. Er war noch keine drei Schritte gegangen, da sagte er: »Ihr kennt meinen Standpunkt. Ich warne euch zum letzten Mal. Haltet euch an die Gesetze dieses Waldes. Hier ist sich jeder selbst der Nächste. Wer hier in irgendeiner Weise stört, wird getötet. Und ihr seid Störer. Noch nie hat ein Journalist etwas Gutes über Goldsucher berichtet.« Der Form halber rückte er sowohl seine Kiepe als auch den Revolver am Gürtel zurecht. Beinahe spiegelbildlich tat Zero das gleiche: Gott sei Dank nur reines Imponiergehabe, Abstecken der Grenzen.

Ich starrte Come gente immer wieder hinterher, um herauszufinden, was mich noch an ihm irritiert hatte. Es war doch nicht nur sein Gesicht, das mir unsympathisch war. Es war auch nicht sein Spruch »Goldrausch zu Blutrausch«, zu dem es nur einer winzigen Fingerbewegung bedurfte. Es war irgendetwas anderes.

Und dann sah ich es: es waren seine beiden »Hundemarken«, die er um den Hals trug, und die manchmal in seinem offenen Hemd verschwanden. Jetzt pendelten sie gerade heraus. Es waren zwei Aluminiumplaketten, auf denen seine Personalien und die Blutgruppe eingestanzt waren. Damit wollte er sich offenbar einen militärischen Touch geben und den eiskalten Dschungelkämpfer raushängen lassen.

Come gente durchquerte den Bach und ging in die Richtung, aus der wir gekommen waren.

Wir drei sahen uns an.

»Was schlägst du vor, Zero?« fragte ihn Christina. Sie haßte Come gente besonders, weil der sie völlig ignorierte und sich mit ihr auf gar keine Diskussion eingelassen hatte.

Zero zuckte die Schultern.

»Vielleicht sollte man ihm Geld anbieten«, schlug er vor.

Mir schien das völlig absurd.

»Glaubst du, daß ein Fanatiker wie er Geld annimmt? Dann wären ja alle seine Thesen nur geheuchelt. Jemand wie dieser Fremdenhasser wird nicmals Geld annehmen.«

»Was wollt ihr sonst machen? Vergeßt nicht, ihr seid in Brasilien, und da läuft alles über Korruption. Warum sollte Come gente eine Ausnahme bilden?«

Nach wie vor glaubten wir nicht daran. Dennoch war uns klar, daß Zeros Vorschlag im Moment die einzige Hoffnung war. Und erst, wenn Come gente abgelehnt hatte, war seine Unbestechlichkeit erwiesen.

»An welche Summe denkst du denn?« fragte ich zögerlich. Unmöglich durften wir zugeben, 1000 Dollar am Leib zu haben. Das wären 100 Gramm Gold – für jeden Goldsucher ein Grund zu sofortigem Mord. Für 100 Gramm müßte er in diesem Gebiet 2–4 Monate schuften.

»100 Dollar müßten reichen.«

Ich stellte mich hilflos.

»Wie wollen wir dann dich bezahlen?«

»Das ist erst mal zweitrangig«, tröstete er uns. »Kommt Zeit, kommt Rat.«

Immer mehr wuchs meine Sympathie für Zero. Wenn er so weiter machte, wenn durch ihn unser Film gelänge – wir würden uns nicht lumpen lassen.

»Willst du hinter Come gente herlaufen? Ich kann ihm das unmöglich anbieten.«

»Von mir aus.« Zero setzte seinen Packen wieder ab und joggte hinter Come gente her.

Es dauerte zehn Minuten, da war er zurück. Er bückte sich im Bach, wusch mit einer Handbewegung seinen Schweiß fort und mit einer zweiten trank er einen Schluck Wasser. Dann kam er langsam auf uns zu. Seinem Gesicht war nichts anzumerken.

»Gut oder schlecht?« Ich war gespannt. Jetzt kam der Satz, der über Erfolg oder Mißerfolg unserer Reise entscheiden würde. Und da sollte es nicht wirklich an 100 Dollar scheitern.

»Ja und nein«, war seine vielsagend nichtssagende Antwort.

»Mach's nicht so dramatisch«, drängelte Christina, während ich längst die positive Wende herausspürte. Wäre Come gente strikt dagegen gewesen, hätte Zeros Antwort »Nein« gelautet.

»Er ist einverstanden. Aber er verlangt 150 Dollar.«

Das war ein Ding! Der Ober-Goldsucher, Besserwisser von Gottes Gnaden, der selbsternannte Scharfrichter und Unfehlbare war gar nicht gegen Journalisten, wenn er nur dabei absahnte. Zero hatte recht gehabt. Wir waren in Brasilien.

Trotzdem taten wir uns schwer. 150 war das Äußerste, das wir Freunden gegenüber zugeben durften. Jeder weitere Betrag müßte auf Kreditbasis ausgehandelt werden, zahlbar nach Rückkehr in Boa Vista.

Daß wir über diesen Betrag verfügten, wußte Zero. 200, das hatten wir gesagt, besäßen wir für den Rückflug. 50 hatten seine Träger-Kumpels erhalten. Blieben noch 150.

Wir waren erleichtert. Come gente hätte ja auch pokern und 1000 verlangen haben können.

Wir gaben Zero die 150 Piepen, und er joggte zum zweiten Mal los. Diesmal dauerte es länger, bevor er zurück kam. Und diesmal signalisierte er schon von weitem mit einem Lächeln und hochgereckten Daumen : »Alles in Ordnung. Come gente ist einverstanden. Wir dürfen uns frei bewegen«.

Ich bedankte mich bei Zero mit einem kräftigen Händedruck, Christina gab ihm einen malariaerhitzten Wangenkuß.

Dann tauchte er in die Dunkelheit des Waldes

»**S**o sind die Leute im Gold«, lachte er, schnappte das Gepäck und stiefelte los.

»Laßt uns mal stramm durchgehen, damit wir von hier fort kommen. Weiß der Teufel – womöglich überlegt er sich das noch mal.«

Nichts war uns lieber. Zero schritt voran. Mit seinen kräftigen Beinen griff er gewaltig aus. Christina, als im Moment Schwächste, ging in der Mitte, ich hinten als Schlußlicht.

Es ging hoch zur Piste. Nur 200 Meter.

»Hey, nicht so schnell, Zero. Christina schafft das Tempo nicht.« Er blieb stehen, ließ uns aufholen.

»Versuch mal ein bißchen zuzulegen. Wenigstens so lange, bis wir aus Come gentes Gefahrenzone raus sind«, bat ich sie.

»Ich schaff's nicht. Meine Beine sind wie Gummi. Ich zittere schon wieder.«

Als wir auf die Piste hinaustraten, stand Zero dort und wartete auf uns. Ich machte ihm erneut Christinas Situation klar.

»Dein Tempo halte ja ich kaum durch. Geh langsamer.«

»Wir können's ja so machen«, schlug er vor. »Ich behalte mein Tempo bei. Irgendwo setze ich das Gepäck ab und komme zurück und nehme Christinas. Und du gehst auch deinen normalen Trott. Verfehlen kann man den Weg nicht. Es gibt nur den.«

Damit teilte er das Dickicht am Kopfende der Piste Chico Mineiro wie ein Vorhang beiseite und tauchte in das Dunkel des Waldes.

Wir folgten. Verglichen mit der Helligkeit auf der Piste, war es hier beklemmend dunkelgrün. Der Pfad war 50 bis 100 cm breit und ganz besonders schlammig. Jeder Meter und jede Minute ist mir im Gedächtnis geblieben, und auch bei Christina sind die folgenden zwei Stunden dauerhaft in die Hirnwindungen eingraviert.

Nach nur 100 Metern in dem Schlammbrei war Zero unseren Blicken entschwunden. Ihm schien der Sog des Lehms keine Schwierigkeiten zu bereiten.

Der Weg war voller Menschenspuren. Vor allem sah man die Abdrücke der Fußballschuhe der Goldsucher. Daneben gab es vereinzelt Fährten von Barfußgängern und nun unsere Turnschuh-Eindrücke.

Christina litt sichtlich unter der Malaria. Ich riet ihr, einfach nur so schnell zu gehen, wie sie könne.

»Notfalls tragen wir dich«, tröstete ich sie. »Jetzt, wo wir uns frei bewegen können, kommt es auf Stunden nicht mehr an. Ich ziehe schneller durch, um Zero einzuholen.«

Gesagt. Getan.

Ich versuchte, an den Wegkanten zu gehen. Manchmal war der Lehm dort flacher, man konnte besser ausschreiten. Immer wieder mußte ich mich an den seitlichen Bäumen abstützen.

Wie schnell ich auch ging – von Zero war nichts zu sehen. Ich kreuzte einen Bach, ich folgte einem zweiten Gewässer mal durchs Wasser, mal am Ufer. Zero hatte Recht. Der Weg war deutlich. Es gab keinen anderen. Ich konnte Zero nicht verfehlen.

Meine Befürchtungen ließen jede Müdigkeit verklingen.

Was es jedoch manchmal gab, waren idyllische und helle Rastplätze. Wäre ich Zero gewesen, hätte ich die Etappen viel kürzer gewählt, hätte ich hier mein Gepäck abgestellt, um dann Christina zu holen. Sicher wollte er aber durchziehen bis ins Ziel-Camp, das Gepäck in Sicherheit lassen und dann zurückkommen.

Nach 30 Minuten wurde mir das zu blöd. Wenn ich ebenfalls wie ein Irrer bis in jenes ferne Camp jagte, schaffte ich es womöglich nicht mehr zurück zu Christina und abermals hin ins Camp. In solch unbekannter Gegend fand ich's besser, dichter zusammen zubleiben. Vor allem schien mir Christina gefährdet, weil sie allein war.

Mir wurde das nicht nur zu blöd. Mir wurde mulmig zumute. Irgendwas stimmte hier nicht. So wie ich Zero eingeschätzt hatte, wäre er längst zurückgekehrt. Hatte ich mich etwa in ihm getäuscht? Oder hatte ich mich verlaufen? Aber das war ja nicht möglich. Es gab doch nur diesen Weg.

Ich versteckte meinen wasserdichten Kanister-Rucksack unter Laub und hastete zurück. Es war 16 Uhr, um 18 Uhr würde es dunkel. Die Befürchtungen ließen jede Müdigkeit verklingen. Ich raste in meinen eigenen Spuren zurück.

Wo war denn bloß Christina? Auch wenn sie nur langsam gegangen war, mußte sie mir doch längst begegnet sein. »Scheisse, verdammte«, fluchte ich.

Der Schweiß floß in Bächen. Er störte mich nicht. Ich war so dreckig, daß es egal war. Und überall gab es Bachwasser für eine Blitzdusche.

Ich rief nach Christina. Keine Antwort. Bald müßte ich wieder an der Piste sein. 20 Minuten war ich nun schon auf dem Rückweg.

Und dann saß sie da.

»Wir sind auf dem falschen Weg.«

»**H**ast du mich nicht rufen gehört?« fragte ich sie. Ich war ein bißchen sauer, denn ich hatte mir Sorgen gemacht, mich halb totgehetzt, und sie saß hier und ruhte sich aus.

»Was ist los? Kannst du nicht mehr?« wollte ich wissen.

»Ich dachte, ihr kämt beide nicht mehr zurück. Da wollte ich lieber zur hellen Piste umkehren. Hier wurde es mir zu unheimlich.«

»Komm, ich stütze dich und trage dein Gepäck«, schlug ich

vor und erzählte ihr, daß ich Zero nicht mehr gesehen hatte.

Sie schaute mich an und meinte: »Das habe ich gewußt. Schau mal dort hinter den Baum«.

Ich dachte, mich streift ein Propeller. Da stand, mit zwei grünen Zweigen hastig und schlampig kaschiert, Zeros Rucksack! Aber ohne unser Gepäckteil. Nur seine Kiepe mit der Hängematte und einem Topf. Einen Reim konnte ich mir aus der Situation nicht machen. Nur mein komisches Gefühl nahm zu.

»Wir sind auf dem falschen Weg«, klärte mich Christina auf.

»Wieso das? Es gibt doch nur diesen einen.«

»Eben nicht. Ich war auch schon zwei Kilometer weiter, bevor ich umkehrte. Und da vorne, 100 Meter von hier, gabelt sich der Weg. Auf dem Hinweg haben wir die Gabelung nicht bemerkt, weil sie im spitzem Winkel nach rechts rückwärts führte und der Weg an der Stelle sehr schmal war. Außerdem haben wir immer nach vorn geschaut. Aber auf dem Rückweg haben wir beide dann die falsche Gabelung gewählt.«

Ich glaubte das nicht. Aber es stimmte. Die Gabelung hatte ich eben passiert. Ich hatte nur kurz gezögert und mich dann für diesen Weg entschieden. Er war der breitere von beiden.

»Woher willst du wissen, daß dies der falsche ist?«

»Geh mal 100 Meter weiter. Dann merkst du es.«

Ich tat es. Und tatsächlich. Dort war eine eindeutige Stelle, die wir auf dem Hinweg garantiert nicht passiert hatten. Über einem Bach verlief ein Steg aus drei Baumenstämmen.

An genau dieser Stelle hatte auch Christina den Irrtum bemerkt. Und als sie zurückging zur Gabelung, hatte sie die Kiepe Zeros gesehen. Sie hatte ein ganz auffälliges Erkennungszeichen. Der Tragegurt war nicht aus Liane gemacht, sondern ein orangefarbener Streifen Plastik. Und nur durch ihn war ihr – und nun mir – das Versteck überhaupt aufgefallen.

»Er hat unser Gepäck abgebunden und ist über alle Berge. Es sieht so aus, als führe dieser Weg direkt und ohne Umweg über die Piste zurück ins Camp. Rüdiger, wir sind beklaut worden.

Das heißt: Meine Kamera ist weg. Und natürlich wird er inzwischen das gesamte Depot ausgeräumt haben.«

Ganz langsam wurde ich schlauer.

»Und weißt du noch was? Der hat dem Come gente gar nichts vom Geld gegeben. Das hat er auch noch kassiert.«

Wut und Ohnmacht paarten sich. Wir waren der Willkür völlig ausgeliefert. Um so mehr, als Christina nicht hundertprozentig einsatzfähig war.

»Wagst du es, hier sitzenzubleiben?« fragte ich sie. »Ich laufe zurück zu meinem Kanister. Jetzt fehlte nur noch, daß wir beobachtet worden sind, und der auch futsch ist.«

Christina ließ mich laufen. Wir mußten retten, was zu retten war.

Ich raste ohne Rücksicht auf alles und erreichte das Versteck in Rekordzeit. Der Rucksack war weg! Plötzlich kriegte ich weiche Knie. Irgendwo waren also Goldsucher versteckt. Sie hatten uns voll unter Kontrolle. Alle Schritte hatten sie beobachtet. Also wurde auch Christina beobachtet.

Mit welcher Frau konnte man solche irren Dinger abziehen?

Zum ersten Mal nahm ich meinen Revolver in die Hand. Was war, wenn sie inzwischen Christina auch unser allerletztes Bündel mit Gewalt abgenommen hätten? Kehrtwendung und zurück. Zum Jammern war später noch genug Zeit. »Ich Oberarschloch«, zeterte ich mit mir. »Fall bloß nicht noch hin und brich dir die Knochen.« Gerade war ich zwei Meter eine Böschung runtergerutscht, weil ich mich mit der Revolver-Hand nicht hatte festhalten können. Um Haaresbreite hätte ich ihn fallenlassen müssen. Dann hätte er nun einen Lehmmantel, wie unsere Füße.

Christina saß dort, wie ich sie verlassen hatte. Beiderseitiges Aufatmen. Stilles Umarmen.

»Es war eine Horror-Zeit«, gestand sie. »Ich dachte, das sei das Ende.«

Die Ruhe, die Dunkelheit und das Gefühl, trotzdem umringt zu sein, rüttelten an den Nerven. Es tat gut, sich wiederzuhaben.

Mit welcher Frau konnte man solche irren Dinger abziehen? Viele kenne ich nicht von dieser Kategorie.

Jetzt erst fiel mir auf, daß sie ebenfalls ohne Gepäck war.

»Wo ist denn deins?«

Erstmals überflog seit heute mittag ein Lächeln ihr Gesicht.

»Das habe ich da vorne versteckt.«

Ich holte den bescheidenen Rest unserer Habe, wir gingen zurück an die Gabelung und dann schnurstracks zur Piste.

Das Licht und die offene Fläche der Landebahn ließen uns laut aufatmen. Wir fühlten uns irgendwie gerettet. An unser Leben wollten sie ganz bestimmt nicht. Das stand für uns fest, weil sie es dann sicher längst aus dem Hinterhalt oder Auge in Auge erfolgreich versucht hätten.

Christina setzte sich erschöpft auf eine der drei kleinen Gras-Inseln am Kopfende der Piste. Dort, wo wir vorhin in den Wald eingebogen waren.

»Ich traue mich kaum runter zum Depot«, sagte ich. Denn mir war klar, daß ich da allein hin mußte. Christina hatte sich im Gras ausgestreckt. Sie war fiebrig heiß und schlapp.

»Bring mir Wasser mit. Ich muß die nächsten Tabletten nehmen«, bat sie.

Ich ging los, den Revolver schußbereit.

Aber es blieb mucksmäuschenstill. Nicht mal die Vögel oder Frösche gaben Laut. Wahrscheinlich hatten sie auch Angst, oder sie steckten mit den Goldsuchern unter einer Decke. Oder mit uns. Dann sollte uns ihr Schweigen warnen.

Das Depot war leer. Ratzekahl. Selbst mein Strohhut, den ich im Abmarsch einfach in ein Gebüsch gesegelt hatte – alles, alles war weg. Kein einziges Reiskorn war übriggeblieben.

»Das war nicht Zero allein. Ich vermute, daß Come gente

und die Träger von heute morgen alle mitgemacht haben. Das Ding war sauber eingefädelt.«

Christina sah das auch so. Trotz ihrer halbgeschlossenen Augen.

»Da bleibt uns nur noch der Rückflug.«

Gut, daß wir wenigstens diese Hoffnung im Moment noch hatten und wir nicht ahnten, daß uns selbst das nicht mehr vergönnt sein sollte.

Der Jaguar

Der Jäger hatte reiche Beute gemacht. Er hatte nicht nur ein *Mutúm* geschossen, sondern auch ein *Pekari* (Wildschwein). Die nächsten Mahlzeiten waren also gesichert. Der übliche Reis und die Bohnen konnten um dicke Batzen Fleisch bereichert werden.

Eigentlich hatten die brasilianischen Goldsucher hier in Venezuela diesbezüglich keinen Grund zur Klage. Es gab noch genügend Wild, weil die Anzahl der *garimpeiros* sich in Grenzen hielt.

Ein erfahrener Jäger mit weiter nichts als einer Flinte, einer Taschenlampe und einem Haumesser, der die Tiere kannte, der Geduld und gute Ohren hatte, der kam hier keinen Morgen ohne Beute nach Hause. Drüben in Brasilien war das ganz anders. Der Wald war längst leergeschossen.

Der Mann warf die Tiere neben der Kochstelle auf den Boden, klemmte sein Gewehr ins Gebälk über der Hängematte und ließ sich in sie hineinplumpsen. Er genoß es, sich nach den Stunden des Ansitzens und Herumhockens richtig ausstrekken zu können und von keinem Insekt belästigt zu werden.

Seine Kameraden waren seit halb sieben Uhr am Arbeiten. Ihr Arbeitstag begann und endete jeweils mit der Sonne am Himmel.

Nur zwei Stunden benötigte er. Dann fühlte er sich erfrischt und stand auf.

Damit die erlegten Tiere nicht infolge ihres in Verdauung befindlichen, brodelnden Mageninhalts verwesten, nahm er sie kurzerhand aus und hängte sie im Schatten über der ständig glimmenden Feuerstelle auf. Der Schatten, ein leichter Windzug und der Rauch bewahrten das Fleisch dort vor Insekten.

Das Fell, das Federkleid und die Innereien trug er ein Stück in den Wald hinein und vergrub sie. Sie sollten weder Tiere anlocken noch durch ihren Verwesungsgeruch die Luft verpesten. Dann ging er an die Arbeit in der Goldgrube.

Die Mittagspause war nur kurz. Es gab aufgewärmten Reis von gestern Abend. Das frische Fleisch würde der Jäger heute abend in aller Ruhe zubereiten. Er war auch gleichzeitig der Koch der Gruppe. Über eine Köchin, wie viele andere Gruppen sie besaßen, verfügten diese Männer nicht. Das hatte den Nachteil, daß sie sich um ihre Wäsche und das Essen selbst kümmern mußten und den Vorteil, daß ihr Goldfund nur durch vier und nicht durch fünf Personen aufgeteilt wurde. Außerdem war der Jäger ein guter Koch. Was er auftischte, hätte keine Frau besser zubereitet. Für seine Küchenarbeit durfte er als einziger des Morgens immer etwas länger liegen bleiben. Ein Privileg, um das ihn die anderen beneideten. Er mußte nur um sechs Uhr den Kaffee fertig haben. Danach konnte er weiterschlafen.

Inzwischen war die Arbeit in der Grube beendet. Es war dunkel geworden. Die Männer schaukelten in ihren Hängematten oder sie wuschen die Wäsche im Schein einer Petroleum-Funzel. Sie lauschten dem Radio. Einer reparierte seinen defekten Fußballschuh. Mit einem Stück Draht befestigte er die Sohle am Oberleder.

Der Koch stand derweil etwa sieben Meter abseits in seiner »Küche«. Diese Bezeichnung war natürlich sehr hochtrabend. Schließlich war hier weiter nichts als sechs Quadratmeter Plastikdach, ein halbiertes Diesel-Metallfaß, mit zwei Löchern als Herd präpariert, einiges Aluminiumgeschirr und ein Stapel Holz. Es gab nicht mal eine Lampe. Wollte man in die Töpfe schauen, bediente man sich der Taschenlampe oder eines brennenden Holzscheits.

Wer für dieses Holz und frisches Wasser jeweils zu sorgen hatte, stand auf dem Plan, einem Stück Pappe vom Bierkarton. Er war an den Pfosten genagelt.

Der Koch war mit seiner Arbeit allein. So merkte niemand, daß, durch den Fleischgeruch angelockt, ein Jaguar sich der Küche genähert hatte. Obwohl es sich, wie hinterher übereinstimmend bestätigt wurde, um ein gewaltiges Tier gehandelt hatte, war niemandem ein verdächtiges Geräusch zu Ohren gekommen. Womöglich war es von dem Radio übertönt worden.

Bis die Katze sprang. Sie griff von hinten an. Der Koch stürzte schreiend über seine Feuerstelle, die brodelnden Töpfe kippten zur Erde, es zischte, dampfte, qualmte. Der Jaguar, wohl einen Moment ob des Feuers irritiert oder im sicheren Gefühl der Überlegenheit nicht allzu gestresst handelnd, zerriß den Mann nicht gleich in Stücke, sondern wollte, vielleicht katzentypisch, ein wenig mit ihm spielen, als die hochgeschreckten Kameraden des Goldsuchers schon reagiert hatten. Gezielt und vor allem ungezielt ballerten sie aus allen verfügbaren Rohren und hatten Erfolg: der Jaguar verschwand mit einem Satz im Wald.

Die Aufregung war natürlich groß. Wie immer nach Unglückssituationen, wußte auch hier jeder, warum es zu der Attacke gekommen war. Das rohe Fleisch hatte die Katze angelockt. Wie konnte der Koch aber auch so sorglos damit hantieren? Selbst die Stadtbewohner unter ihnen waren der Meinung, daß ihnen das niemals passiert wäre. Er hätte ein großes Feuer vor seiner Küche entzünden müssen. Katzen meiden Feuer.

Die Wunde war groß, aber nicht unbedingt lebensgefährlich. Die Katzenpranke hatte vor allem die Haut vom Rücken abgezogen. Wie ein Lappen hing sie herunter, als hätte ihm jemand das Hemd vom Leib gerissen.

»Mach dir keine Sorgen«, tröstete ihn einer seiner Kameraden, »das sieht schlimmer aus, als es ist. Das kriegen wir wieder hin.«

Der Koch lag wimmernd auf dem Bauch und ließ alles über sich ergehen. Er stand unter Schock. Sie tupften ihm aus einem winzigen Plastikfläschchen etwas Antiseptikum auf die große Wunde. Das einzige Trostmittel, das sie besaßen. Dann spannten sie die Haut wieder über das rohe Fleisch, bedeckten es mit einem T-Shirt und fixierten es mit Faden-Lianen am Körper.

Der Koch lag mucksmäuschenstill bäuchlings in seiner Hängematte. Er betete und dankte seinem Glücksengel, daß seine Kumpels so schnell reagiert und das Tier vertrieben hatten. Ans Arbeiten war natürlich vorerst nicht mehr zu denken. Wahrscheinlich fiel er sogar tagelang aus. Das war jedoch im Augenblick das geringere Problem. Er lebte und sein Gold-Anteil würde in diesem Falle, bei unverschuldeter Krankheit während der laufenden Grubenarbeit, weiterbezahlt werden. Goldsucher-Gesetz.

Der Todesschrei riß sie aus ihren Hängematten

Lange hatten die Männer noch um das Petroleumlicht gesessen und den Vorfall diskutiert. Irgendwann jedoch machten die Körper ihre Mitbestimmung geltend. Sie wurden müde und schliefen ein. Sehr tief und sehr fest. Ihre Flinten lehnten geladen an den Pfosten, die Revolver steckten im Hosenbund.

Was sie dann aus den Matten riß, war der Todesschrei eines Menschen. Er war so gellend, daß sie wertvolle Schrecksekunden verloren, ehe sie Traum und Realität auseinanderhalten konnten. Sie warfen sich aus den Hängematten, rollten über den Boden, stolperten über sich selbst. Es war dunkel, nichts zu sehen, nur der Nachhall des Schreis saß alarmierend in ihren Körpern.

147

»Koch! Was ist los?« gellte es. Vielleicht hofften sie, der Verwundete könne im Traum geschrien haben oder aus der Hängematte auf seinen verletzten Rücken gestürzt sein. Denn nur das hätte einen solchen Urlaut erklären können.

Endlich hatte jemand auch eine Taschenlampe zu fassen gekriegt. Der schwache Lichtkegel zuckte von einem zum anderen. Als sie zur Hängematte des Kochs leuchtete, war sie leer. Das Licht tastete weiter. Auch unter der *rede* lag niemand. Sie pendelte hin und her. Wie eine Schaukel.

Der Lichtstrahl zuckte über die kurze freie Fläche zum Wald – gerade noch rechtzeitig, um die Ursache des Schreis zu erfassen. Es war der Jaguar. Er war zurückgekehrt, hatten sich den blutgetränkten Koch mit einem »Griff« seiner Kiefer aus der Schlafmatte gepackt und schleppte ihn im Laufschritt und scheinbar mühelos von dannen.

Die in aller Hast ins Dunkle abgegebenen Schüsse blieben ohne Wirkung. Die Schrotkügelchen hatten auf diese Distanz keine Wirkung. Vom Jaguar und vom Koch fand man nie wieder eine Spur.

Das alles war schon einige Wochen her. Natürlich hatte sich der Vorfall überall herumgesprochen. Schließlich kam es nicht alle Tage vor, daß ein Jaguar einen Menschen erlegte. Eher war es umgekehrt.

»Bei Constituinte ist eine Stelle frei geworden«, wurde zur stehenden Redensart, mit der man alle arbeitsuchenden Neuankömmlinge begrüßte. Alicia hatte sie oft genug gehört. Aber nie hatte sie geahnt, daß gerade sie die Nachfolge dieses legendären Kochs antreten würde.

Aber sie tat es. Gegen die große bunte Katze fühlte sie sich geschützt, weil sie nicht einfach unter einem Plastikdach wohnte, sondern auch vier Plastikwände, die ihre Schlafstatt umgaben, ihr eigen nennen konnte. Einerseits war das ein angenehmes Privileg der Frauen. Man genoß einen winzigen ganz persönlichen Bereich und war nicht ständig allen Blicken ausgesetzt. Andererseits litt man innerhalb eines solchen Plastikzeltes unter der stehenden Luft. Selbst wenn man hier und da kleine Sichtschlitze anbrachte, war der Aufenthalt nicht zu vergleichen mit dem an der uneingegrenzten frischen Luft. Es war ein Unterschied wie für die Banane am Baum und die im Magen.

Zur Sicherheit der Frei-Schläfer hatte man sich seit der Jaguar-Geschichte außerdem einen kleinen Hund angeschafft. Er stromerte ständig durch die Umgebung, ernährte sich fast selbst und lebte sonst von den Küchenabfällen.

Alícia fühlte sich hier sehr bald wohl. Als Köchin hatte sie zumindest immer genug zu essen. Noch nie im Laufe menschlicher Geschichte war je ein Koch bei seiner Tätigkeit als Koch verhungert[1]. Die täglich anfallende schmutzige Wäsche der jetzt fünf Männer war bequem zu bewältigen. Hier erwartete niemand, daß seine Wäsche weißer als das weißeste Weiß gezaubert würde. Hier genügte es, wenn die lehmgelben Baumwollfetzen ein freundliches Beige erreichten und die anschließende Bleichung in der Sonne eine weitere Aufhellung bewirkte. Und sei es nur um eine halbe Fotoblende. Hauptsache, man hatte für abends etwas Trockenes und nach Sauberkeit Duftendes anzuziehen. Das war fast wie Heimaturlaub.

Der Lohn war auch okay. Alícia war gleichwertiges Team-Mitglied und erhielt ein Sechstel dessen, was den Goldsuchern zustand. Das waren pro Person 5 Prozent. Der Boß, der die traditionellen 70 Prozent kassierte, stöhnte dennoch am meisten.

»Ihr wißt ja gar nicht, was ich alles davon bezahlen muß: die Maschinen, die Landepiste, die Polícia Militar, die Polícia Federal, die Politiker, die FUNAI. Ihr seid reicher als ich. Mir bleiben keine 6 Prozent. Man kann froh sein, wenn dann noch etwas für einem selbst übrig bleibt«, stöhnte er wie die meisten Bosse permanent. Es gab natürlich auch andere, die mit ihrem Reichtum rumprotzten. Sie besaßen Häuser, Autos, Flug-

---

[1] Anmerkung des Autors in eigener Sache: Auch noch kein Bäcker!

zeuge und große *fazendas* (Farmen). Sie schmückten sich mit Gold, Klamotten und Frauen. Jeder sollte sehen, daß Geld für sie keine Rolex spielte.

Was Alícia in dieser Zeit am meisten stärkte, war die Gegenwart von Manoel. Ihre gemeinsamen Erlebnisse während der Flucht hatten aus der oberflächlichen Freundschaft eine festere Liebesbeziehung gemacht. Sie brauchte und genoß den Schutz und die Zuneigung Manoels.

»Nachts sieht einen niemand«

Inzwischen hatten sie sich richtig eingelebt. Alícia war im siebten Monat. Das Kind war deutlich zu sehen, aber Alícia fühlte sich sehr gut. Sie blieb eine vollwertige Mitarbeiterin. Die Männer hier im Gebiet hatte sie in dem Glauben gelassen, daß Manoel der Vater wäre. So verminderten beide die Gefahr, daß der wirkliche Vater, Boca Rica, von ihnen erfuhr, ihnen nachstellte und sich womöglich schlimme Sachen ausdachte. Der Name Boca Rica war von ihnen noch nie erwähnt worden.

Im Gegensatz zur Arbeit in Brasilien arbeitete man hier versteckt, abseits der Piste, sehr häufig nachts im Schein von Petroleumlicht, und es gab viele Gruppen, die nur mit der *cuia*, der kleinen Goldpfanne wuschen. Das war am unauffälligsten. Das machte überhaupt keinen Dreck. Man arbeitete spurlos. Pfannenwäscher waren bei Kontrollen kaum je zu fangen, weil sie von der Luft aus nicht auszumachen waren. Auch die Maschinenwäscher arbeiteten unter dem Laubdach des Waldes, aber bei ihnen gab es die verräterische Spur des aufgewühlten Schlammes im Fluß. Deshalb stellte man Maschinenarbeit spätestens um vier Uhr in der Frühe ein. Dann war der Schmutz, bis es hell wurde, weit genug die schnellfließenden Bäche runtergetrieben und man konnte die Verursacher nicht mehr so leicht ausmachen. Erfolgte dennoch eine überraschende Razzia, tauchten die Pfannenwäscher mit ihrem Mini-Gepäck blitzschnell im Wald unter. Die Maschinenwäscher hatten es da schwerer. Sie mußten die Maschinen in vorbereiteten Gruben verstecken oder gar im Fluß versenken. Das war dann immer besonders viel Arbeit, weil sie sie später auseinandernehmen und reinigen mußten, bevor sie wieder in Betrieb genommen werden konnten.

Es müßte schon mit dem Teufel zugehen, wenn die venezolanische Guardia Civil je einen dieser »Einzelkämpfer« persönlich erwischte.

Die Soldaten ihrerseits wagten sich nie allein in den Wald. Die Gefahr, aus dem Hinterhalt abgeschossen zu werden, war zu groß. Man führte die Säuberungsaktionen in Gruppen durch, die eng zusammenblieben. Dadurch waren sie in der Regel immer rechtzeitig wahrzunehmen und boten den Gejagten ausreichend Gelegenheit, ihnen auszuweichen. Beide Seiten hatten voreinander Angst.

Was mitunter vorkam, waren Großeinsätze der Venezolaner an den fünf Pisten der Brasilianer. Vor allem, wenn sie von ausländischen Journalisten begleitet wurden, gab man sich wildentschlossen, dem brasilianischen Gold-Spuk ein Ende zu bereiten. Man sprengte Löcher in die Landebahnen und blockierte sie mit Baumstämmen. Dann war den Brasilianern der Nachschub abgeschnitten. Vor allem dann, wenn man sich anschließend für längere Zeit wohnlich an den Pisten einrichtete.

Sobald sich die Soldaten jedoch wieder in ihre Basislager fern der Orinoco-Quelle zurückgezogen hatten, waren die Sprenglöcher binnen Stunden von hungergetriebenen, fleißigen Händen wieder zugeschüttet, planiert und die Piste funktionstüchtig gemacht.

Über Funk und mittels der immer mehr verbreiteten *Cellulars,* der Handys, stand man in ständigem Kontakt mit den Büros der Chefs in Boa Vista oder den überfliegenden Flugzeugen. War die Luft rein, war 90 Minuten später der Nachschub da.

Vor allem ging es bei den Landemanövern um Dieselöl für die Maschinen. Lebensmittel pflegte man in Blitzeinsätzen abzuwerfen. Die Abwurfzeiten waren fest vereinbart, ebenso die Zeichen für »alles ok«. Dann sausten Säcke mit Reis und Bohnen durch die Luft und krachten irgendwo durch die Wipfel der Bäume zur Erde.

Mindestens vierfach mußten die Lebensmittel in Säcken verpackt sein, und diese durften nicht zu prall gefüllt sein. Dann erreichten sie ohne Schaden ihr Ziel.

Weil die Razzien mitunter länger andauerten, war man dazu übergegangen, Depots anzulegen.

Wollte einer der Arbeiter während solcher Blockaden nach Hause, blieb ihm nichts übrig, als fünf Tage zu marschieren. Der Weg war jedem bekannt. Er führte über die Serra zur Piste »Raimundo Nenem«, im Quellgebiet des Rio Catrimani. Dort war man dann sicher. Dort war man in Brasilien.

Der Überraschungsangriff der Spezialeinheit

Dann ereignete sich etwas Unerwartetes. Eine Spezialeinheit gut ausgebildeter venezolanischer Dschungel-Kämpfer hatte Teile des Waldes zu Fuß durchkämmt. Sie waren nicht mit dem Hubschrauber, sondern mit Booten den Orinoco hochgekommen, hatten diese aber rechtzeitig liegengelassen und gut versteckt. So hatte sie niemand kommen gehört.

Die Soldaten wurden außerdem – und das war beinahe eine Garantie für Erfolg – von drei Yanomami-Männern begleitet und mit spürhundsicherem Instinkt und Können bis unmittelbar an arbeitende Goldsucher-Trupps herangeführt worden. Antrieb für die Indianer waren Vergeltungsdrang und die Aussicht auf Geschenke. Die Soldaten wiederum wurden nicht zuletzt getrieben von der Hoffnung auf Beförderung und Ehre. Es war ein Sonderkommando amazonesischer Art. Die Grube, die sie diesmal hochgehenlassen wollten, war zufällig die Manoels.

Jeweils drei Soldaten folgten einem der drei Indianer, als sie die arbeitende Gruppe umzingelten.

Zwei Gruppen der Soldaten lagen schon in Stellung. Die dritte beschrieb einen kleinen Umweg und war im Begriff, den Kreis zu schließen. Es sollte kein Goldsucher entkommen. Und genau in dem Moment lief ihnen der kleine Hund über den Weg. Normalerweise war es eher ein ruhiges Tier. Wenn *garimpeiros* hier auftauchten, verhielt er sich ausgesprochen freundlich. Aber die Soldaten in den Uniformen, die Indianer und das Schleichen dieser Leute hatten ihn wohl irritiert und erschreckt. Er bellte. Er bellte in einer Weise, die den Goldsuchern sofort Gefahr signalisierte.

»Indianer!« schrie einer, und wie elektrisiert sprangen sie aus der Grube und versuchten, an ihre Flinten zu gelangen. Obwohl diese in Reichweite standen, schafften sie es nicht. Denn im selben Moment, als die Soldaten sich erkannt sahen, schossen sie. Auch die Gruppe, die sich noch im Anschleichen befunden hatte, war ob des Zwischenfalls so erschrocken, daß sie ziellos mitschoß.

Die Salven ihrer Maschinenpistolen verursachten ein Höllenspektakel. Aus neun Rohren hämmerte und zuckte es gleichzeitig. Der Sand um die Goldsucher herum schoß fontänenartig in die Höhe, mal in geraden Linien, mal in Pirouetten.

Es bedurfte gar nicht der Worte der Venezolaner, von wegen *manos arriba,* die Goldsucher waren so überrascht und vom Geschoßhagel zu Tode erschrocken, daß jeder sich augenblicklich zu Boden warf, mit ausgestreckten vier Gliedmaßen als Zeichen seines Ergebens.

Die Soldaten hatten vier Gefangene gemacht. Ihre Namen: Laurival Batista, Francisco Suárez da Silva, Francisco Chagas da

Silva und Adanías de Almeida. Unter viel Geschrei wurden sie nicht nur in Handschellen gelegt, sondern mit weiteren Handschellen aneinandergeschmiedet. Wegen der Angst, es könnten noch andere Goldsucher auftauchen, bevor man sich abgesichert hatte, verlief alles sehr hektisch. Man stieß das kleine Knäuel der Gefangenen einfach in die Goldgrube, von dort würden sie allein, solange sie aneinandergebunden waren, nicht wieder herauskommen.

Manoel war nicht unter den Gefangenen. Er hatte Glück gehabt. Im Moment des Angriffs hatte er Trinkwasser ins abseits gelegene Camp getragen. Nicht, um Alícia die schwere Arbeit abzunehmen, sondern weil er heute den Wasserdienst hatte. So kam es, daß er nach dem Ertönen der ersten Salve instinktiv reagierte. Natürlich wußte er, daß das Konzert nur von einem »staatlichen« Besuch herrühren konnte. Kein anderer Gegner tauchte hier mit so vielen Automatik-Waffen auf. Er nahm die Beine in die Hände und jagte ins Camp.

»Alícia, Polizei! Schnell weg!«

Doch Alícia hatte, genauso wie Manoel, mit Flucht reagiert. Etwa hundert Meter weiter kauerte sie zitternd hinter einem Felsen. Noch nie zuvor war sie Ohrenzeuge einer derartigen Schießerei gewesen. Als sie Manoel angehastet kommen sah, rief sie ihn an.

»Manoel, hierher!«

Er warf sich zu ihr hinter den Steinbrocken.

»Das sind Venezolaner«, keuchte er. »Wir müssen sofort weg.«

»Unsere ganzen Sachen sind noch im Lager, auch mein Gold«, zögerte sie.

»Lauf schon vor, unten am Bach lang. Ich versuche zu retten, was zu retten ist.«

Der Lärm beschränkte sich immer noch auf die Grube. Die Soldaten waren also dort und nicht schon ausgeströmt, um das Lager zu suchen.

Manoel kappte die Hängematten, griff Radio und einen Topf,

seine Flinte und das Haumesser, leerte das Goldversteck und folgte Alícia.

Erst nach zehn Minuten hatte er das Mädchen eingeholt. Daß sie zu zweit waren, beruhigte beide ungemein. Und daß ausgerechnet Manoel nicht gefangen worden war, betrachtete Alícia als Geschenk des Himmels. Sie bekreuzigte sich und stieß ein »*graças a deus!,* Dankeschön, lieber Gott!« zum Himmel empor.

»Laß uns sehen, daß wir hier wegkommen. Ganz raus aus Venezuela. Wir gehen nach ›Raimundo Nenem‹ und fliegen zurück nach Hause. Hier können wir genausowenig reich werden wie in Brasilien.«

Ohne sich eine Pause zu gönnen, wanderten sie den gesamten Tag gen Südost, Richtung »Raimundo Nenem«.

Die Kettensträflinge

Den Männern in der Grube erging es wesentlich schlechter. Nachdem man sich davon überzeugt hatte, daß keine weitere Gefahr drohte, wurden die vier Brasilianer mit Fußtritten aus der Grube geholt, die Handschellen um einen bis zwei Zacken gelockert, damit das Blut wieder fließen konnte.

Wollten sie gerade ob der Erleichterung aufatmen, erstarrten die Goldsucher plötzlich vor Schrecken. Maschinenpistolen bohrten sich ihnen tief in den Rücken. Dann legte ihnen jemand ein kräftiges Seil um den Hals. Alles sah aus nach einem Akt der Willkür, nach standrechtlicher Hinrichtung per Strang.

»Um Himmel willen, die wollten uns aufhängen!« entfuhr es einem. Und ohne es verhindern zu können, entleerte sich sein Darm.

»Halt jetzt bloß die Klappe«, zischte ihm ein anderer zu. »Die wollen uns nur aneinanderbinden. Bleibt ruhig, damit sie jetzt nicht die Nerven verlieren und abdrücken.«

Die Soldaten banden ihre Gefangenen Hals an Hals mit etwa einem Meter Abstand zusammen. Ihre Handschellen auf dem Rücken wurden auf dieselbe Weise miteinander verbunden und schließlich sogar ihre rechten Füße. Dann erst nahmen ihnen die Soldaten die Handschellen ab, die sie unmittelbar miteinander verbunden hatten. Nur mit kleinen Schritten und auf Kommando »links – rechts, links – rechts« konnten sie jetzt noch hintereinander hergehen. An Flucht war nicht zu denken. Als die Soldaten sich ihres Sieges gewiß waren, kam die erste Entspannung auf. Sie begannen mit der »Ernte«. Während der Kommandant der Soldatentruppe es sich auf dem Boden gemütlich machte, zogen seine Untergebenen den Besiegten Hemd und Hose aus und soweit vorhanden, die Schuhe. Es ging ihnen dabei weniger um die Garderobe. Es ging ihnen ums Gold. Waren es auch nur wenige Gramm, die sie entdeckten, für die Soldaten war es doch viel. Auch sie waren letztlich arme Teufel und auf Nebenverdienste angewiesen.

»Wieviel ist es?« wollte der Commandante wissen.

Es bedurfte keiner Waage, um das zu ermitteln. Jeder Goldsucher kannte seinen Besitz aufs zehntel Gramm genau und hatte sein Quantum bereitwillig genannt. Insgesamt waren es 246 Gramm, der Lohn für Wochen härtester Arbeit.. Jetzt ließ man sich die Unterkünfte zeigen. Dort wurde der restliche Besitz konfisziert.

Die Indianer, die mit großen staunenden Augen dabeistanden, sagten kein Wort. Sie hatten sich den Hund einfangen können. Das allein war schon Lohn genug für sie. Aber nun erhielten sie noch jeder einen Topf und eine Machete. Obwohl es alle möglichen Bodenschätze in ihrer Erde gab, hatten sie nie gelernt, diese zu bergen, ihren Wert zu begreifen und zu nutzen. Alles, was die Yanomami aus Metall besitzen, beziehen sie aus der Welt der Weißen. Es ist sogar anzunehmen, daß sie die Kunst der Metallgewinnung und -Verarbeitung selbst dann nicht übernähmen, wenn man es sie lehrte. Es verstieße gegen ihre ethischen Grundsätze. Sie nehmen der Erde nur das, was diese nachproduziert. Nie gehen sie ihr an die Substanz. Selbst wenn sie Saat in die »Mutter Erde« einbringen, reißen sie ihr nicht den »Leib« auf, wie der weiße Mann mit den Maschinen, sondern sie tun das behutsam.

So reich beschenkt, war das Glück der Yanomami perfekt. Auch die Soldaten und der Commandante waren zufrieden.

Fünf Tage dauerte der Rückmarsch. Selbst nachts wurden die Fesseln kaum gelockert. Das Metall hatte sich längst bis auf das rohe Fleisch durchgerieben. Die Brasilianer ließ man hungern. Sie erhielten keinerlei Essen und Wasser nur dann, wenn man einen Bach durchquerte. Sie waren völlig erschöpft. Immer langsamer waren sie vorangekommen. Bis sie in die Boote geladen wurden.

Das Bootsversteck hatten die Soldaten ihnen nicht gezeigt. Es blieb das Geheimnis des Kommando-Unternehmens und konnte deshalb bei nächster Gelegenheit erneut genutzt werden. Den Rest der Reise machte man auf dem Fluß.

Letztendlich landeten die Gefangenen im neuen Gefängnis von Puerto Ayacucho. Die neue Haftanstalt in der Nähe des Aeropuerto ist Venezuelas Vorzeigeprojekt: sauber, unterbelegt, gutes Essen, freiwillige Arbeit und Bewegungsfreiheit innerhalb der hohen Mauern. Nach dem langen qualvollen Marsch hatten die vier Männer riesiges Glück gehabt. Nirgends sonst in Venezuela gab es ein vergleichbar gutes Gefängnis. Die meisten übrigen Haftanstalten sind unter aller Würde.

Wochen später, nach unserer eigenen Flucht aus Brasilien, und vor unserem erneuten Einschlupf über den Rio Casiquiare – Rio Negro, lernten wir die vier Gefangenen persönlich kennen.

Wir durften sie sogar befragen und filmen. Alle wirkten wohl genährt, hatten keine Beschwerden gegen das Gefängnis, ereiferten sich aber sehr wohl über ihren fünftägigen Gefangenentransport.

»Wie weit war euer Camp von Haximu entfernt?« wollten wir wissen. Wir hofften auf irgendwelche Hinweise. Obwohl wir sie alle einzeln befragten, gaben sie alle dieselben Antworten.

»Haximu? Kenn' ich nicht. Bei uns gab es keinen Ort solchen Namens. Wir waren ja auch nicht in Venezuela. Wir wurden an der Piste Raimundo Nenem festgenommen, einwandfrei in Brasilien.«

Weil alle in gleicher Weise, manchmal sogar wörtlich dasselbe antworteten, war uns klar: sie hatten sich ausgiebig abgesprochen. Sie lächelten sogar über unsere naiven Fragen. Seit sie hier einsaßen, hatten sie wieder Oberwasser. Unsere Befragung hatte für sie reinen Unterhaltungswert.

Als wir den Gefängnisdirektor dazu befragten, war seine Antwort klar.

»Quatsch. Was in Brasilien vorgeht, interessiert uns gar nicht. Die Leute wurden einwandfrei in Venezuela erwischt. Das interessiert uns dann allerdings, und von solchen *garimpeiros* gibt es noch immer viele hundert. Wir haben es gar nicht nötig, Erfolge vorzutäuschen, indem wir jenseits unserer Staatsgrenze Jagd auf sie machen.«

Der Direktor räumte ein, daß die Soldaten die Gefangenen von der ersten Sekunde an voneinander hätten trennen und verhören müssen.

»Bei solchen Kommandos müßten erfahrene Polizeileute zugegen sein, die sich mit Vernehmungen auskennen. Natürlich haben sie sich inzwischen längst abgesprochen. Aus denen holt kein Richter mehr etwas anderes heraus, und in ein paar Wochen müssen wir sie entlassen. Schließlich sind wir kein Hotel für notleidende Brasilianer.«

Allein im Wald

Dreimal kreiste die kleine orange-weiße Cessna dicht über uns. Wir konnten deutlich den Piloten erkennen. Er blickte zu uns herunter.

Ich winkte mit dem Hemd. Er sollte landen. Wir wollten hier weg. Selbst Christina, die matt in der Hängematte neben der Piste lag, wurde lebendig und betätigte sich an dieser gymnastischen Übung. Die Hoffnung, in eineinhalb Stunden in Boa Vista in Sicherheit zu sein, verlieh uns ungeahnte Kräfte, schien uns zu schön, um wahr zu sein.

Nach dem dritten Überflug entfernte sich der Motorenlärm. Der Pilot war nicht gelandet. Er war einfach weitergeflogen.

»Ich begreife das nicht. Er hat doch ganz einwandfrei Ausschau gehalten nach rückkehrwilligen Männern. Und er hat uns gesehen, genau wie wir ihn gesehen haben.«

Ich fluchte.

Christina war noch verzweifelter. Für sie bedeutete Boa Vista das Ende ihrer Malaria. Zwar hatte sie ihre Lariam-Tabletten. Aber sie litt noch deutlich an den Nachwirkungen. Sie fühlte sich hundeelend und schlapp. Weitere Malaria-Tabletten besaßen wir nicht. Die Mengen von Cloroquina und Primaquina, genug für fünfzig(!) Behandlungen, Geschenke für die Goldsucher, befanden sich im geraubten Gepäck.

»Es nutzt nichts, den Tabletten hinterherzutrauern. Sie waren ja sowieso als Geschenk für Goldsucher und Yanomami gedacht. Nun haben sie sie.«

Christina wagte tatsächlich ein erstes Witzchen, für mich ein Anzeichen der Besserung, auch wenn sie da so matt in der Hängematte pendelte.

»Es ist nun die vierte Maschine in drei Tagen. Irgendwas stimmt da nicht.«

Im Hinterkopf ahnten wir den Grund. Irgendwann sprachen wir ihn laut aus.

»Ist doch klar – wir kennen das Geheimzeichen der Piste nicht.«

Weil wir mit unserem Piloten ein festes Rückkehr-Date vereinbart hatten, hatten wir ihn nicht nach diesem Zeichen gefragt. Wir wollten kein unnötiges Mißtrauen erregen. Schließlich waren und blieben wir für sie *gringos,* und die Zeichen galten als oberstes Goldsucher-Geheimnis.

Weitere Maschinen kamen nicht. Auch Goldsucher mieden unseren Aufenthaltsort. Nicht einmal Tiere waren zu sehen. Chico Mineiro lag da wie ausgestorben, als gehöre jeglicher Goldspuk der Vergangenheit an, als herrsche Frieden, als befänden wir uns auf einem anderen Planeten nur mit Pflanzen. Alle schienen sich gegen uns verbündet zu haben.

»Bestimmt haben sich die Piloten abgesprochen und meiden uns, weil sie uns für Schnüffler halten.« Zum xten Male sagten wir das inzwischen.

»Aber dann wird es doch auch unserem Piloten zu Ohren gekommen sein. Und Altino. Dann könnten sie die Verwechslung klären und uns rausholen.«

Die Piloten und Altino dachten darüber wohl anders, denn Tatsache blieb, daß niemand kam.

»Was hältst du davon, wenn wir zurück*marschieren?*«

Im Hinblick auf Christinas Kondition wagte ich den Vorschlag kaum auszusprechen. Sie würde alles allein gehen müssen. Ich würde sie niemals die ganze Strecke tragen können. Allenfalls kilometerweise.

»Ich bin dafür«, erwiderte sie zu meiner Überraschung. »Hier fühle ich mich irgendwie umzingelt und beobachtet. Die künstliche Ruhe ist mir unheimlich. Je eher, desto besser.«

Unser Vorteil lag im wenigen Gepäck. Unser Nachteil in den fehlenden Lebensmitteln. Sechs Tage lagen wir auf Chico Mineiro und hatten nichts gegessen außer Cajú-Früchten, die ein riesiger Baum unweit der Piste täglich abwarf. Alle paar Stunden konnte man hin und neues Fallobst aufsammeln. Die pflaumengroßen gelben und süßsauren Früchte belebten uns spürbar, und mit Wasser zu Saft zerdrückt, wirkten sie bei Christina wie Balsam auf ihren spröden fiebrigen Lippen.

»Morgen früh warten wir noch ab. Wenn um halb neun keine Maschine da war, brechen wir auf. Punkt halb neun.«

Gesagt, getan. Schon längst vorher war unser Bündel geschnürt. Ob eine Maschine kam oder nicht. In beiden Fällen mußten wir reisefertig sein.

Um acht Uhr einunddreißig verließen wir die Piste Chico Mineiro. An ihrem talwärts gelegenen Ende folgten wir links einem Weg. Wir wußten nur sehr grob, wo sich diese Piste befand. Wir wußten nur, sie lag unweit des Rio Parima.

Um zum Rio Parima zu gelangen, hielten wir uns an die Faustregel: »Immer bergab und den Bächen folgen«. Und so einen Bach gab es schon nach wenigen Minuten.

Sein Wasser war sauber und flach, das Sandbett fest und begehbar. Gleichzeitig konnte man sich ständig erfrischen.

Es gab sogar winzige Fischlein. Nicht größer als Stichlinge, aber immerhin. Notfalls würden wir sie schon herausfischen, denn Angelhaken, auch Winzlinge, besaßen wir noch im Überlebensgürtel. Zu unserem sonstigen Besitz zählten der Revolver, ein Haumesser, eine Taschenlampe, ein Feuerzeug, Schmerztabletten und Captagon, ein Psychotonikum. Und natürlich der Aluminium-Rucksack und der Schlafset, bestehend aus Regendach, Hängematten und leichtem Schlafsack.

Viel war das nicht, aber für einen Notfall geradezu luxuriös.

Und wir waren guter Dinge, denn es ging weiter.

»Wir müssen uns immer wieder einreden, daß jeder Schritt ein Schritt nach Hause ist.« Ich Klugschnacker.

Zweimal kreuzten deutliche Goldsucherwege unseren Bach. Es war verlockend, ihnen zu folgen, denn sie führten zu Menschen. Aber wir hatten Angst, unseren Räubern zu begegnen. Immer wieder hatte ich mir überlegt, wie ich wohl reagieren würde, wenn Come gente, Zero und seine Kumpane plötzlich vor mir stünden. Auf keinen Fall wollte ich mich einfach ausknipsen lassen.

Gegen Nachmittag erreichten wir den Fluß Parima. Er wirkte tief und er war schnell. Und er war kalt. Stundenlang darin schwimmen, die schnellste Art nach Hause zu kommen, war nicht denkbar. Zwei Marsch-Wochen weiter flußabwärts war die Temperatur vielleicht schon menschenfreundlicher. Dort konnten wir neu entscheiden.

»Jetzt müssen wir einen Weg suchen. Er wird parallel zum Fluß verlaufen. Ich suche ihn ohne das Gepäck im Nacken. Bleib du hier sitzen und paß auf.«

Wir erschraken bis ins Knochenmark

Christina nutzte die Gelegenheit und streckte sich aus. Ich verließ den Rio Parima und ging senkrecht vom Fluß weg in den Wald. Und ich hatte schon beim ersten Versuch Glück. Nach nur 500 Metern fand ich den Pfad. Er war deutlich zu erkennen. Es gab frische Spuren.

Als wir ihm anderntags folgten, führte er uns in die Hauptrichtung Nord. Mal schmiegte er sich nahe ans Wasser, mal verließ er den Strom. Die Umwege, die der Fluß mit seinem Kurvenreichtum beschrieb, machte der Weg nicht mit.

Es war bereits Mittag, als wir unerwartet vor einer *balsa,* einem Goldwäscher-Floß standen.

Wir waren bis ins Knochenmark erschrocken, denn wir hatten es überhaupt nicht wahrgenommen, weil man gerade Mittagspause machte und die Maschinen nicht liefen.

Im selben Moment, als wir die drei Männer erblickten, klatschte ich laut in die Hände und rief: »Boa tarde, guten Nachmittag.«

Sie waren genauso überrascht wie wir. Der Anblick Christinas hatte sie aber gleich von unseren unkriegerischen Absichten überzeugt. Es brach sogar etwas wie die typische brasilianische Gastfreundlichkeit durch.

»Setzt euch«, ermunterten sie uns, »eßt einen Teller Reis mit.«

Wir waren zu entkräftet, um solche ein Angebot auszuschlagen und langten kräftig zu. Nach sieben Tagen die erste Mahlzeit.

Dieses Trio waren arme Teufel. Außer Reis besaßen sie nur noch Salz und Fische. Nicht mal Bohnen, was selbst für Bewohner von Elendsvierteln unvorstellbar wäre.

Von dem Überfall auf uns waren sie informiert. Sie wußten genau, welche Männer das gewesen waren. Aber all die Namen, die sie nannten, halfen uns nicht weiter. Rädelsführer waren und blieben Come gente, der Choleriker und Zero, sein Planungsgenie.

Die Arbeit der Floßtaucher gehört zu den härtesten des Goldsucher-Jobs. Bis zu sechs Stunden und bis zu sechs Meter tief stehen sie in der Dunkelheit und ohne Pause auf dem Grund des Flusses. Gegen die Kälte schützt sie ein Gummianzug. Gegen das Abtreiben ein simples Seil. Gegen den Auftrieb ein Bleigürtel. Dort harren sie aus, gegen die Strömung gestemmt, zwischen den Beinen das dicke PVC-Rohr, mit dem sie wie mit einem gewaltigen Staubsauger, den Flußsand absaugen.

Ihre Atemluft erhalten sie durch einen simplen Gartenschlauch. Eine kleine Dieselpumpe drückt sie zu ihnen in die Tiefe. Nachrichten werden über ein dünnes Seil mitgeteilt. Einmal, zweimal, dreimal daran kurz ziehen – das sind die unterschiedlichen wichtigsten Signale, die man miteinander vereinbart hat.

Der Flußsand wird dann, genau wie bei den Grubenarbeitern, weiter behandelt. Das heißt, auf der schrägen Wassertreppe trennt sich das Gold durch sein hohes spezifisches Gewicht von Wasser, Sand und Gestein.

Ein Vorteil des Floß-Waschsystems schien mir immer die geringere Verschmutzung der Flüsse zu sein. Der Sand, der da bewegt wird, ist bereits vom Fluß gereinigt. Das Erdreich hingegen, das im Wald aus den Gruben gepumpt wird, ist der reinste Schlamm. Er bringt viele Arten von Fischen um, die klares Wasser gewöhnt sind.

Der alte Mann und der Wald

Kaum waren wir für einen Moment gesättigt, kehrte unser Mißtrauen zurück. Wir wollten weiter, wir wollten allein sein. Wer garantierte uns, daß diese Männer besser waren als die Räuber? Sie konnten genauso gut sogar schlimmer sein, weil ihre Vorräte aufgebraucht waren. Ehe sie irgendwelche Pläne schmiedeten, wollten wir über alle Berge sein. Unser einziger Schutz war unsere Armut. Wer nichts besitzt, dem kann man nichts stehlen.

Doch dann hatten sie noch einen »Nachtisch« für uns.

»Ein paar Stunden von hier gibt es ein weiteres Floß. Es ist zur Zeit nicht in Betrieb. Aber ganz in der Nähe gibt es einen alten Mann. Er heißt Hosano. So viel wir wissen, will er auch zurück nach Boa Vista. Er hat Onchozerkose, die Flußblindheit und benötigt ärztliche Hilfe. Gold für den Rückflug hat er nicht. Er wollte sich eigentlich ein Boot bauen und über den Uraricoera zurückkehren. Macht es doch zusammen.«

Wenn das keine gute Nachricht war! Kaum hielt es uns noch auf den Bänken. Wir bedankten uns und brachen auf.

Mit dem grünen Dämmerlicht des Waldes kehrte auch die ständige Angst zurück. Knackte ein Ast, vermutete man einen Verfolger, piepste irgendwo ein aufgeschreckter Vogel, wähnte man ihn von Menschen hochgeschreckt.

Diesmal ging ich als letzter. Zur Sicherheit. Mein Kopf war mehr rückwärts gewandt als vorwärts. Den Weg suchte Christina.

»Die Geschichte mit Hosano hat einfach zu toll geklungen«, argwöhnte ich. »Womöglich wollten sie uns nur los werden, oder aber das ist wieder eine Falle.«

»Kann sein«, antwortete Christina, ohne sich umzublicken. »Aber was wollen sie uns noch wegnehmen? Und nach Mördern sahen sie nicht aus. Dann hätten sie sich den Reis sparen können.«

Die Angst verlieh uns neue Kräfte. Auch der hügelige Weg vermochte uns nicht zu bremsen.

Drei Stunden waren wir unterwegs. Da hörten wir es hämmern. Wir verbargen uns hinter einem Baum und ermittelten die Ursache. Bis wir sie erspäht hatten. Es war wirklich nur eine einzelne Person. Um ihn nicht mit unserem Erscheinen zu erschrecken, pflegten wir das alte Zeremoniell: Stehen bleiben, Klatschen, Rufen: »Hallo, Hosano«.

Das Hämmern verstummte. Wir riefen erneut seinen Namen und näherten uns.

»Hey, Gringos«, antwortete er, als habe er uns erwartet. Und keineswegs abfällig oder unfreundlich. Eher witzig amüsiert. Und als der Alte auf uns zukam, ohne Waffen, sogar ohne Zähne, wie uns sein Lächeln offenbarte, und mit offenen Händen, da fühlten wir uns sofort geborgen.

Der Mann hatte Ausstrahlung. Ein wenig erinnerte er an Nelson Mandela. Er hatte dessen afrikanisches Aussehen, die grauen Kräuselhaare und die weisen, freundlichen Augen. Allerdings wirkte er zerbrechlicher und älter als der südafrikanische Staatsmann. Er war mager, sein T-Shirt war zerschlissen, die Turnhose flatterte um seinen Unterleib. Sie wirkte, als sei sie von seinem großen Bruder und als müsse er nun in sie hineinwachsen und sie auftragen.

Das ältere Aussehen war zum Teil die Folge fehlender Zähne. Seine Mundpartie war eingefallen und faltig.

Aber all das glich Hosano durch seine freundliche Art aus. Sein Charme, seine Wendigkeit ließen ihn jung und drahtig wirken. Auf den ersten Blick sah man, daß er nichts besaß außer dem Hammer, den wir von weitem gehört hatten und einen Rest vom *terçado,* einen Haumesser-Stummel. Dazu einen verbeulten Topf, ein Stück Plastikdach und die Hängematte.

Mit dem Haumesser schlug er uns ein Stück Waldboden sauber, befreite es von jungen Baumtrieben.

»Hier könnt ihr eure Hängematte spannen. Ich mache derweil einen Kaffee.«

Er besaß doch nicht nur den Hammer, sondern tatsächlich sogar Kaffee. Und den wollte der arme Teufel nun mit uns teilen! Ich war mir sicher, daß ich an seiner Stelle das nicht getan hätte. Ich hätte die spärlichen Bohnen gut versteckt und selbst genossen.

Es waren tatsächlich nicht viele Bohnen. Weniger als eine Ölsardinendose voll. Und so wurde es einer der dünnsten Kaffees meiner 60jährigen Laufbahn. Aber hier zählte nicht die Konsistenz. Hier zählte einzig die Geste.

Hosano kannte uns natürlich schon vom Hörensagen. Er wußte von dem Überfall, aber er wußte nicht, daß wir noch immer im Wald waren. Wahrscheinlich war das das einzig Neue, das wir ihm bieten konnten. Sonst machte ihm im Wald niemand etwas vor. Hosano war ein Teil des Waldes, er war ein Regenwald-Urgestein.

Zum Goldsuchen war Hosano längst zu alt. Er fristete sein Dasein mit Hilfsarbeiten. Er deckte den Goldsuchern die Hütten nach Siedlerart mit Palmblättern, reparierte Motoren und transportierte leichtere Lasten. Dafür erhielt er Bohnen und Reis, manchmal einen Krümel Gold, aber reich war er nie. Mit Fisch und Wild konnte er seinen Reis zu gehaltvolleren Mahlzeiten aufpäppeln. Hosano war ein sehr guter Jäger.

»Wenn die anderen sagen, es gibt hier kein Wild mehr, wird es für mich erst interessant. Dann kann ich mein ganzes Wissen aktivieren und ihnen das Gegenteil beweisen.«

Diesen Triumph brauchte er als Ausgleich für die geschwundenen Kräfte. Sein Erfolg machte ihn stark. Und seine Gegenwart macht auch uns stark.

Um unser Camp herum hatte es noch fünf ganz einfache Hütten gegeben. Aber jetzt waren sie eingerissen und niedergebrannt.

»Was war denn hier los?« erkundigte sich Christina und zeigte auf die schwarzen Holzkohle-Pfähle und das wirre Durcheinander.

»Das war die Policía Federal. Sie hat alles zusammengeschlagen und angesteckt. Sämtliche Töpfe haben sie durchlöchert und unbrauchbar gemacht. Sie waren wütend, weil sie niemanden angetroffen haben und dadurch nicht zu ihrem Gold gekommen sind. Das ist aber schon vier Monate her.«

Die Baumstämme der Hoffnung

Nach der Zerstörung des Dörfchens hatten sich die Goldsucher tiefer in den Wald zurückgezogen. Hosano hatte geholfen, ihnen neuen Hütten zu bauen. Er selbst hatte es aber vorgezogen, am Fluß zu bleiben.

»Ich will zurück in die Stadt. Ich leide unter Flußblindheit. Die muß ich mir am Orinoco aufgefangen haben. Es wird immer schlimmer. Wenn ich nichts dagegen tue, kann ich irgendwann gar nichts mehr sehen. Schon jetzt mache ich vieles nur aus Erfahrung und nach Gefühl.«

»Wir müssen auch zurück«, griffen wir das Thema auf.

»Stimmt es, daß du ein Boot bauen und damit zurückkehren willst?«

Hosano schmunzelte.

»Boot ist übertrieben. Ich wollte mir ein Floß bauen. Da unten liegt es.«

Es war ein solides Gebälk. Sechs Baumstämme von vier Metern Länge und so dick, daß man sie gerade noch umfassen konnte.

Onchozerkose

auch Flußblindheit, wird von den kleinen Kriebelmücken übertragen, die in wolkenartigen Schwärmen über vielen schnellfließenden Flüssen auftreten. Sie lieben die Helligkeit und stechen bei Tage. Der Stich erzeugt winzige rötliche Schwellungen, die bis zu zwei Wochen jucken. Man kann sich gegen die Mücken (in Brasilien heißen sie Pium-»Fliegen«) schützen: in verdunkelten Wohnräumen, mit feinstmaschigen Mosquitonetzen und durch schnelle Bootsfahrt.

Beim Stich werden winzige Larven auf den Menschen übertragen, die sich im Verlauf von bis zu vier Monaten zu Würmern entwickeln und die bis zu fünfzehn Jahre im menschlichen Bindegewebe umherwandern können. Erst nach einigen Monaten gewahrt man juckende Knötchen unter der Haut. Unter anderem werden von den Parasiten die Augen befallen, was letztlich zur Erblindung führt. Ein wirksames Gegenmittel gibt es noch nicht.

Die zwei dicksten Stämme lagen außen. Er hatte an deren Enden eine tiefe Kerbe ins Holz geschlagen . Dann hatte er zwei schlankere, aber stabile Querstämme in den gegenüberliegenden Kerben verkeilt und alle Baumstämme mit starken Lianen an den Querhölzern aufgehängt und festgezurrt. Weil die Kerben tief waren und die zwei Querhölzer sie exakt ausfüllten, konnte sich das Fahrzeug auch nicht diagonal zu einer Raute verschieben. Es war eine solide Zimmermannsarbeit.

Wir hüpften natürlich gleich auf das Floß, um die Tragfähigkeit zu testen. Es ließ sich kaum erschüttern. Wir machten Freudensprünge, daß das Wasser spritzte und sahen uns schon in rasanter Fahrt den Strom bis ganz nach Boa Vista hinuntertreiben.

Der Gedanke, zu dritt die Heimreise anzutreten, löste auch in Hosano Freude und neue Aktivität aus. Im Handumdrehen versah er das schwimmende Etwas innerhalb eines Tages noch mit einem Dach aus Palmwedeln gegen die Sonne, einem Podest für die Ausrüstung gegen das Wasser von unten und mit

Sitzklötzen für die beiden Steuerleute sowie zwei abgeflachten Balken als Ruder. Christina ergänzte die Einrichtung mit einer Gallionsfigur aus Urwaldpflanzen.

Die Wunde ist vernarbt, die Erinnerung nicht

Wenn wir Hosano beobachteten, fiel uns immer wieder sein sehniger Körper auf. Keinem einzigen Gramm Fett hatte er die Chance gelassen, sich an ihm festzusetzen. Wir mit unseren Maßstäben schätzen ihn auf 65-70 Jahre. Er selbst behauptete 56 zu sein. Die jahrelangen Entbehrungen, die Arbeit im Urwaldklima, mehrere Malariaausbrüche und die fehlenden Zähne hatten ihre Spuren hinterlassen. Aber Hosanos Wendigkeit, sein quicker Geist, sein Humor ließen das alles zur Nebensache werden. Hosano war der geborene Waldmensch. Er kannte ihn bestimmt so gut wie die meisten Indianer. Uns flößte er Vertrauen ein. Was uns außerdem auffiel, war eine gewaltige Narbe quer über den Unterleib. Immer dann, wenn seine Badehose ihm auf die Knie rutschte, war sie deutlich zu sehen.

»Stammt die von einer Blinddarm-Operation?« fragte ihn Christina, »oder hat dir der Chirurg gleich alle Eingeweide rausgenommen?«

Hosano grinste.

»Das zweite ist eher zutreffend. Nur daß es kein Arzt war. Das ist im Streit geschehen, als ich 18 Jahre alt war.«

Natürlich wollten wir mehr wissen. Und so lernten wir Hosano auch noch als einen großen Erzähler kennen, dem nie der Stoff auszugehen schien.

»Wie gesagt«, begann er, »ich war gerade 18 geworden und hatte von einem Onkel ein schönes Stück Wald in Parà (Bundesstaat Brasiliens) geerbt. Immer schon habe ich den Wald geliebt, und das war das größte Geschenk, das ich je erhalten habe. Voller Stolz und Glück strolchte ich immer wieder durch meinen Besitz und überlegte ständig, ob und wie ich davon leben könnte. Es gab *Castanhas de Parà* (Para-Nüsse), es gab *seringa* (Latex, Kautschuk), es gab Piassava (Besenfasern) und es gab reichlich Wild und Fisch.«

Bei seinen Streifzügen merkte Hosano bald, daß er Konkurrenz im Wald hatte. Seine Latexbecher waren leer, die Nüsse von anderen aufgesammelt, und er fand Spuren von frischen Feuerstellen. Fieberhaft suchte er nach den Tätern, um sie wissen zu lassen, daß das hier nun sein Gebiet war und er die Ernte allein einbringen wollte.

Und endlich begegnete er ihnen auch. Es waren zwei Männer, zwischen 30 und 40. Sie hörten sich seine Argumente zwar an, doch lachten sie ihn aus. Sie fühlten sich ihm überlegen.

Hosano kochte vor Wut.

»Ich habe euch gewarnt«, sagte er. »Wenn ich euch nochmal antreffe, gibt es Zoff.«

Als er davonstapfte, begleitete ihn höhnisches Gelächter.

»Angst hatte ich vor ihnen nicht. Sie besaßen nur ein *terçado* (Haumesser) wie ich. Sie hatten keine Flinten.«

Es dauerte nur wenige Tage, da hörte er die Männer erneut.

»Ich nahm einen dicken Ast und schlug gegen die Bretter-Wurzeln eines riesigen Baumes. Das dröhnte wie eine Trommel und ist sehr weit zu hören. Es war meine letzte Warnung an sie, zu verschwinden.«

Er legte ein Päuschen ein, um sich alles noch einmal vor Augen zu führen.

»Zunächst war es auch totenstill. Doch dann antworteten sie in der gleichen Weise. Sie trommelten einfach zurück. Wie die Idioten hämmerten sie auf meinen Bäumen herum. Ihre Antwort war völlig klar: »Du kannst uns mal!«.«

Zornentbrannt stürmte Hosano in die Richtung des Lärms. Die beiden trommelten noch immer und hatten ihn wohl nicht erwartet. Hosano schwang sein *terçado,* die beiden sprangen zur Seite, einer erwischte ihn mit dem Trommelknüppel, den er ihm ins Kreuz wirbelte. Wie benommen blieb Hosano einen Moment stehen.

»Da kam der andere mit seinem Haumesser auf mich zu, und während ich seinen Angriff parierte und einen Treffer am Oberschenkel landen konnte, hatte sich der andere von hinten genähert und mir sein Rasiermesser blitzschnell von hinten um den Bauch gezogen. In meiner Wut verspürte ich zwar keinen Schmerz, aber meine halben Därme fielen mir aus der Bauchhöhle. Da hatte sich der, den ich mit dem *terçado* getroffen hatte, wieder berappelt und wollte mir den Gnadenstoß geben. Hätte er's getan, wäre ich tot. Aber genau in dem Moment rief der andere, der mit dem Rasiermesser: »Ich hab ihm den Bauch aufgeschlitzt. Laß ihn lieber langsam verrecken!«

Als die Männer dann gröhlend in Richtung Fluß zu ihrem Boot stürmten, bäumte sich in Hosano alles auf. Er glaubte, er würde verrecken, spürte noch immer keinen Schmerz, aber einen unbändigen Rachedurst.

»Ich stopfte die Därme einfach zurück in den Bauch, preßte meine Badehose dagegen und raste wie von Sinnen hinter ihnen her. Ich kam zum Ufer, als sie ihr Boot ins Wasser schoben. Sie schrien immer noch vor Vergnügen über ihren Sieg und hatten mich gar nicht mehr auf der Rechnung. Der eine stand vorn im Boot, blickte auf den Fluß, der andere schob es ins Wasser. Ich schwang das Haumesser und wollte den Kerl mitten durchschlagen. Da sah mich der vordere, als er sich zufällig umwandte, schrie seinem Kumpel entsetzt eine Warnung zu. Der warf sich zur Seite, mein Schlag sauste am Kopf vorbei, tief in seine Schulter. Das Schlüsselbein war durchschlagen, die Lunge getroffen. Er stürzte ins Boot und der andere paddelte aus Leibeskräften mit seinem Kumpel davon.«

Während der Verwundete kurz danach starb, konnte Hosano sich mit seinem Kanu zur nächsten Farm retten.

»Aber die hatten nur *Cachaça* (Zuckerrohr-Schnaps). Den schüt-

Stockduelle

Wenn Yanomami-Männer miteinander Streit haben, können sie sich zu einem Stockduell herausfordern. Mit starken Stöcken oder sogar Keulen schlagen sie sich abwechselnd gegenseitig auf den kahlgeschorenen Hinterkopf. Jemand wie ich würde unter solchen Hieben auf der Stelle mit gespaltenem Schädel sterben. Die Yanomami hingegen überleben den Kampf in den allermeisten Fällen. Ihr Schädeldach scheint aus einem ganz besonderen Material zu bestehen. Bei ihnen platzt lediglich die Haut. Das Blut strömt den Körper hinab – aber sie kurieren die Wunden innerhalb einiger Tage aus und tragen die langen wulstigen Narben als Beweis ihres Mutes stolz zur Schau. Und je mehr Narben ein Mann vorweisen kann, als desto mutiger gilt er und genießt ein besonderes Ansehen bei den Frauen.

tete mir der *fazendeiro* (Farmer) quer über die Wunde, gab mir ein sauberes Hemd zum Abdecken der Wunde und fuhr mich dann mit seinem Motorboot ins nächste Krankenhaus.«

So war also Hosano zu seiner Riesennarbe gelangt.

An jenem ersten Abend gab es nicht nur das erwähnte Kaffeewasser beziehungsweise den Wasserkaffee – es gab auch Fisch, frisch vom Grill.

Fisch, das war uns klar, würde ab jetzt unsere Hauptnahrung sein.

»Hast du genug Angelhaken?« fragten wir Hosano.

»Ja, zwei Stück noch. Habt ihr selbst noch welche?«

Die Bestandsaufnahme war positiv: Wir besaßen zwanzig Stück verschiedener Größen. Dazu sogar Draht als Vorfach und zwei Rollen Sehne. Eine dünne, eine dickere.

»Damit müssen wir sparsam sein. Solange unsere Taschenlampen noch leuchten, fange ich die Fische lieber mit der Hand.«

Auch den heutigen Fisch hatte er so gefangen. Still wie ein Reiher war er am Ufer entlanggeschlichen, hatte immer wieder ins Wasser geleuchtet – bis er einen Fisch sah, der seinerseits auf der Lauer, still auf dem Grund des seichten Uferwassers lag.

Er fixierte ihn ununterbrochen mit dem Lichtstrahl und schlug dann mit unserem Haumesser kräftig zu. Das Wasser teilte sich wie das Rote Meer bei Moses, spritzte hoch auf, der Kopf des Fisches spaltete sich in zwei Hälften und wir hatten unsere Abendbrot.

Am nächsten Morgen ging es los. Mit etwa zehn Stundenkilometern ging es der Heimat entgegen. Uns überströmte ein grosses Glücksgefühl. Wir kamen uns vor wie auf einer organisierten Ausflugfahrt durch den Dschungel um Manaus und genossen die vorbeirauschende Kulisse des Waldes. Das Leben konnte verdammt schön sein.

»Freu dich nicht zu früh«, wollte mir Christina die Stimmung vermiesen, »noch sind wir lange nicht am Ziel.«

»Weiberkram«, grinste ich, »dir hat die Malaria wohl nicht nur die Leber angefressen, sondern auch den Optimismus aus dem Hirn oder wie oder was?«

Christina, immer und allerorten gern um ein Schlußwort bemüht, oder nur, um ihr Lehrer-Studium in Erinnerung zu rufen, blieb verhalten und murmelte etwas von: »Mit des Geschickes Mächten ist kein ew'ger Bund zu flechten« – und sie sollte recht behalten.

Gott sei Dank ist niemand Hellseher. Wir trieben weiter.

Häuptling Macuxi

Laß und lieber anhalten«, hatte Hosano plötzlich gesagt. »Wir hatten zwei Indianer am Ufer gesehen, die Fische ausnahmen. Zwischen ihnen spielte ein Mädchen mit einem zahmen Fischotter.

»Es ist besser, Macuxi Guten Tag zu sagen, als einfach durchzufahren. Er ist ein alter Freund von uns. Vielleicht verkauft er uns ein paar Bananen.«

Die Aussicht auf den Besuch in einem Indianer-Dorf und ein paar *cuias* (Schalen) *mingau de banana* (Bananenbrei), ließen gar keine Alternative zu. Nicht zuletzt waren wir wegen der Indianer hier. Nur hatten die widrigen Umstände uns das inzwischen vergessen lassen.

Die Yanomami und ihre Haustiere

Die Yanomami halten sich keine Haustiere, um Fleisch zu gewinnen. Zum einen bietet der Wald ihnen das nötige Fleisch. Zum anderen könnten sie die vielen Tiere auf ihren Wanderungen nicht mitnehmen.

Was sie haben, sind Hunde für die Jagd und Tiere zum Spielen. Tiere, die die Jäger als Jungtiere von den Ausflügen in den Wald mitgebracht haben. Wir haben schon Fischotter, mehrere Sorten Vögel, Pekaris, Affen und Tapire gesehen. Solche Tier-Babys werden zu regelrechten Familienmitgliedern. Sie erhalten, genau wie die Kinder, Milch von der Mutterbrust und werden sehr anhänglich.

Die Behandlung der Tiere ist unterschiedlich. Man erlebt große Zärtlichkeit im Umgang mit ihnen, aber auch brutale Rücksichtslosigkeit. Genau also wie in unserer Welt.

Grundsätzlich aber wird kein Haustier geschlachtet und aufgegessen. Man hält sie nie des Fleisches wegen. Sie werden auf die Wanderungen mitgenommen und leben, bis sie von selbst sterben.

Diese Einstellung zu Haustieren erschwert Versuche, sie mit der Viehzucht vertraut zu machen, damit sie auch in von Goldsuchern und Siedlern leergeschossenen Waldregionen ihren Proteinbedarf decken können.

Die beiden Indianer am Fluß schienen in keiner Weise überrascht. Sie kannten Hosano und warteten geduldig, bis wir das störrische Floß ans Ufer dirigiert und festgebunden hatten.

Dann stapften wir zu fünft den Weg hinauf zur *maloca* des Häuptlings Macuxi.

Natürlich hieß Macuxi nicht wirklich so. Es war vielmehr sein Spitzname. Kein Yanomami verrät dem *nape*, dem Fremden, seinen echten Namen und wenn doch, wird er nie laut ausgesprochen. Das könnten sonst die allgegenwärtigen *poré,* die bösen Geister, auf den Plan rufen. Die warten geradezu auf solche Gelegenheiten, denn der echte Name, das ist das Schlüsselwort, dessen sie ständig harren. Dann nämlich können sie den betreffenden Körper entern, krank machen und töten.

Die bösen Geister muß man austricksen. Man täuscht sie und ruft sich mit Spitznamen oder Verwandschaftsbezeichnungen. Dann sind sie aufgeschmissen.

»Ich gehe voran. folgt mir und macht mir am besten alles nach«, riet uns Hosano, als wir gebückt durch den niedrigen Eingang ins Dorfrund eintraten.

Macuxis Dorf war ein typisches Runddorf, wie ein kleines Stadion. Das riesige Dach ruhte auf vielen nichtrottenden Holzpfählen und fiel im Winkel von 45 Grad von der Mitte nach außen hin ab. In der Mitte war das Dach offen. Von dort fiel das Tageslicht ein.

In diesem Rund leben die einzelnen Familien des Macuxi-Clans. Jeder gehört ein kleiner Abschnitt dieses Gemeinschaftshauses. Trennwände kennt man nicht. Jeder kann also jeden beobachten. Dort hat man sein ständiges Feuer und drumherum die Hängematten.

Hosano ging nach Indianerart in die Mitte der *maloca* und stellte sich dort auf. Sein Gesicht war dem »Haus« des Macuxi zugewandt. Christina und ich stellten uns neben ihm auf. Die übliche Aufregung, das Geschrei, Geschieße und der sonstige Lärm, wie er bei Besuchern aus anderen Dörfern üblich ist, und wie wir ihn schon mehrfach erlebt hatten, gab es nicht. Hosano blieb auch nicht so ernst, wie es fremde indianische Besucher gewesen wären, er schmunzelte vielmehr, als wolle er den Brauch verulken. Und Macuxi schien auch gar nichts anderes erwartet zu haben. Er ließ uns gar nicht erst lange stehen. Er kam auf uns zu, reichte uns die Hand und starrte Christina an, als wäre sie ein Geist. Und irgendwie sah sie auch so aus. Sie war blaß, eingefallen, elend.

»Boa tarde, tudo bem?« begrüßte er uns auf Portugiesisch, und wies uns sofort einen Platz an seinem Feuer an.

Macuxi war ein Filou. Er war vom üblichen kleinen Wuchs, wohlgenährt, aber nicht speckig und sehr drahtig. Während er uns die erträumte Bananensuppe[1] servierte, wetteiferten seine flinken Augen mit seiner körperlichen Wendigkeit. Er musterte uns kollektiv, er musterte Christina selektiv und er röntgte mit Argus-Augen unser Gepäck und taxierte es auf Beute hin.

»Saudades de Chico Mineiro«, versuchte Hosano sich in Konversation. Und Macuxi antwortete: *»Chico Mineiro amigo meu.«*
Na – da war ja klar, wo wir hier gelandet waren.

Gott sei Dank sprach Macuxi nur brockenweise Portugiesisch. So konnten wir Hosano zuflüstern, möglichst nichts vom Überfall zu erzählen. Wer ein Feind der Goldsucher war, war womöglich auch ein Feind Macuxis. Es sei denn, er bot die besseren Geschenke. Und danach erkundigte sich der Hausherr denn auch gleich.

»Hast du eine Hängematte für mich?«

Er fragte zwar Hosano, aber er blickte auch auf unsere bescheidenen Bündel.

»Wir haben jeder nur eine einzige, unsere ganz persönliche«, antwortete Hosano. Er machte das mehr mit Gesten als mit Worten klar. Er wußte, kein Yanomami würde sich hier in Macuxis Haus an unserem Eigentum vergreifen, wenn wir etwas nur einmal besaßen. Nur, was man mehrfach hatte, das war man schnell los.

[12] Bananen werden mit den Händen zerdrückt und mit gleichen oder mehr Teilen Wasser gekocht. Dabei entfaltet sich ein angenehm säuerlicher Geschmack. Das Stärkemehl der Banane bindet das Wasser und macht es sämig. Bananenbrei oder -suppe erinnert an Apfelsuppe.

»Ich habe nichts mehr. Es war lange kein Flugzeug hier. Ich fahre zurück nach Boa Vista. Wenn ich zurückkehre, bringe ich dir eine Hängematte mit.«

Uns lief ein kalter Schauer über den Rücken. Genau das war es, was man nie tun durfte: etwas versprechen und es nicht halten. Versprach man einem Yanomami etwas, war es so, als besäße der es bereits. Er konnte seinerseits damit bereits weitere Geschäfte anleiern. Und wer wollte wissen, ob wir nicht irgendwann wieder mit Macuxi zusammentrafen.

Um Macuxis ständige Blicke auf unser Gepäck zu beruhigen, packten wir alles aus. Bis auf die Angelhaken war da nichts doppelt und Reichtum verkündend. Wir waren arm wie die Kirchenmäuse.

»Wollen wir ihm die kleinen Angelhaken schenken?« schlug Christina vor. Sie hatte wohl soeben einen lichten Moment und hatte alles mitbekommen. »Ich möchte hier nicht mit Schulden weggehen. Vielleicht tauscht er sie uns sogar gegen Bananen.« Ich war einverstanden.

177

»Wir verlangen den Anschluß an Brasilien.«

Macuxi gab sich erfreut, schenkte uns sofort zehn schwarzgereifte Bananen, die er vom Gebälk über seiner Hängematte genommen hatte. Dort baumelten sie zwischen Knochen, Schädeln und Fischgräten. Während wir die Bananen gleich im Magen verstauten, fummelte er schon wieder am Dach herum und förderte eine Plastikdose zutage. Sie mochte etwa einen halben Liter fassen. Er öffnete sie und packte stolz unsere Angelhaken hinein. Er mußte sich dabei sehr abmühen. So voll war sie. Voll mit anderen Angelhaken. Macuxi war ein reicher Mann.

»Scheiße«, knurrte ich, als ich den Vorrat sah. »Die hätten wir besser behalten. Irgendwann werden sie uns fehlen, und bei ihm hier verrosten sie jetzt.«

Aber geschenkt, war geschenkt. Die Haken waren wir los.

Die Teilungsansichten unter den Yanomami erlebten wir einmal auch in etwas ungewöhnlicher Weise. Ich hatte meine Socken gewaschen und sie zum Trocknen auf die Lianenleine gehängt. Da trottete Großer Schleicher vorbei. Er hieß nicht wirklich so. Wir nannten ihn so, weil er immer wieder unbemerkt neben unserem Feuerplatz auftauchte.

Nachdenklich baute er sich vor den Strümpfen auf. Mich würdigte er keines Blickes. Umso genauer besah er sich die Socken. Er beroch sie und ging um sie herum, um auch die Hinterseite zu begutachten. Er zog sich einen über die Hand und roch erneut daran. Ich vermutete, der Duft sei es, der ihn fasziniere. Aber da hatte ich mich geirrt.

Denn nun hockte er sich auf den Boden und zog ihn über seinen Fuß.

Dann schritt er stolz, wenngleich ein wenig hinkenden Schrittes, von dannen. Meinen Strumpf war ich los. Er brachte ihn auch nicht wieder. Stolz drehte er eine Dorfrunde nach der anderen, bis er sich endlich in seine Matte plumpsen ließ. Mit den

Augen fixierte er meinen Strumpf, nun seinen. Er hatte sich genommen, was ich, seiner Meinung nach unnötig, zweifach besaß. Er hatte weder gefragt, noch hatte er sich bedankt. Ein Parade-Beispiel in Yanomami-Kultur.

Fortan schlichen wir beide mit je einem Strumpf durch das Dorf. Zum Gaudi der Gemeinschaft, die sehr wohl wußte, daß Weiße, wenn sie schon nicht barfuß liefen, immer auf zwei Sokken angewiesen waren.

Bevor er ihn zu Löchern ablatschte, mußte ich handeln, wollte ich ihn je wiedersehen. Es blieb mir nichts anderes übrig als meine ganze Beredungskunst einzusetzen und ihm fünf Angelhaken zu spendieren. Nie wieder hängte ich meine Socken derart provozierend ins »Dorfschaufenster«.

Frauenraub

Unter Kindern ist Frauenraub ein beliebtes Spiel. Es war spannend und unterhaltsam ihnen dabei zuzuschauen.

Die Mädchen standen in einer Gruppe und taten, als unterhielten sie sich. Ein paar Jungen neben ihnen gaben sich gelangweilt. Sie gehörten offensichtlich zu den Mädchen, ihre Beschützer.

Und dann pirschten die »Feinde« heran. Das war eine andere Gruppe Jungen, von denen sich jeder eins der Mädchen griff und versuchte, es fortzuzerren. Sofort mischten sich die Beschützer ein und es entstand eine Riesenrangelei. Dabei mußten einige Jungen auf ihre geraubten Frauen verzichten. Anderen gelang es, mit ihrer Beute zu entkommen. Das Gejohle auf beiden Seiten war groß. Die eine Partei freute sich über jede Frau, die gerettet werden und die andere über jede, die geraubt werden konnte.

Unter den Yanomami ist es auch heute noch üblich, sich gelegentlich Frauen von entfernt liegenden Dörfern zu rauben. Das hat nicht nur eine Blutauffrischung und die Vermeidung der Inzucht zur Folge, sondern führt auch zu anhaltenden Stammesfehden. Die Yanomami sind längst nicht alle miteinander befreundet. Genau wie Nachbarn in unserer Welt.

Eine Frau offenbarte einmal Christina: »Ich habe mich gern rauben lassen«.

Die übrigen Dorfbewohner, überwiegend Frauen und Kinder, waren überraschend unaufdringlich. Die Kinder spielten gerade Frauenraub. Der Besuch von Goldsuchern war hier im Dorf des Macuxi etwas Alltägliches. Darum ließen sich die Kinder auch nicht stören.

Wir schaukelten in unseren Hängematten und genossen die mückenlose Geborgenheit dieses Dorfes. Anders als die Leute von Haximu, lebte man hier anscheinend in einer beide Seiten zufriedenstellenden Koexistenz.

Nachdem Christina zweimal versucht hatte, die Männer und mich mit schwachen Gesten auf sich aufmerksam zu machen, rief sie, so laut sie konnte: »Yanomami!«. Die Männer blickten auf, und als sie ihre Handbewegung sahen, kamen sie alle näher, und sie bat einen von ihnen, ihr Wasser zu geben.

Wir hatten uns schon öfter auf diese Weise geholfen. Immer, wenn wir von einem etwas wollten, reifen wir pauschal »Yanomami« und baten dann den, den wir eigentlich meinten, um die jeweilige Gefälligkeit, da wir ja die tatsächlichen Namen weder kannten noch hätten aussprechen dürfen.

Wer den wirklichen Namen eines Yanomami kennt und laut durch die Gegend brüllt, will, nach Auffassung der Yanomami, den Tod des Angesprochenen. Und der wäre berechtigt, den Rufer zu töten. In Notwehr. So kamen wir auf die Kompromiß-Idee.

In einer Mission in Venezuela passierte es einmal, daß die österreichische Salesianer-Ordensschwester Maria eine ihrer Schülerinnen mit deren echtem Namen an die Tafel rief. Die war darüber so erbost – und andererseits wehrlos gegen die Erwachsene –, daß sie nach vorne stürmte und laut den Namen der Schwester ausrief und in dicken Kreide-Buchstaben an die Tafel schrieb: Maria!

Die kleine Szene mit Christina erinnerte mich an jenen Tag, wo wir die Methode zum ersten Mal anwandten. Sie liegt schon ein paar Jährchen zurück. Wir hielten sie für eine geniale Methode, die wir ihrer Namensgeheimniskrämerei entgegensetzen wollten.

Zweimal hatten wir so bereits erfolgreich operiert und waren mächtig stolz auf unseren Erfindungsgeist. Allerdings hatten wir das Reaktionsvermögen und den Humor unserer Gastgeber gehörig unterschätzt. Denn nur zweimal war uns das erfolgreich gelungen. Dann riefen sie uns: »*Alemão,* Deutscher!«

Fünf Männer waren es, die da am anderen Ende des großen Dorfrundes standen. Sie hatten in jeder Hand eine Banane. Die hielten sie hoch in die Luft, schwenkten sie hin und her und riefen immer wieder: »*Alemão,* Deutscher, Bananen!« In der Annahme, der Häuptling habe eine Sonderration der wertvollen Frucht spendiert, rasten wir durch das Dorf, bevor uns jemand die Kraftnahrung wegschnappte. Aber kaum standen wir keuchend wor ihnen, nahmen sie wie auf Kommando die Hände auf den Rücken und brüllten laut und prustend vor Vergnügen, daß wir es kaum verstehen konnten: »Du nicht – du nicht – du nicht!« Dann aßen sie die Früchte demonstrativ selbst.

Diesen Sinn für Humor, ihre Schlagfertigkeit und ihren Einfallsreichtum erlebten wir öfter. Selbst die Kinder grübelten den ganzen Tag darüber nach, wie sie den weißen Tollpatsch verulken könnten. Nie war man vor ihnen sicher. Eines ihrer Hauptvergnügen war es, mir die Ohren zuzuhalten. Sie hatten herausgefunden, daß dann meine Hörgeräte piepten. Eine zeitlang fand ich das ganz witzig, war es doch ein billiges Mittel, sie zu unterhalten und Vertrauen aufzubauen. Aber irgendwann war der Trick abgedroschen und ich bat sie, nun damit aufzuhören, weil der ständige Piepton mir allmählich Schmerzen bereitete. Sie gaben sich einsichtig und ließen mich eine Weile zufrieden. Bis irgendein Dreikäsehoch, eher Zweikäsehoch, der noch nicht richtig laufen konnte, auf allen Vieren auf mich zu gekrabbelt kam und bat, auf den Arm genommen zu werden. Er schmuste. Die Yanomamikinder sind große Schmuser. Ich drückte ihn an mich, streichelte ihn und schmuste zurück. Auch auf die Gefahr hin, daß einige seiner Läuse die Chance zu einem Übersprung nutzen würden. Er genoß es spürbar und schnurrte wie ein Kätzchen.

Und urplötzlich, genau wie ein Kätzchen, drückte er mir die Ohren zu, ließ den Piepton aufheulen und sprang in derselben Sekunde zu Boden. Ich hatte damit überhaupt nicht gerechnet, und ehe ich ihn greifen konnte, war er längst über alle Berge. War er vorher wie eine lahme Ente auf mich zugekrochen, war er nun flink wie ein Äffchen davongestoben – zum lauten Freudengebrüll seiner Kumpane, die auf diesen Moment geduldig gewartet hatten.

Ein weiteres Paradebeispiel erlebte ich vor Jahren, als es mir einmal gelungen war, sie auf die Jagd begleiten zu dürfen. Gern machten sie das nicht, denn sie hatten mit den weißen Menschen die Erfahrung gemacht, daß die wegen ihrer Unbeholfenheit im Wald nicht gerade nützlich waren. Man konnte es auch drastischer formulieren: der Weiße war ein Idiot. Er konnte nicht so schleichen wie sie, er vermochte keine Wege zu entdecken, er war unfähig, die Tierstimmen nachzuahmen, er war zu unbeholfen, den Pfeil professionell zu handhaben, und erst recht nicht konnte er die Spuren des Weges deuten. Wenn man also den Fremden mit auf die Jagd nahm, war das nichts als eine Belastung für die Jäger und ein echtes Entgegenkommen, eine Geste großer Gastfreundschaft.

Das war mir mal wieder gelungen. Eine Handvoll Tabak hatte nachgeholfen. Auch Indianer sind korrupt, was aber nicht heissen konnte, daß sie für das kleine vegetarische Rauschmittel bereit waren, alles hinzunehmen, was weiße Kreaturen in der Lage waren, von sich zu geben. Und immer wieder wurde ich von allen ermahnt: »Sprich nicht und tritt nicht auf die Äste.«

Folgsam, wie ein Angestellter in kündbarer Stellung, schlich ich hinter ihnen her. Vorsichtshalber ging ich als Allerletzter im langen Gänsemarsch und trat immer ganz gezielt in die

Fußstapfen meines Vordermannes. Seine Fersen könnte ich heute noch aus dem Kopf zeichnen, so hat sich mir dieser Anblick eingeprägt.

Sechs Stunden war ich schon erfolgreich. Keiner merkte, daß ich überhaupt noch da war. Ich war zum lautlosen Schatten geworden – so geräuschlos folgte ich der Truppe. Ich war mächtig stolz auf meine Lernfähigkeit. Da gab der Häuptling ein Zeichen. Er hatte zwei Affen ausgemacht, und alle blieben wie angewurzelt stehen. Ich auch. Mein Vordermann deutete in die Baumwipfel, wo die beiden Tiere saßen. Der Häuptling machte den Pfeil klar und wartete auf eine gute Schußposition.

Da sah auch ich die Tiere, und sofort schoß mir der Gedanke durch den Kopf: Das Foto mußt du haben. Am besten mit dem Schützen und den Affen. Um beide Parteien ins Bild zu bekommen, war es jedoch nötig, zwei Schritte zurückzutreten. So schnell wie möglich. Bevor der Alte schoß.

Und da trat ich auf einen Ast!

Die Affen schauten nach unten. Einer rief dem anderen (wahrscheinlich) zu: »Da ist wieder dieser Typ aus Hamburg!« – und weg waren sie. Der Schuß des Jägers ging daneben und seine Spontan-Reaktion war die, daß er wutentbrannt mit dem Arm in den Wald wies und sinngemäß brüllte: »Du Idiot, geh nach Hause!« Die übrigen Indianer dachten wie ihr Chef und setzten ihr Ichhabsdochgleichgewußt-Gesicht auf. Und ich stand da und hatte nicht die geringste Ahnung, wo die *maloca* liegen könnte. Ich hatte überhaupt nicht auf den Weg geachtet, sondern ausschließlich auf die zeichnungswürdigen Fersen meines Vordermannes. Außerdem waren wir abseits aller gängigen Pfade geschlichen, und ich war mir ja ihrer Begleitung sicher. Warum also das Hirn belasten mit der Speicherung schwieriger Weg-Daten? Aber nun hatte ich das Dilemma.

Um meine Mannen keinesfalls noch mehr in Rage zu bringen – die Yanomami sollen ja jähzornig sein! –, gab ich mich ganz kleinlaut und fragte: »Wo geht es denn nach Hause?«

Da hatte ich ja was gefragt! Die Männer schauten sich an, als hätte ich ihre Namen laut ausgesprochen. Einige dachten sicherlich, ich versuchte krampfhaft, in dieser Situation ein Witzchen zu starten. Dann begriffen sie, daß es mir ernst war. Der Häuptling raufte sein schwarzes Haar, überlegte kurz und sagte dann: »Bring du ihn nach Hause!« Als er das aussprach, schaute er eigenartigerweise zu Boden. Ich folgte natürlich seinem Blick, und da sah ich zum ersten Male, daß außer den Männern auch ein klitzekleines Kind mitgekommen war. Zu dem hatte er gesprochen. Der Knirps war so klein, daß ich ihn bis dahin tatsächlich noch gar nicht wahrgenommen hatte, weil er im Laub mitgelaufen war. Und bestimmt hatte der Vater gesagt: »Embryo, zeig ihm, wo's langgeht!« Und der Kleine quiekte: »Ja, Vati.«

Im selben Moment drehte er sich in eine mir schleierhafte Richtung, schaltete sein unsichtbares Radarsystem ein und dann sauste er los, daß ich Mühe hatte, ihm zu folgen. Er schaute nicht links und nicht rechts. Er rannte und rannte wie Speedy Gonzales.

Meine Karriere als Dorftrottel

Nach sechs Stunden waren wir im *shabono*. Die Frauen und Alten dort waren überrascht, daß wir allein zurückkamen: »Was ist los, Embryo, hat sich der *Alemão* verletzt? Oder was ist passiert?«

Und Embryo, ganz ruhig, ohne einen Schweißtropfen am Körper, antwortete: »Nein, Vati ist sauer. Der kann nicht schleichen.«

Nur eine Sekunde währte die Stille. Dann brach ein tosendes Gelächter aus. Die Frauen schlugen sich vor Vergnügen auf die Schenkel. Welch größere Freude hätte ich ihnen auch machen können als diesen Flop zu produzieren, der ihnen bestätigte, was sie ja schon immer gewußt hatten: Der weiße Mann ist die größte Pfeife, die auf Erden herumläuft. Und der Indianer ist der absolute King.

Mit Spannung wurden die Jäger erwartet. Endlich kamen sie, und zu meiner Beruhigung hatten sie doch noch Jagdglück gehabt. Nicht auszudenken, wenn sie nichts mehr geschossen hätten.

Sie warfen die Beute auf die Erde und wurden bestürmt mit Fragen zu dem Vorfall mit mir. Die Bande hatte sich wohl schon diebisch auf das Schauspiel gefreut, das sie nun inszenierten. Sie formierten sich zum Gänsemarsch. Wie auf der Jagd. Allen voran der Häuptling, der nun demonstrativ lautlos schlich. Die Gesten sollten verdeutlichen: Nebel war geradezu ein Donnergrollen gegen seine Schleichkunst. Die anderen machten es ihm gleich. Und dann kam der letzte im Troß. Das war ich. Das heißt: das sollte ich sein. Ich schwöre, die Burschen übertrieben maßlos. Nein, schamlos. So geht man einfach nicht mit Gästen um. Er legte seine beiden Hände auf den Kopf, um meine Glatze nachzuahmen. Dann stampfte er daher, daß man glauben konnte, ein Erdbeben sei im Anzug. Ungelenk trollte er sich von einer Seite zur anderen, gab Geräusche von sich, trat auf Äste, stürzte zu Boden, keuchte und schwitzte ... Wenn es nicht so ernst gewesen wäre, hätte der Junge einen Preis für seine Pantomime verdient. Aber, wie gesagt, er hatte ja schamlos gelogen. Sein einziges Ziel war nicht die korrekte Darstellung meines Mißgeschicks, sondern die Belustigung der Dorfgemeinschaft. Auf meine, des Gastes, Kosten.

Dieses Schauspiel wiederholte sich immer dann, wenn andere Besucher kamen. Ganz automatisch schien mit ihnen auch immer die Frage aufzutauchen: »Wer ist denn das da? Der ohne Haare?« Als hätten sie darauf nur gelauert, formierte sich sofort der allbekannte Schleichzug, während der Älteste schon mal des langen und des breiten an seinen Fingern aufzählte, was ich alles nicht konnte: Er kann nicht schleichen, hieß es da, er kann keine Tierstimmen nachahmen ... Er hatte gar nicht so viele Finger, wie ich blöde war. Ich avancierte, nein, ich rutschte ab zum Dorftrottel. Klar, daß ich mir das nicht auf Dauer bieten lassen wollte. Ich sann auf Rache.

Und dann hatte ich die Idee. Ich wollte ihnen eine Schießvorführung mit meinem Revolver bieten. Und zwar das sogenannte Deut- oder Combatschießen. Das ist jene Disziplin, bei der der Schütze nicht lange über Kimme und Korn sein Ziel anvisiert, sondern zieht und abdrückt. Wenn man dabei vier Tricks beherrscht, trifft man ein Fünfmarkstück auf fünf Meter. Ein reines Verteidigungsschießen aus nächster Nähe. Und genau das wollte ich ihnen vorführen. Denn gut schießen können, ist eine geachtete Manneskunst unter den Yanomami.

Nun hatte ich das lange nicht geübt. Deswegen nahm ich auch keine Fünfmarkstücke - die hatte ich ohnehin nicht dabei -, sondern dicke Holzscheite. Fünf Stück stellte ich in Reih und Glied. Ganz bewußt auch nur fünf, obwohl ich doch sechs Schuß im Revolver hatte. Ich dachte, falls ich einmal danebenschösse, hätte ich immer noch einen Reserveschuß. Es sähe einfach besser aus, wenn alles getroffen wurde. Und da die Yanomami ja nur bis zwei zählen können, würde das gar nicht auffallen, wenn ich sechsmal schösse und nur fünfmal träfe.

Und dann ballerte ich los. Die Schüsse krachten wie eine Salve. Die Holzscheite purzelten durcheinander. Ich hatte sie alle getroffen. Den größten Treffer aber landete ich beim Chef. Nach sprachlosen Sekunden kam er herbeigestürmt und sagte: »Das war ja großartig. Das war ja einmalig. Das habe ich noch nie gesehen. Zeig mir diese Wunderwaffe. Ein Revolver, der seine Ziele von allein trifft.«

Ich war perplex. Da hatte ich mir solche Mühe gegeben und dann das. Entsprechend reagierte ich.

»Du indianische Pfeife! Was heißt hier ›trifft von alleine‹? Das ist mein Können, das lag an mir.«

Mit einiger Arroganz reichte ich ihm die Waffe. Inzwischen

waren alle Männer des Dorfes zusammengeströmt, um sie staunend zu begutachten.

Dann kam der Häuptling wieder zu mir.

»Wo kann man die kaufen?«

Der Mann war unbelehrbar. Meine Beteuerungen wurden mir nicht abgenommen.

»Nein. Das kann gar nicht an dir liegen. Das haben wir gerade durchdiskutiert. Das liegt an der Waffe. Du willst sie nur nicht abgeben oder den Preis hochtreiben. Denn daß es nicht an dir liegt, wissen wir ganz genau. Du bist ja zu allem viel zu blöde.«

Und unter dem Gejohle der Umstehenden spreizte er wieder die obligatorischen 10 Finger.

Ich schwor weitere Rache. Und sie wird fürchterlich werden. Ich weiß bereits genau, wie sie ablaufen wird. Irgendwann nämlich werde ich hier in der *maloca* erneut auftauchen. Ich werde ihn mit einem Vorwand in ein brasilianisches Dorf locken – vielleicht sage ich ihm, daß es da diese teuflischen Immertreff-Waffen gibt – und dann entführe ich nach Deutschland. Jawohl, genau das werde ich machen. In Hamburg dann setze ich ihn in mein Auto und düse bei hellichtem Tage nach München. Dort spendiere ich ihm, großzügig wie ich bin, ein Portion Fritten mit Mayo und dann geht es zurück, mitten in der Nacht, nach Hamburg.

So weit, so gut. Er wird sich im stillen bestimmt wundern, daß ich den Weg so mühelos finde. An manchen Kreuzungen halte ich an und frage ihn, ob er noch weiß, welchen Weg wir zurück müssen. Er wird es raten, aber nicht wissen. Und wenn er zufällig die richtige Richtung tippt, fahre ich die andere und komme auf Umwegen zurück auf die alte Spur. Aber das ist nur mein Vorspiel.

Der Hammer kommt 10 Kilometer vor Hamburg. Ich schmeisse noch einmal eine Runde Pommes, klettere in mein Auto, lasse ihn draußen stehen und sage zu ihm: »Es ist nicht mehr weit. Du wirst den Weg bestimmt alleine finden.« Und weg bin ich. Darauf freue ich mich schon heute.

Doch nun zurück zu unserem derzeitigen Gastgeber.

Aus Macuxis Dorf und den Nachbar-Malocas des Raimundinho und Chico, die nach Hosanos Angaben ein bis zwei Bootsstunden von hier entfernt waren, hatten sich jene achtzig Indianer rekrutiert, die Chico Mineiro vor einiger Zeit zusammen mit ebenso vielen Goldsuchern, an seiner Piste aufgeboten hatte, um dem Fernsehen die unverbrüchliche Freundschaft zwischen den Versammelten zu demonstrieren.

Macuxi gehörte zu den Führern, die davon überzeugt waren oder es den Goldbossen nachplapperten, daß ihr Leben sich nur noch dann ertragen ließe, wenn die Bodenschätze genutzt würden. Vorm Fernsehen hatte er gesagt: »Wir verlangen den Anschluß an die wirtschaftliche Entwicklung des Landes«. Ohne sich der Bedeutung seiner Worte bewußt zu sein. Er hatte sie nachgeplappert.

Die Sache mit dem Penis

Macuxi versteckte in seiner *maloca* sogar das Funkgerät der Goldsucher, damit diese während einer Polizei-Razzia ungehindert Kontakt mit Boa Vista halten konnten.

»Ich kann es auch bedienen«, erklärte er uns stolz. »Ich habe schon oft damit gesprochen.«

Irgendwie verrückt, dachte ich. Da läuft er hier rum, nackt und mit hochgeschnalltem Penis und dort bedient er ein Funkgerät. Da hat er eben noch – vor einigen Tagen – die Knochenasche seiner Toten verzehrt, und nun bestellt er sich via Funk in Boa Vista eine neue rote Turnhose.

Apropos Penis. Es ist ja immer wieder verrückt, dieses hochgebundene Ding zu sehen. So manches Mal hatten andere

Scheidung

Das junge Mädchen kann sich seinen Ehemann nicht selbst aussuchen. Den Partner bestimmen die Eltern.

Wenn die verheiratete Frau mit ihrem Mann nicht zufrieden ist, kann sie sich jedoch selbst scheiden lassen. Sie braucht dazu allerdings einen anderen Mann, der sie bei sich aufnimmt, und der sie beschützt. Wenn sie einen solchen Lover hat, nimmt sie ihre Hängematte und hängt sie neben seine – und die Scheidung ist vollzogen.

Unter den Männern und Familien kann das natürlich zu heftigem Streit führen und in Stockduellen enden.

Häuptlinge uns aufgefordert, es ihnen gleichzutun. Meist im Scherz. Manchmal auch mit Hinweis auf die verletzte Etikette. »Wie lauft ihr denn rum, ihr Ferkel?«, mochten sie geschimpft haben. »Zieht euch mal anständig an!« Folgsam hatten wir es getan, obwohl wir aus Erfahrung wußten, daß das sehr bald zu schmerzen begann. Das Blut zirkulierte nicht mehr und wir mußten den Schniepel jedes Mal schnell wieder aus der Klemme befreien. Bis die Indianer eingesehen hatten: »Mit den weißen Dingern ist das wohl nicht zu machen«. Darüber diskutierten sie dann noch lange, die Frauen kicherten – aber wir hatten unsere Ruhe.

Immer wieder stellte sich einem auch die Frage, warum machen die Yanomami das überhaupt?

Natürlich hatte ich da gewichtige Abhandlungen über die Bedeutung des hochgebundenen Penis gelesen. In ethnologischen Werken.

Da hieß es, er sei als Trichter gedacht, um die Seelen derer aufzufangen, die nicht das Glück hatten, daß man ihre Leichname gefunden, eingeäschert und verzehrt hatte. Die Seelen, die deshalb in der Atmosphäre herumirrten, von *poré,* den bösen Geistern geplagt, sollten so die Möglichkeit erhalten, an Regen-

189

tropfen klebend in den Penis zu fallen und dann doch noch in den Nachkommen weiterzuleben. Wie die Seele all derer, die man mit der Asche aufnahm.

Als ich einen Yanomami einmal um eine Erklärung bat, lachte er lauthals.

»Was erzählen sich eure Leute da? Das ist ja alles Quatsch. Eigentlich kannst du dir die Frage selbst beantworten. Lauf doch mal nackt durch den Wald. Dann wirst du merken, daß es praktisch ist, ihn zu fixieren. Wir tun es zum Schutz des Penis. Schließlich hatten wir ja früher nie Hosen.«

Und weil das immer so war, ist es heute ein fester Brauch. Selbst Hosen-Träger verschnüren ihr Gehängsel wie eh und je. Nur so fühlt sich ein Yanomami-Mann todschick angezogen. Wie unsereins mit der Krawatte.

Christina nahm das alles weniger deutlich wahr. Sie schaukelte schlapp in ihrer Matte. Ein kleiner Junge hielt sie in Bewegung, damit sie Kühlung verspürte. Ich hatte ihm dafür versprochen, meinen Zaubertrick mit dem durchschnittenen Seil zu verraten. Von Zeit zu Zeit lösten Hosano und ich den Jungen ab. Bis die Krankheit uns die Arbeit abnahm, und das Fieber dem Schüttelfrost wich. Dann übernahmen Decken und Feuer den Job.

Macuxi und ein anderer Heilkundiger des Dorfes wollten Christina helfen. Sie beschworen die Geister. Es war Nachmittag. Die beiden Männer hockten vor Macuxis Haus. Sie hatten sich geschmückt. An den Oberarmen ein Büschel hellgrüner Papageienfedern und daraus nach oben hervorragend, je zwei rote Ararafedern. Unter dem grünen Strauß zierte sie ein Armband aus kleinen gekräuselten Mutumfedern, von denen wiederum an zwei Bändern phantastisch bunte Federn verschiedener anderer Vögel herunterhingen. Ihre Gesichter waren mit Urucú rot grundiert und mit einem blauen Muster verschönt.

Sie hockten still und konzentrierten sich. Vor ihnen lag das kleine Blasrohr, mit denen sie sich gegenseitig das Epená durch die Nase in den Nasen-Rachen-Raum bliesen. Viermal ließ das jeder über sich ergehen, und jedes Mal quittierte er den Empfang des braunen Rauschpulvers mit einer Art Schmerzgebrüll. Die Augen tränten, sie schüttelten sich wie nach einem Boxhieb. Dann lief ihnen der Schleim aus Mund und Nase. In langen Fäden tropfte er in den Sand.

Schmieden sie ein Komplott?

So hockten sie eine viertel Stunde. Dann erhoben sie sich. Sie begannen zu tanzen. Obwohl nun unter dem Einfluß der halluzinogenen Droge und scheinbar weit entrückt, hatten sie sich voll unter Kontrolle – ganz anders als zum Beispiel Betrunkene unserer Kultur. Ihre Kräfte wuchsen. Sie fühlten sich mächtig groß und stark. Sie bekamen Kontakt mit ihren Göttern und den guten Geistern und begannen zu tanzen. Sie rissen die Arme hoch, liefen gebückt im Kreis, richteten sich auf, blickten zum Himmel und schienen völlig entrückt. Sie sangen und unterbrachen die Lieder immer wieder mit lauten tierischen Schreien. Wer das nicht kannte, konnte Angst bekommen.

Irgendwann verstummte der Gesang. Sie tuschelten miteinander. Sie blickten zu Christina, als schmiedeten sie ein Komplott. Dann schlichen sie geduckt auf sie zu. Sie knurrten und fauchten wie Urgetier. Dann wieder schrien sie zum Angstkriegen. Sie wollten Christina helfen und die bösen Geister aus ihrem Körper vertreiben. Die mußten in Furcht und Schrekken versetzt werden. Dann würden sie den erkrankten Körper verlassen und fliehen.

Die Geisteraustreibung erreichte ihren Höhepunkt, als der ältere der Männer schreiend, schwitzend, schleimend sich über Christina beugte und mit ausgebreiteten Händen ihren Körper abfuhr. Vom Bauch zu den Füßen, vom Bauch zum Kopf, Ar-

Epená

Das bekannteste Rauschmittel der Yanomami ist Epená, in Venezuela auch als Yopo bekannt. Die Zutaten dafür können von Dorf zu Dorf verschieden sein und hängen ab von dem, was der Wald bietet. In Frage kommen Blätter, Baumrinden, Harze, Rindenbast, Samen oder/und die Asche verschiedenster Pflanzen.

Die Zutaten werden über dem Feuer getrocknet, pulverfein zerrieben und in kleinen Gefäßen aufbewahrt. Bei Bedarf wird das Pulver mittels eines kurzen Blasrohrs in mehreren Schüben durch die Nase in den Kopf geblasen. Wenn kein Bläser zur Stelle ist, kann Epená auch geschnupft werden.

Der Behandelte verspürt zunächst einen heftigen Schmerz. Er schreit, hockt ganz benommen da und wartet, bis der Schmerz abklingt, bevor er die nächste Dosis verlangt. Die Schleimhäute werden durch das Pulver stark gereizt. Nasenschleim, Speichel und Tränen fließen ziemlich heftig und spülen einen Teil des Pulvers wieder aus. Nach einigen Minuten setzt die halluzinogene Wirkung ein. Der Gedopte fühlt sich plötzlich groß und stark, er tanzt stundenlang und kommuniziert mit seinen Göttern.

Aus diesem Grunde verbieten die fanatischen Missionare der amerikanisch-evangelischen New Tribes Mission den Indianern das Mittel.

Frauen nehmen dieses Schnupfpulver eigenartigerweise nicht. Nur das Tabakkauen ist beiden Geschlechtern gemein. Diesem Genuß frönt jung und alt, vom Baby bis zu den Großeltern.

Forscher behaupten, daß diese Droge nicht abhängig macht. An diese Unabhängigkeit glaube ich auch, weil ich immer wieder erlebte, daß Indianer, die den Wald verließen und ein brasilianisches Dorf besuchten, dort auf das Inhalieren verzichteten. Sobald sie jedoch wieder zurückgingen in ihren Heimat, dröhnten sie sich voll und genossen den Rausch.

me und Beine einzeln. Wenn er am Ende angelangt war, griffen seine Hände zusammen, als hätten sie einen der bösen Geister gefangen und warfen ihn unter Gebrüll raus aus der *maloca*.

Währenddessen mühte sich Macuxi unter der Hängematte ab. Er lag auf dem Rücken. Schleim, Schweiß und Staub verklebten zu einer dunklen Schmiere. Sein Gebrüll war furchteinflößend.

Christina bekam von alledem kaum etwas mit. Sie schlief ermattet. Später erinnerte sie sich und meinte: »Ich habe das nicht als unangenehm empfunden. Ich spürte nur, es kümmert sich jemand um mich, und das war beruhigend.«

Hosano tat ein übriges und braute Christina aus der Rinde des Carapana-uba-Baumes ein gallebitteres Getränk, das unter Einheimischen als wirksames Mittel gegen Leberschmerzen verwendet wird.

Die anderen im Dorf nahmen den Vorgang gelassen hin. Für sie war es alltäglich. Mal half es, mal half es nicht. So kannten sie es.

Solange die *shaboris* (Shamanen) ihre Arbeit verrichteten, hielten wir uns stets abseits. Erst, wenn sie ihre Arbeit beendet hatten, durften wir uns neben sie hocken und erst dann verabreichten wir dem Patienten das Heilmittel aus unserer Welt. Sofern wir eins besaßen. Auf jeden Fall arbeiteten wir zusammen.

Indianerinnen für die Goldsucher

Natürlich kannte Macuxi Boa Vista. Er war stolz, Chico Mineiros Gast gewesen zu sein.

Und nicht genug damit. Macuxi diente seinen Besetzern sogar mit Frauen für Liebeszwecke! Hosano zeigte uns zwei von ihnen. Angeblich waren sie Witwen und standen somit zur Disposition.

Hosano wußte auch von anderen Indianer-Gemeinschaften, wo ähnliches praktiziert wurde.

»In der *maloca jacaré* (Krokodil) hatte eine gewisse Juliana sich auf diese Weise einen Tripper eingehandelt und diesen auch auf ihre zweijährige Tochter übertragen. Und woanders hat der Indianer Jorge einem Goldsucher seine Frau angeboten, im Tausch mit einer brasilianischen Prostituierten geschlafen und sich ebenfalls einen Tripper eingefangen.«

Liebeserklärung

Die größte Liebeserklärung, die man einem Yanomami zuteil werden lassen kann, ist nicht etwa ein Schmachtfetzen à la »Ich liebe dich«. Diese Floskel bleibt weißen Welten vorbehalten.

Wer einem Yanomami seine große Liebe gestehen will, der setzt sich zu ihm in die Hängematte und verspricht ihm: »Wenn du tot bist, esse ich deine Asche.«

Dann kann es passieren, daß der Betreffende einen innig in die Arme schließt und Rotz und Wasser heult.

Auch als Fremder darf man durchaus an ihren Totenfesten und dem gemeinsamen Verzehr der Knochenasche aller Verstorbener des letzten Jahres teilnehmen.

»Als dieses Phänomen (die Yanomami kannten früher keine Geschlechtskrankheiten) nicht nachließ, sondern eher heftiger wurde und so kribbelig juckte, begab er sich zu einer Missionsstation. Dort hat man ihn kuriert. Da er inzwischen aber mit einer anderen Indianerin geschlafen hatte, stand er nach drei Tagen erneut unter Saft. Daraufhin gingen alle, die das verspürten noch einmal gemeinsam zur Missionsstation.«

Hosano wollte sich ausschütten vor Lachen.

»Bist du auch Goldsucher?« wandte sich Macuxi an mich.

Die Frage traf mich völlig unerwartet. Ich war deshalb etwas verdattert, weil Macuxi damit ja klarmachte, daß er uns nicht dafür hielt. Sonst hätte sich die Frage erübrigt. Ich war gerade im Begriff zu sagen, wir seien Freunde Davi Yanomamis, als mir Christina zuvorkam. Ich glaube, gerade mit meiner Antwort hätte ich uns Ärger eingehandelt.

»Nein, wir sind Freunde von Chico Mineiro und Altino Machado. Wir sind aber auch Freunde der Yanomami.«

Wie gern wären wir länger in Macuxis Dorf geblieben. Einfach, um auch andere Meinungen als die unseres Freundes Davi Kopenawa Yanomami kennenzulernen.

Aber ohne Kameras, ohne die Möglichkeit, das Erlebte filmisch
belegen zu können, waren wir lahmgelegt. Zum wiederholten
Male verfluchten wir Come gente und Konsorten.

Die kurze Freude mit dem Diebesgut

»**W**ürde ich ihm in Boa Vista auf der Straße begegnen, ich
würde ihm mein gesamtes Pfeffer-Spray ins Gesicht
sprühen«, wetterte ich.

Wir hatten uns auch mit Hosano über Come gente unterhalten. Vor allem, als er durchblicken ließ, daß er ihn nicht leiden
mochte.

»Come gente ist ein Einzelgänger. Er hat hier kaum Freunde.
Allenfalls hat er von Fall zu Fall Helfer. Wie in eurem Fall.«
Und nach einer Weile bekräftigte er seine Behauptungen noch.
»Man munkelt, daß er auch schon einige Indianer auf dem Ge-
wissen hat. Einem Kumpel von ihm hat man es nachgewiesen.
Der prahlte sogar damit. Als die Polizei ihn anläßlich einer
Räumungsaktion hier im Wald festgenommen hatte, kostete

ihn das sein ganzes Goldvermögen. Irgendjemand hatte ihn verpfiffen, weil unsere Arbeit durch solche Leute ständig erschwert wird. Er mußte seine anderthalb Kilo rausrücken und hat sich damit freigekauft. Und dann hat er später den Denunzianten umgelegt.«

Viele Wochen später erfuhren wir in Boa Vista eine Fortsetzung der Come-gente-Geschichte. Sie erfüllte uns zumindest mit Schadenfreude. Sie passierte gerade, während wir bei Macuxi zu Gast waren. Aber erzählt wurde sie uns von Chico Mineiro, dem Mitbegründer des Goldrausches, dem Eigentümer der gleichnamigen Piste und dem heute noch aktiven Hintermann der Gold-Szene. Er sagte: »Wir kennen den Mann alle. Er arbeitet jetzt weiter zur venezolanischen Grenze hin. Kurz nachdem ihr meine Piste verlassen hattet, wurde sein Zelt von Indianern überfallen und komplett ausgeraubt. Auch eure Filmausrüstung hatten die Yanomamis mitgenommen. Damit konnten sie natürlich nichts anfangen. Sie lag in ihrem Dorf, bis ein FUNAI-Funktionär sie dort sah. Für vier Hängematten hat er sie eingetauscht.«

Christina traf fast der Schlag.

»Für vier Hängematten unsere wertvolle Ausrüstung?« stöhnte sie. Sie versuchte später, den betreffenden Mann ausfindig zu machen. Aber niemand bei der FUNAI in Boa Vista wollte etwas davon gehört haben.

»Ich hätte ihm vierzig Hängematten gegeben! Zumal er mit diesem VHS-System hier gar nichts anfangen kann.«

Schwamm drüber; Brasilien.

Die Rache
der Rechtlosen

Alícia hatte Glück gehabt. Nach einigen Tagen des Wartens war eine Maschine auf der Piste Raimundo Nenem
gelandet und hatte sie mitgenommen. Zum üblichen Preis: zehn
Gramm. Noch fünf Männer nahm der Pilot mit. Damit war
seine Maschine voll. Sechzig Gramm Nebenverdienst.

Es gab Piloten, die flogen drei Einsätze pro Tag. Jeder Hinflug
mit fünfhundert Kilo Material oder Menschen kostete einhun-
dert Gramm. Bei drei Flügen mit je sechs Heimkehrern konnte
man vierhundertachtzig Gramm (4800 US-Dollar) einstrei-
chen.

Da lohnte sich so manches Risiko. Da konnte man auch mal
die Beschlagnahmung einer Maschine verkraften.

Alícia trafen wir sehr viel später in Manus. Von ihr erfuhren
wir diese Fortsetzung.

Demnach war Manoel im Wald geblieben. Da er mit Boca Rica keine Probleme gehabt hatte und die Gruben seines Territo-
riums immer noch die ergiebigsten waren, wanderte er tagelang zurück in das alte Gebiet.

Manoels Zukunftsgedanken kreisten um Alícia. Er wollte hier
noch möglichst viel Gold machen und dann aufhören, zurückkehren, heiraten und ein Haus bauen.

Im Gegensatz zu vielen anderen, die genau dieselben Zu-
kunftspläne verfolgten, blieb er seinen Prinzipien treu: Er trank
keinen Alkohol, er rauchte nicht und er ließ sich nicht mit Prostituierten ein. Er verriet niemandem die Menge seiner Ersparnisse, die er diebstahlsicher im Wald versteckt hatte. Auf seinen langen Wanderwegen hatte er einen Teil des Goldschatzes
im Plastikfläschchen um den Hals getragen, wie es hier weit

verbreitet war, den größeren Teil jedoch, ebenfalls in Plastik-fläschchen, im Dickdarm. Wenn er es sich vor den Märschen unbemerkt einführte, war das immer eine ganz spezielle Proze-dur. Er mußte den Darm völlig entleeren und dann das mit Speichel angefeuchtete Röhrchen einschieben. War es mit dem Finger weit genug eingeführt, schlüpfte es plötzlich von selbst ein Stück tiefer und der Schließmuskel versiegelte das Gold im Körper.

Schlecht war es, wenn er den Darm vorher nicht ausreichend entleert hatte. Dann entstand ein solcher Drang und Druck, sei-nen Stuhl lassen zu müssen, daß Stuhl und Röhrchen sehr schnell wieder draußen waren. Das Darm-Versteck mußte man beherrschen. Es war eine Frage der Übung.

Obwohl inzwischen Monate nach dem Verschwinden des Pisto-leiro Mauro vergangen waren, sprach man noch immer davon.

Vor allem, als Manoel hierher zurückkehrte, kam das Thema wiederholt auf den Tisch, weil sein Weggehen, Alícias und Mau-ros Verschwinden irgendwie zusammengefallen waren. Keiner sah darin unbedingt einen Zusammenhang, zumal es die Gold-sucher nicht weiter interessierte. Nur Boca Rica grübelte hier und da noch über denkbare Aufklärungen nach. Eins stand für ihn fest, niemals hätte sich Mauro einfach nach irgendwo abge-setzt, ohne sich abzumelden. Das wäre nicht seine Art gewe-sen, und er hatte keinen erkennbaren Grund gehabt.

Andererseits war nie eine Spur aufgetaucht. Es konnte nur sein, daß Mauro verunglückt war. Womöglich hatten ihn diese heim-tückischen Indios umgelegt. Aus seiner Abneigung gegen diese Kaste Mensch hatte er nie einen Hehl gemacht: »Was die Jungs da in Haximu mit ihnen gemacht haben, geschah ihnen recht.«

Trotzdem wurde Manoel das Gefühl nicht los, daß Boca Rica ihn mißtrauisch begegnete. Sonst hatte er immer schon mal ei-nen lockeren Spruch auf den Lippen, jetzt sagte er kaum guten Tag und guten Weg.

Bei Manoel schrillten die Alarmglocken.

Inzwischen hatte Alícia ihr Kind geboren. Da sie inzwischen mittellos war – ihre Ersparnisse aus Venezuela waren längst aufgebraucht – wagte sie einen letzten Versuch, zumindest finanzielle Unterstützung von Boca Rica zu erhalten. Ihr Besuch in seinem Haus anläßlich dessen Aufenthalts in Boa Vista beendete jegliche Hoffnung. Boca Rica lachte sie aus und warf sie auf die Straße:

»Wenn du dich jetzt nochmal blicken läßt, garantiere ich für nichts mehr.«

Diese Nachricht erfuhr auch Manoel. Alícia hatte ihm eine Notiz zukommen lassen können. Er geriet völlig außer sich und schwankte zwischen den Absichten, augenblicklich heimzukehren und Boca Rica einen endgültigen Denkzettel zu verpassen. Er entschied sich für die Rache. Er wollte einen Plan aushecken, für den er keinen Helfer brauchte, für den es ergo keinen Zeugen geben würde.

Die Idee, die ihm kam, schien genial. Ein wenig half der Zufall nach. Not und Zorn machen erfinderisch.

Mit einer der letzten Lieferungen waren auch mehrere Kartons Bau-Schaum eingetroffen. Er befand sich flüssig in Sprühdosen und wurde normalerweise im Baugewerbe zum Ausschäumen von Hohlräumen, zum Isolieren und zum Festsetzen von Bau-Elementen verwendet. Eine Liter-Dose quoll auf bis zu dreißig Litern.

Dieser Schaum sollte den leckgerosteten Auftriebskörper eines Goldfloßes wieder funtionstüchtig machen. Zuviel Zeit ging jedes Mal damit verloren, das eingedrungene Wasser auszuschöpfen. Und zum Verschweißen der brüchigen Nähte waren die zylindrischen Behälter bereits zu morsch. Mit Schaum ersparte man sich eine unnötige Neu-Investition. Mit Schaum würde das Floß noch lange schwimmen.

Morgen wollte Boca Rica mit seiner Maschine nach Kolumbien fliegen. Das war nichts Neues. Mitunter landeten hier auch die Kolumbianer. Dann ging es, wie jeder wußte, um Rauschgift.

Da es bei Boca Rica um einen Hin- und Rückflug ging, muß-te die Maschine vor dem Flug vollgetankt werden. Und hier witterte Manoel seine Chance. Er hatte einen der Schaum-dosen-Kartons ›abzweigen‹ können, die tagelang am Rande der Piste im Dickicht gelegen hatten. Keiner hatte ihnen weitere Beachtung geschenkt. Sie hier abzuholen, war nun Sache des *dono da balsa*, des Floßeingentümers. Er hatte die Fracht be-zahlt, jetzt war der Weitertransport sein Bier. Zur Tarnung, ge-gen allzu schnelle Sicht aus der Luft, hatte man die Kartons le-diglich mit Blättern bedeckt.

Auch das Flugzeug war versteckt. Normalerweise flog jede Maschine unmittelbar nach der Landung zurück. Alles lief im-mer blitzschnell ab, um jeglicher Razzia durch die Polícia Fe-deral zuvorzukommen. Sicher war sicher. Denn es gab Einsät-ze, die nicht vorher durchgesickert waren. Das mußte man mit Fixigkeit ausgleichen.

Gab es jedoch Weiterflüge nach Kolumbien, blieb die Ma-schine hier. Sie wurde flugs am Ende der Piste von Hand in ei-ne schmale Waldschneise geschoben, die von der Luft aus nicht einzusehen war. Würde in dieser Zeit jedoch eine Razzia erfolgen, war die Maschine hoffnungslos gefangen. Daß das noch nie geschehen war, basierte auf guten, auf besten Bezie-hungen ›bis ganz nach oben‹, wie Boca Rica gerne protzte.

Manoel nutzte die Stunden nach Mitternacht, wenn norma-lerweise alle schliefen. Da die Behausungen sowieso fernab der Piste lagen, war die Piste des Nachts einsam und verlassen.

Leise öffnete er den Verschlußdeckel des Tanks. Noch einmal strengte er seine Lauscher an. Aber es blieb ruhig. Behutsam leer-te er Flasche um Flasche. Anfangs hatte ihn das Zischen des ausströmenden Schaums nervös gemacht. Mehrfach hatte er innegehalten. Als alles still blieb, entspannte er zunehmend und hörte nicht eher auf, als bis alle neun Flaschen geleert waren.

Theoretisch blähten sich diese neun Liter zu zweihundertsiebzig Liter Volumen auf. In der Praxis war es meist weniger. In diesem Falle war sich der Schaum manchmal selbst im Wege und büßte dadurch Volumen ein. Auf jeden Fall war der Tank halb voll Schaum und faßte nur noch die Hälfte der üblichen Treibstoffmenge.

Zu guter Letzt zog Manoel den ›Papierkragen‹ aus dem Einfüllstutzen. Damit hatte er, trichtergleich, die Öffnung vor Kontakt mit dem Schaum bewahrt. Schließlich durfte man von aussen nichts sehen.

Dann schraubte er den Deckel wieder auf den Tank.

Manoel gab sich möglichst gelassen

»**M**anoel komm mal her!« Die Stimme war laut, unüberhörbar und gehörte zweifelsfrei Boca Rica.

Dem Jungen rutschte das Herz in die Hose. Ihm war klar, er war ertappt worden. Wie immer, wenn man ein schlechtes Gewissen hat, bezieht man in solchen Augenblicken alles auf sich und das krumme Ding, das man vertuschen wollte.

Hätte Boca Rica ihn gestern um diese Zeit gerufen, hätte ihn das mit keinem einzigen Extra-Herzschlag beunruhigt. Nun aber hatte er den Tank ausgeschäumt, das war ein verdammt triftiger Grund. Sowohl für Boca Rica, so laut zu schreien, wie für ihn, schlabberweiche Knie zu bekommen.

Möglichst gelassen drehte sich Manoel zum gefürchteten *empresário* um.

»Was gibt's?«

»Komm mal her. Ich habe eine Frage.«

Boca Rica stand da, wie es seine Art war: breitbeinig, großspurig, Daumen hinterm Gürtel verhakt, das Gold seiner Zähne im Morgenlicht präsentierend wie ein Bankkonto und seinem stinkenden Atem freien Austritt gewährend. Ein Griff –

und er wäre am Revolver. Aber da er immer so auftrat, mußte das nichts bedeuten.

Manoel bereute seine Idee, heute früh hier an der Piste herumzulungern. Aber das hatte einen Grund. Er wollte unbedingt sichergehen, daß bis zum Abflug nichts entdeckt worden war. Es sollte ihn sowohl beruhigen, als ihm zur Genugtuung gereichen. Vor allem dann, wenn man irgendwann munkeln würde, die Maschine sei abgestürzt und es auf seinen, Manoels, Beitrag zur Gerechtigkeit zurückzuführen sei.

»Ihr seid doch fertig mit eurem *barranco* (Grube) und wie ich hörte, hat sich's für euch gelohnt.«

Manoel versuchte ein Lächeln. Worauf wollte der Alte hinaus? Seit wann wurde er so persönlich? Normalerweise kümmerte es ihn einen Scheißdreck, ob sie was verdient hatten. Andererseits, wenn es um die Sabotage gegangen wäre, hätte er anders gesprochen. Und jetzt noch etwas zu entdecken, war ungewiß. Jemand hatte die Maschine schon vollgetankt, bis der Sprit aus dem Ventil gelaufen war. Diese Hauptgefahr war also gebannt. Hätte der Pilot selbst getankt, wäre ihm die geringe Nachfüllmenge womöglich aufgefallen. Nicht so bei den in diesen Dingen unerfahrenen *garimpeiros*.

»Willst du dir drei Gramm verdienen?«

Boca Rica war unter die Spendablen gegangen.

»Wir wollen nach Kolumbien rüber. Ist nur für einen Tag. Bei Constituinte müssen wir Lebensmittel abwerfen. Wir brauchen einen, der das macht.«

Manoel traute seinen Ohren nicht! Drei Gramm – das waren zwei Gramm über der Norm. Wenn in Kolumbien nicht noch schwere Arbeiten hinzukamen, gab es gelegentlich schon mal zwei Gramm pro Tag. Entweder war etwas faul, oder Boca Rica war ein Mensch geworden.

In Manoels Hirnwindungen schossen Blitze hin und her. Bei diesem Angebot abzusagen, würde ihn verdächtig machen. Es anzunehmen, könnte seinen Tod bedeuten, weil die Maschine abstürzen würde. Die drei Gramm spielten in diesen Millisekunden keine Rolle als Einnahme für Manoel. Die würden ihm als Leiche nichts nutzen.

Dann hatte er die Lösung: er würde mitfliegen, seinen Job machen und in Kolumbien verduften. Denn für den Hinweg würde der Sprit reichen. Genau das war's. Nun dachte er doch an die drei Gramm. Allerdings wehleidig, denn sie würden ihm auf jeden Fall verlorengehen. Auszahlung war gewöhnlich immer nach der erbrachten Leistung und nicht in der Halbzeit.

Die Lösung bis Kolumbien mitzufliegen, schien ihm sogar unverhofft noch einen weiteren Vorteil einzubringen. Er gälte bei dem Absturz, der so sicher war wie der Kopfschmerz bei Malaria, ebenfalls als Opfer und käme niemals in Verdacht. Sollte ihn doch irgendwann irgendjemand befragen wollen, würde er längst eine gute Geschichte parat haben, wie er sich gerettet hätte. Aber wer von den Kameraden an der Piste würde ihm schon je wieder begegnen? Das müßte ja mit dem Teufel zugehen.

Während er das dachte, hatte er längst zugesagt. Der Erfolg schien ihm sicher.

»Jetzt bist du dran.«

Kurz danach ging es los. Manoel hatte noch schnell seine Habseligkeiten zusammengebunden. Das war nicht auffällig. Niemand reiste ohne seinen Besitz.

Die Maschine hob ab. Ganz normal, ohne Schwierigkeiten.

Keine fünfzehn Minuten später waren sie über die hohe Serra hinweg und im Abwurfgebiet in Venezuela.

Der Pilot kreiste und blickte angestrengt runter. Als er das Zeichen für ›alles klar‹ entdeckte, wandte er seinen Kopf mit einem Blick auf die Tür zu Boca Rica. Er sagte etwas, das Manoel aber nicht verstehen konnte. Der Lärm war zu groß, und er saß weiter hinten inmitten der abzuwerfenden Säcke.

Boca Rica schrie: »Mach die Tür auf.« Gleichzeitig krallte er sich am Cockpit und seinem Sessel fest, denn jetzt würde es windig werden.

Manoel hatte die Schiebetür geöffnet. Mit einer Hand sicherte er sich. Mit der anderen zerrte er am ersten Sack. Wenn man bei diesem Job nicht höllisch aufpaßte, segelte man mit nach draußen. Wie oft war das schon passiert! Er blickte zum Piloten und wartete auf dessen Befehl.

»Agora!« rief der und der Sack sauste in die grüne Tiefe. Ein kurzer Wendekreis der Maschine, gleichzeitig ein Blick zum Horizont, ob nicht Venezolaner am Himmel auftauchten, dann erneut: *»Agora!«*

Zweimal handelte sich Manoel den Tadel ein: ›Mach ein bißchen schneller, du Arschloch‹, weil er um Sekunden zu zögerlich geworfen hatte. Aber das Hauptproblem Manoels war nicht der sekundengenaue Abwurf, sondern, selbst das Gleichgewicht zu behalten. Es zog wie Hechtsuppe.

Mindestens fünfzehn Mal waren sie gekreist, ehe die Maschine leer war. Der Abwurf war für alle Beteiligten aufregend. Das Tempo war gedrosselt, man flog tief, Manoel hatte Angst rauszustürzen und man hatte gemeinsam Angst vor Beschuß, denn die Venezolaner waren nicht zimperlich. Anders als die brasilianische Polizei. Die würde nie schießen. Sie würde auch kaum mit Flugzeugen kommen, sondern allenfalls mit Helikoptern, und denen war man tempomäßig haushoch überlegen.

Manoel wollte erleichtert die Tür zuknallen.

»Laß auf, jetzt bist du dran.«

Es war Boca Ricas gröhlendes Organ. Wie er das meinte, war unmißverständlich, denn er hatte den Revolver auf Manoel gerichtet. Panik überfiel den Jungen. Jetzt seinen eigenen Revolver zu ziehen, wäre idiotisch. Der Dicke würde abdrücken. Seine Kugel würde kein Risiko für die Maschine darstellen. Boca Rica würde ihn, Manoel, treffen, die Kugel würde im Körper stecken bleiben oder, falls er danebenschösse, raus in die Luft gehen.

Der Pilot schien genauso überrascht wie Manoel. Er und sein Chef schienen nichts abgesprochen zu haben.

»Was soll das denn? Bist du verrückt?«

»Guck du, wohin du fliegst und scher dich nicht um meine Sachen«, herrschte Boca Rica ihn an.

Manoel wollte Zeit gewinnen. Vielleicht gelänge es ihm, seine eigene Waffe zu ziehen und den Dicken zu erschießen. Aber die Chance würde ihm Boca Rica nicht lassen. Und wenn er daneben schösse und die Armaturen träfe, wäre es auch aus. Er verlegte sich aufs Bitten.

»Was soll das, was habe ich dir getan?«

Ja, genau. Zeit gewinnen. Mörder genießen bekanntlich die Angst ihrer Opfer, zumal für Boca Rica keine Gefahr bestand. Er war in der besseren Position. Er konnte sich Zeit lassen.

Der Dicke lachte nur.

»Zum einen will ich mir deine drei Gramm verdienen«, sagte Boca Rica. »Aber das ist nicht der Hauptgrund. Ich glaube den kennst du, oder?«

Die Maschine ruckte. Aber nur wie ein Rülpser, nicht wie in einem ordentlichen Luftloch. War das ein Zeichen des Schutzengels? Würde womöglich ein Luftloch kommen, während sie jetzt die windige Serra überquerten? Oder war das Rucken gar eine Hilfestellung des Piloten gewesen? Wollte er, daß Boca Rica gezwungen war, sich mit beiden Händen festzuhalten? Damit er, Manoel, sich wehren konnte? Solche Möglichkeiten und viel mehr jagten Manoel durch den Kopf.

»Wovon redest du?«

Der Dicke ließ sich Zeit. Das Rucken hatte ihn nicht irritiert. Er saß fest auf seinem Sitz. Er genoß seine Überlegenheit.

Die Maschine ruckte erneut, aber der Pilot gab Manoel keinerlei Zeichen, um ihm Kooperation zu signalisieren, sondern er musterte aufgeregt die Apparaturen.

»Haben wir nicht noch was zu begleichen? Wie war das mit meinem Freund Mauro?«

In diesem Moment wurde der Pilot völlig aufgeregt: »Scheiße, verdammte. Da ist was mit der Einspritzpumpe. Der Motor kriegt keinen Saft, obwohl der Tank dreiviertel voll ist!«

Der Schrei des Piloten hatte Boca Rica entsetzt auf die Armaturen blicken lassen. Alle, auch Manoel, hatten weit aufgerissene Augen. Die Maschine stotterte immer heftiger. Jetzt konnte Manoel seine Waffe ziehen und vergaß es. Denn niemand außer ihm wußte, was jetzt passieren mußte. Schlagartig hatte die Panik auch ihn befallen.

»Ich verstehe das nicht. Sie war vollgetankt. Da muß die Leitung verstopft sein.« Und nach wenigen Sekunden: »Wir müssen runter. Haltet euch fest.«

Die Tür war immer noch offen. Hätte er einen Fallschirm gehabt, Manoel hätte sich rausgestürzt. Er war am schlechtesten dran. Er hatte keinen Sitzplatz. Er stand frei und breitbeinig im Raum und verkrallte sich an irgendwelchen Vorsprüngen, stellte sich breitbeinig und ließ sich dann auf die Knie fallen.

»Ich sehe keinen Fluß, auf dem wir landen könnten. Ich muß in die Bäume ... «

Schweiß brach dem Piloten aus allen Poren. Dann krachte es ohrenbetäubend.

Ein Flügel hatte den ersten Baum gestreift, die Maschine wurde herumgerissen, prallte während des Drehs gegen einen zweiten Baum, kappte diverse Lianen, und wurde unter Krachen und Bersten mit ungeheurer Wucht zum Stillstand gebracht.

Schon bei der ersten Berührung mit dem Baum waren alle und alles nach vorne ins Cockpit gerutscht. Die Tür hatte sich abgemeldet und flog durch die Öffnung. Manoel erinnerte sich, wie sie durch die Luft segelte, als hätte sie einen Fallschirm. Sie landete, beinahe weich, im Geäst der Bäume.

Der Junge genoß die unerwartete Macht

Als Manoel wieder zu sich kam, war es unglaublich still. Das wirkte um so mehr, als es gerade noch so krachend laut gewesen war. Er fühlte sich benommen, es schmerzte überall, aber er hatte sich nichts gebrochen. Er lag auf dem Boden. Er konnte nur durch die Türöffnung geschleudert sein. Sonst läge er nicht hier.

Das Flugzeug lag in unmittelbarer Nähe. Es war zur Seite gekippt und steckte mit dem Rest des abgebrochenen Flügels im Boden. Von den Bäumen hingen diverse durchtrennte Lianen herab. Sie pendelten noch. Von unten erinnerten sie ihn verrückterweise an Boca Rica. Wenn der seine Spaghetti aß, sah das genauso aus. Dann baumelten sie hin und her zwischen Bart und Teller, bis er sie mit der Saugkraft einer Goldwaschpumpe in seinen Schlund geschlürft hatte.

Durch die Tür sah er den Piloten mit völlig zertrümmertem Gesicht in der zerfetzten Scheibe hängen.

Boca Rica hingegen blutete überhaupt nicht. Er war zwischen Sitz und Cockpit eingeklemmt und war unfähig, sich zu bewegen. Aber er lebte. Mit kraftlosen Bewegungen seiner Hände versuchte er, sich aus dem Schraubstock zu befreien.

»Meine Beine sind gebrochen«, rief er entsetzt. Als er Manoel unter sich durch die Türöffnung gucken sah, flehte er ihn an: »Hol mich hier raus!«

Aber der Junge rührte keinen Finger. Er fühlte sich unendlich erleichtert und nun war er es, der die Macht genoß.

»So kann sich die Situation ändern, Boca Rica«, sagte er und fühlte sich glücklich, das das Schicksal ihm beigestanden und ihn am Leben gelassen hatte. Und sie hatte ihm die Entscheidung, Boca Rica zu töten, abgenommen.

Langsam ging Manoel näher. Er wollte sicher sein, daß Boca Rica sich nicht selbst befreien könnte. Von nahem betrachtet, erkannte auch Manoel, daß die Schienbeine gebrochen waren.

Sie hingen völlig entstellt unterhalb der Knie zur Seite. Selbst, wenn er Boca Rica retten wollte, würde er das niemals schaffen. Weder bekäme er ihn ohne Werkzeug aus der Klemme, noch würde es ihm gelingen, den Fleischkloß zu transportieren.

Manoel bekreuzigte sich bei dem Gedanken, daß Boca Rica hier nun bei lebendigem Leibe verdursten und von Insekten gefressen würde. Ein Jaguar, der die Prozedur beschleunigen könnte, würde sicherlich nicht kommen. Der Gestank von Öl, Benzin und verschmortem Plastik würde ihn einen weiten Bogen um das Wrack machen lassen. Denn der Tod durch die Pranke des Jaguars wäre ein viel zu schneller Tod für den Menschenschinder Boca Rica. Durst und Insekten würden die Arbeit weit zufriedenstellender verrichten. Nur Boca Ricas Goldzähne würden sie verschonen. Die nähme sich die Erde zurück, der er sie entwendet hatte.

Manoel nahm Boca Ricas Revolver an sich und suchte nach weiteren Nützlichkeiten. Zu essen fand er nichts an Bord. Verpflegung hätte es in Kolumbien gegeben. Aber er fand ein Haumesser. Unter diesen Umständen eine Kostbarkeit.

Schließlich marschierte er los. Noch einmal blickte er sich um und registrierte mit Genugtuung, daß das Flugzeug aus der Luft nicht auszumachen war. Man würde es nur dann entdecken, wenn Goldsucher oder Indianer es auf ihren Wanderungen fanden.

Manoel folgte einem *igarapé,* einem Bach. Er wollte jetzt nichts überstürzen. Als er zwei Krebse und einen Frosch fing, beschloß er, sein erstes Lager zu machen und sie zu grillen.

Seine Hängematte hatte er beim Flugzeug nicht wiedergefunden. Deshalb fertigte er sich eine aus der zähen Rinde des *yari*-Baumes, noch bevor es dunkel wurde. Sie läßt sich vom Stamm abziehen wie die Schale von der Banane. Sieben handbreite Streifen, zweieinhalb Meter lang, werden an den Enden zusammengebunden – und die Matte ist fertig. Ungeübte Schläfer knoten mittig noch ein Querseil ein, gegen das Durchplumpsen. Wichtig im Regenwald ist, nicht auf der Erde zu schlafen. Die Bodeninsekten lassen einen keine einzige Minute zur Ruhe kommen.

Der Schlaf hatte Manoel erfrischt. Als es morgens gegen sechs Uhr dämmerte, brach er auf.

Zwei Tage wanderte er im Flußbett. Hin und wieder hatten sich andere *igarapés* (Bäche), dem Seinen angeschlossen. Mitunter, besonders in den Außenkurven, reichte ihm das Wasser schon bis zum Nabel.

Als sein Bach schließlich in einem richtigen kleinen wilden Fluß mündete, fühlte er sich einen ersten wichtigen Schritt weiter.

Aus hartem Palmholz hatte er sich einen Speer mit scharfen Widerhaken geschnitzt. Bevor abends die Sonne unterging und sein Camp bereitet war, versuchte er damit Fische zu speeren. Lautlos schlich er die Uferzone ab, in der er seine Beute vermutete. Dabei achtete er darauf, daß er die Sonne von vorne hatte und sein Körper keinen Schatten aufs Wasser warf.

Der Fischfang mit dem Speer war mühsam. Viel mühsamer, als es der nächtliche Fang mit Lampe und Messer gewesen wäre. Aber eine Lampe besaß er nicht.

Wenn er einen Fisch zu Gesicht bekam, mußte er doppelt vorsichtig sein. Sonst flitzte der sofort in Sicherheit.

Am einfachsten waren die Fänge, die er senkrecht unter sich sah. Da gab es keinen Brechungswinkel zu berechnen. Da genügte es, von oben zuzustechen und den Fisch entweder am Grund festzunageln oder mit einem Schwung ans Ufer herauszuwerfen. Bei Fischen, die er nicht senkrecht von oben harpunieren konnte, mußte er drunterhalten. Je tiefer sie standen, desto weiter mußte er vorhalten.

Der Weg war nun insofern mühsam, als er von Fels zu Fels hüpfen mußte. In der Regenzeit wäre hier gar keine Fortbewegung möglich gewesen. Dann hätte das Wasser diese Felsen überflutet und bis an das dichtverfilzte Uferdickicht gereicht.

In dem Falle hätte er durch meist wegelosen Wald seinen Pfad erarbeiten müssen. Er hatte also erneutes Glück.

Die Wende in seine Wanderung brachte eine Burití-Palme. Sie wuchs am Ufer. Zwar hatte sie zur Zeit keine Früchte, aber er erinnerte sich, daß Indianer-Kinder sie oft als Boot benutzten. Zwei-Meter-Stücke wurden von innen ausgehöhlt, wie ein Kürbis, und fertig war das Kanu.

Manoel vereinfachte sich das Prinzip. Mittels seines Haumessers war es ihm ein leichtes, den faserigen Baum genau aufs Wasser zu fällen. Er teilte den Stamm und band die beiden Vier-Meter-Stücke zusammen.

Mit dieser Konstruktion kam Manoel besser voran als wir mit unserem behäbigen Floß. Er saß darauf wie auf einem Pferd. Das heißt, seine Füße hingen im Wasser. Nur wenn die Reise zwischen Felsen hindurchführte, nahm er sie hoch. Wären die Beine zwischen Felsen und Stämme geraten, wäre die Haut bis auf die Knochen abgewetzt worden. Das meiste Gestein war granitähnlich und rauh wie ein Reibeisen. Selbst mit Garderobe hatten wir in ähnlichen Situationen immer höllische Angst vor einer Häutung bei lebendigem Leibe.

Nach insgesamt drei Wochen erreichte Manoel die Zivilisation. Er war am Rio Negro in Venezuela gelandet.

Dschungel-Survival

»**B**efindet sich in dem Bau ein Gürteltier oder nicht?« Hosano hatte ihn vom Weg aus gesehen, und er wußte auch sofort, daß die Höhle nur die eines Gürteltieres sein konnte. Die Frage hatte er aber nicht gestellt, um jetzt mit seinem Waldwissen zu prahlen. Er hatte sie vielmehr so dahingesagt, wie wir bei einem Einkaufsbummel angesichts des Bäckerladens sagen würden: »Ob die wohl noch Brötchen haben?«

Und so sagte ich: »Mal sehen.«

Ich ging hin, beugte mich über das Loch und schnupperte. Es roch intensiv nach Tier und ich meinte: »Dem Geruch nach könnte der Bau besetzt sein. Falls wir hier rasten, könnten wir die drei Eingänge mit feinen Ästchen versperren. Dann wissen wir's morgen.«

»Oder gleich Schlingen um die Eingänge legen«, schob ich hinterher, als ich Hosanos »Unzufriedenheit« bemerkte.

»Der Geruch sagt nicht viel aus. Das Gürteltier kann spazieren sein, und auch, wenn es schon drei Tage nicht mehr im Bau war, riecht es immer noch so, als sei es zu Hause.«

Ich hielt die Klappe. Klar, daß der alte Waldmeister wieder einen anderen Trick auf Lager hatte. Einige hatten wir bereits erfahren.

»Es gibt Situationen, da will man es sofort wissen, weil man Hunger hat und weiter muß. So wie bei uns: In fünfzehn Minuten wissen wir Bescheid.«

Gewissenhaft dichtete er die Eingänge des Baus ab. Nicht nur, indem er Humus hineinstopfte, er trat auch das Erdreich ein und stampfte alles gut fest.

»Es darf kein Luftzug mehr eindringen.«

Nur einen Eingang ließ er offen.

»Was ich jetzt mache, funktioniert nur im Wald, weil es da keinen Wind gibt. Sonst muß man sich um das verbliebene Loch einen Windschutz bauen.«

Dann hockte er sich gemütlich daneben und drehte sich in aller Ruhe eine Zigarette. Aus irgendeinem Hemdzipfel hatte er ein paar Krümel des Suchtheus hervorgepuzzelt. Statt Papier mußte ein welkes Blatt herhalten. Das fertige Produkt ähnelte einem mageren Zigarillo. Er inhalierte den Rauch, beugte sich über den Eingang und hauchte den Qualm mit weit geöffnetem Mund ganz vorsichtig hinein. Der Rauch sollte kein Eigentempo entwickeln, sondern innerhalb des ersten Meters zum Stillstand kommen. Es sah so aus, als hätte Hosano die Röhre mit einem zarten Wattebausch verschlossen.

Wir verhielten uns mucksmäuschenstill. Ich war gespannt vor Neugier. Ich vermutete, das Gürteltier, wenn es denn zu Hause wäre, würde gleich einen Hustenanfall erleiden.

Der Alte richtete seinen Oberkörper wieder ganz vorsichtig auf.

»Dabei darf kein Sog entstehen«, erklärte er später.

Dann saß er da auf seinen Knien. Nichts an ihm bewegte sich mehr. Wie die Kamera auf dem Stativ. Nur der Brustkasten zeugte von Leben. Seine ausgeatmete Luft leitete er mit vorgehaltener Hand zur Seite.

Und plötzlich wurde es interessant. Der Qualm kam heraus – und strömte wieder hinein, raus, rein, raus, rein – bis sich alles verflüchtig hatte.

Triumphierend blickte er uns an.

»Der Bau ist besetzt. Jetzt können wir ihn aufgraben.«

Uns blieb noch immer die Spucke weg. Um ein Witzchen zu machen, sagte Christina: »Und was mache ich als Nichtraucherin?«

Der Alte schmunzelte. Man spürte seinen Stolz, als er uns sofort eine Variante vorführte. Er legte ein großes Blatt in den Eingang. Wie einen Teller. Dann ließ er es uns mit Wasser füllen.

»Notfalls füllt man die Schale mit Urin«, flüsterte er mir vertraulich zu, so als ginge Frauen das aus Gründen der Scham nichts an.

212

Dann zupfte er sich aus seinem Hut eine Daune. Er hatte dort ein ganzes »Sträußchen« aus bunten, verschieden starken Tukanfedern. Sie waren reine Zierde. Wie man bei uns zulande einen Gamsbart am Hut trägt oder Federn des Eichelhähers. Diese Daune legte er sanft auf das Wasser.

Und nun passierte das gleiche wie eben. Die Daune schwamm plötzlich an den »Tellerrand« in Richtung Bau. Dann schwebte sie zurück auf uns zu und erneut in den Bau. Und immer wieder her, hin, her . . .

Genüßlich rauchte der Alte nun seinen Zigarillo zuende. Um einer weiteren blöden Frage von uns vorzubeugen, sagte er: »Wenn ihr keine Daunen habt, tut es auch ein kleiner Wattebausch oder ein Faserknäuel aus eurer Garderobe. Es muß nur sehr filigran sein und schwimmen.«

Seit dem Abschied von Macuxis Dorf waren wir schon eine Woche unterwegs und immer noch am Rio Paríma.

Vom Floß hatten wir uns getrennt. Ständig gab es wilde Katarakte. Wir mußten anhalten und uns mühsam durch das wegelose Ufer-Dickicht arbeiten, um die Wegstrecke richtig einzuschätzen.

Meist endete die Inspektion mit dem Entschluß, das Hindernis zu umgehen.

Das Floß wurde sich selbst überlassen. Bevor Christina es abstieß, hatten Hosano und ich uns weit unterhalb der Gefälle postiert, um es aufzufangen.

Beim ersten mal hatten wir es sogar komplett auseinandergebunden und die Stämme einzeln runtergelassen. Bei dem Manöver hatte sich ein Stamm so zwischen Felsen verklemmt, daß wir ihn nicht mehr freibekamen. Ehe wir die Rest-Bauteile wieder zusammengefügt hatten, war ein dreiviertel Tag vergangen.

Zweitausend Meter weiter standen wir erneut vor so einem Problem und entschieden: »Wir binden es nicht auseinander. Wir lassen es ganz durch«.

Von Fall zu Fall überlegten wir auch, ob einer von uns mitfahren sollte, um es bei Verkeilungen mittels der kräftigen Ruderstange freizuhebeln. Einmal war das auch sehr hilfreich. Viele Schnellen waren aber so, daß wir fürchten mußten, im Falles des Verkeilens, selbst festzusitzen und uns dann nicht mehr befreien zu können. Also ließen wir es allein durchtreiben.

Und irgendwann waren wir das Floß los. Es stürzte in ein tosendes Loch, machte einen Kopfstand, drehte sich noch einmal ein wenig um seine Achse und stand dann fest wie ein Denkmal.

Das Überrraschende war, daß wir dem Fahrzeug nicht hinterhertrauerten. Es hatte uns Zeit und Nerven gekostet, und Hosano hatte uns darauf vorbereitet, daß der Uraricoera das alles noch überträfe.

»Besonders jetzt in der Trockenzeit (Dezember bis März) ähnelt der Fluß streckenweie einem Raubtiergebiß. In der Regenzeit sind die meisten Felsen tief unter Wasser und es ist viel leichter, darüberhinweg zu fahren.«

Kurz und gut – wir entschieden uns, zu Fuß weiterzugehen, denn was uns anfangs wie ein Geschenk der Urwaldgöttin erschienen war, war uns bald zur Belastung geworden. Wir fühlten uns alle befreit, als das Floß sich mit Kopfstand verabschiedet hatte.

Gott sei Dank besaßen wir kaum Gepäck, was bei der Unebenheit der Urwaldwege eine große Erleichterung war. Außerdem war der Fußweg kürzer. Den rechten Winkel zwischen Rio Parima und Rio Uraricoera konnten wir diagonal abschneiden.

»Ich kenne zwar diesen Weg nicht, aber im Prinzip müssen wir uns einfach ostwärts halten«, wies uns Hosano ein. Er hatte die »Landkarte« im Kopf und Schwung in den Beinen. Was brauchte man also mehr?

»Nur noch eine Kleinigkeit«, ergänzte Hosano. »Wartet hier einen Moment.«

Dann huschte er in den Wald. Hätte er nicht sein Gepäckbündel hier stehen gelassen, wir hätten geargwöhnt, daß er uns hier im Stich lassen wollte.

Als er wieder kam, wies er stolz auf sein linkes Handgelenk. Als hätte er sich eine Armbanduhr gegönnt, zeigte er stolz auf eine dünne Liane, die er sich darumgebunden hatte.

»Das ist wichtig, wenn man ein Gebiet nicht kennt. Denn solange die Haut darunter sich rot entzündet, ist alles okay. Wenn die Rötung verschwindet, haben wir uns verirrt.«

Christina und ich schauten uns überrascht an. Da hatten wir uns ja einem tollen Pfadfinder ausgeliefert. Bei all seinem praktischen Wissen und Können blieb uns sein Armband immer suspekt.

Ich versuchte sofort, unser Selbstbewußtsein wieder zu aktivieren.

»Wir müssen unbedingt mitdenken. Statt der Liane haben wir einen Kompaß und die Sonne, und alle Flüsse führen in den Rio Branco. Wir brauchen nur bergab zu gehen.

Dazu kam, Trösterchen, daß die Liane an Hosanos Handgelenk mitspielte. Die Haut wurde rot. Und sie blieb rot. Wir mußten also nicht der Liane wegen riesige Slaloms laufen.

»Es gibt noch eine Faustregel, auf die wir bauen können«, ergänzte Christina die Bestandsaufnahme. »Hosano ist im Wald uralt geworden und lebt immer noch. Er ist nicht der Typ, der ausgerechnet jetzt ins Gras beißen wird.«

»In den Humus«, korrigierte ich. »Aber irgendwann macht jeder einen tödlichen Fehler, und wenn es nur das blinde Vertrauen in eine unschuldige Liane ist. Du weißt ja ›Unfall ist nie Zufall‹. Es liegt an uns und nicht an der Natur, wenn wir uns verlaufen. Oder denk an Gelenk-Verstauchungen!«

Ich wollte wohl unbedingt ein Restrisiko heraufbeschwören, damit nicht alles in einen Stadtpark-Bummel ausartete. Christina schwieg.

Wir gingen hintereinander. Hosano vorweg, Christina in der Mitte, ich hinten.

Mit viel Geduld hatte er sich einen Bogen gemacht. In Macuxis Dorf hatten ihm die Männer ein Stück Holz von der Pupunha-Palme überlassen, das er allabendlich mit Engelsgeduld und seinem scharfen Restmesser gerundet und an den Enden verjüngt hatte. Es war eine mühsame Arbeit, denn das Holz war hart und die Spänchen, die er abhobelte nur haarfein. Wenn wir dachten, der Bogen sei längst fertig, raspelte er weiter daran herum. Immer wieder schaute er der Länge nach über sein Holz, um schließlich ein aalglattes Meisterwerk zu schaffen.

»Man braucht ihn nicht zu umwickeln, um die Gefahr des Brechens zu vermeiden. Pupunha ist wie eine Stahlfeder und hält jahrelang.«

Die zwei Pfeile fertigte er sich aus dem schilfartigen Pfeilrohr. Es wächst schnurgerade, zwei Meter lang und hat keine Verknotungen wie der Bambus. Möglicherweise doch vorhandene Krümmungen werden über schwachem Feuer begradigt.

Einen der Pfeile versah Hosano mit einer Widerhakenspitze, einen mit einer lanzenartigen Klinge aus Bambus. Jetzt konnte er sogar auf die Jagd gehen.

Wir kreuzten unzählige Bäche und Flüsse. Jede Begegnung mit fließenden Wassern wurde mit einer Pause honoriert. Wir legten uns ins kühle Naß, manchmal bis zu einer Stunde, um die angestaute Körperwärme wieder loszuwerden und den Schweiß und die Fliegen.

Wenn wir Durst verspürten und kein Bach in der Nähe war, dann gab es die wasserhaltigen Lianen. Sie können armdick werden und haben ein rosafarbenes Fleisch. Wenn man sie nur an-

Gesellschaft für bedrohte Völker e.V.

Menschenrechtsorganisation
für verfolgte rassische, ethnische
und religiöse Minderheiten

rechts: Staatspräsident Cardoso,
kein Freund der Indiander
unten: Justizminister Corrêa und
Häuptling Davi Kopenawa Yanomami
besuchen das verwüstete Dorf Haximu
(Foto: Wilson Pedrosa/AE, CCPY).

oben: Interview mit dem ehemaligen
Justizminister Maurício Corrêa
rechts: José Altino Machado,
ehemaliger Chef der Goldgräber-
Gewerkschaft und Mitbegründer
des Goldbooms von 1987

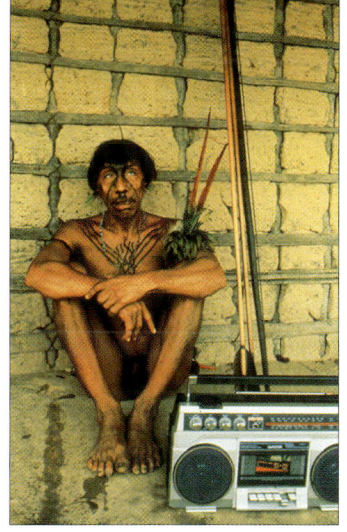

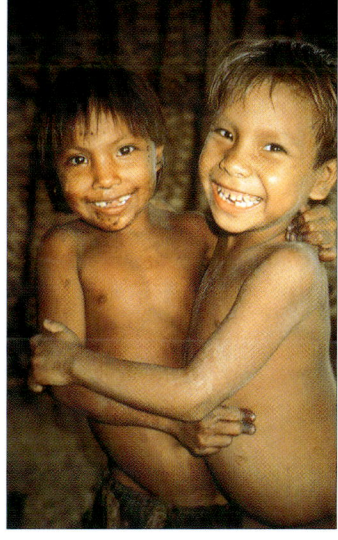

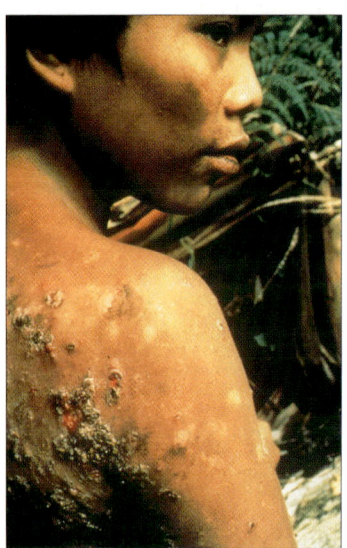

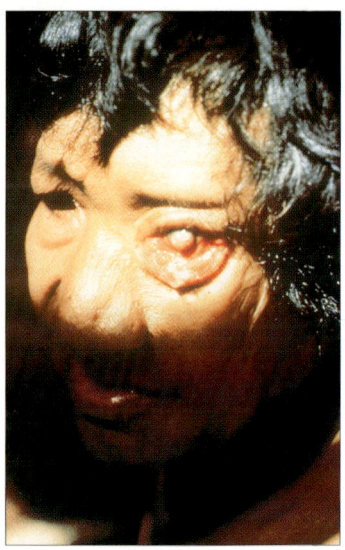

links oben: Indianer besuchen
illegale Goldsucher,
oft enden die Begegnungen mit
Konflikten, sogar bis hin zu Morden.
links unten: Die Yanomami sind vor
allem wehrlos gegen die von
Goldsuchern eingeschleppten
"weißen" Krankheiten.
rechts: Tote werden verbrannt,
die Knochenasche verzehrt.
Über Tote wird nicht mehr
gesprochen, deshalb sind Morde
schwer aufzuklären

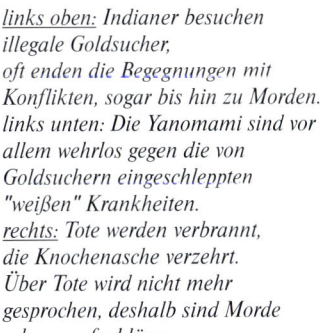

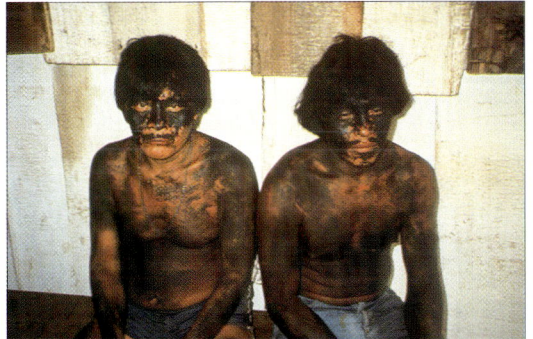

links:
Ermordeter,
angeschwemmter
Indianer.

links:
Geflüchtete
Überlebende
aus dem Dorf
Haximu.
Die geschwärzten
Gesichter sind
ein Zeichen
der Trauer

rechts:
Ein Überlebender des Massakers von
Haximu. Im Bündel die sterblichen
Überreste eines Ermordeten.

unten:
Häuptling Davi Kopenawa nach dem
Massaker. Man sieht ihm Trauer und
Wut über das erlittene Unrecht an.

links:
Trauernde und
geflüchtete
Überlebende
aus dem Dorf
Haximu.

rechts:
Christina
Haverkamp (mit
Stirnband) und
Vera Regina
(die Geliebte des
Gold-Bosses
A. Machado)

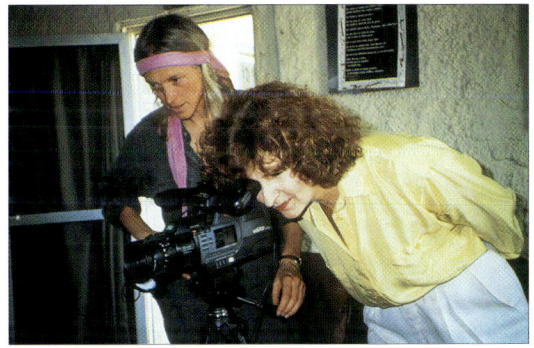

links:
„Kunstwerke"
von
Behausungen:
die Favelas
von Manaus.

links:
Betrunkener
Goldsucher
unten:
Gefährliche
Nahkampfwaffe:
Gummiband
katapultiert
stumpfen
Nagel vor
Schrotpatrone)

unten:
Der Gipfel der Dreistigkeit:
Goldsucherunterkünfte auf
Tuchfühlung mit einem
Yanomami-Dorf.

oben:
Vergnügen der Ärmsten: Ein Mädchen
schippert in einem Styropor-Kasten
auf einer Kloake in den Favelas.

oben rechts:
Harte Kinderarbeit:
Holzkohle verpacken.

rechts:
Prostituierte im Goldgräbercamp

oben: Kinder beim Müllsammeln im
beißenden Rauch von verbranntem
Plastik

oben rechts:
Nehberg und Haverkamp nach dem
Überfall.

unten: Goldwäscher im aufgewühlten
Schlamm, links Nehberg

oben ganz rechts:
Goldsucher auf der Jagd.

unten:
Aus Sorge vor gelegentlichen Razzien durch die Policia Federal wird das gelandete Material sofort in die Sicherheit des Waldes getragen.

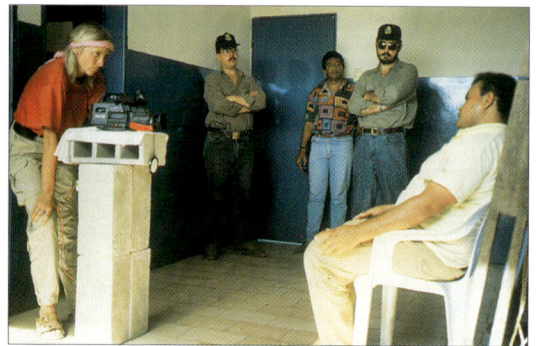

links: Brasiliani-
scher Goldsu-
cher, der in Vene-
zuela gefangen
und dort von uns
interviewt wurde
unten: Die
Polícia Federal
hat den Goldsu-
chern die Töpfe
zerschlagen, um
sie zur Rückkehr
zu zwingen.

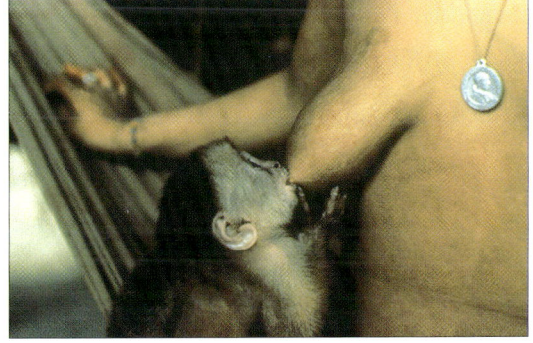

oben: Junge und
Äffchen, beide
geschmückt mit
Daunen der Har-
pye (Greifvogel)
oben rechts: Die
typischen Gold-
flöße - hier auf
dem Uraricoera
rechts: Vier Jah-
re bleiben die
Kinder an der
Mutterbrust.
Während der
ganzen Zeit ha-
ben die Mütter
genug Milch, um
auch die
Spielgefährten
der Kinder zu
versorgen (hier:
ein junges
Äffchen)
rechts unten:
Blick vom
Dorfplatz in ein
Yanomami-
Haus.

links:
Christina und
Rüdiger in der
Hängematte.

links:
Soziale
Verpflichtung:
Christine beim
täglichen
Entlausen.

links:
Glatze (für die
Yanomami
unvorstellbar)
- eine gute
Möglichkeit,
Kontakte zu
knüpfen und
Heiterkeit
auszulösen.

rechts:
Palm-Boot-
Regatta

unten:
Zwei Jungen
mit Äffchen.
Der linke hat
eine Rolle
Tabak hinter
der Unterlippe.

ganz links:
Ein Yanomami-Junge und ein illegal
gelandetes Goldsucher-Flugzeug.
links:
Ein neugieriger Yanomami bestaunt
die Technik.
links unten:
Fische schießen. Die Jäger wissen
genau den Brechungswinkel zu
berechnen. Ein Pfeil dringt bis zu
drei Meter ins Wasser ein. Eine
Gewehrkugel keine 50 cm.
rechts:
Mädchen mit einer Banane als
Marschverpflegung
unten:
Porträt einer Yanomami Frau.
unten rechts:
Ein junger Jäger (ca. acht Jahre)
grillt uns einen Vogel.

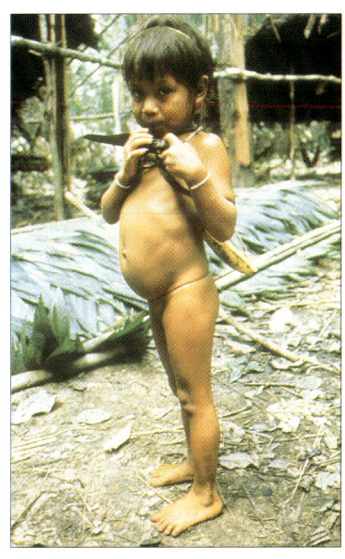

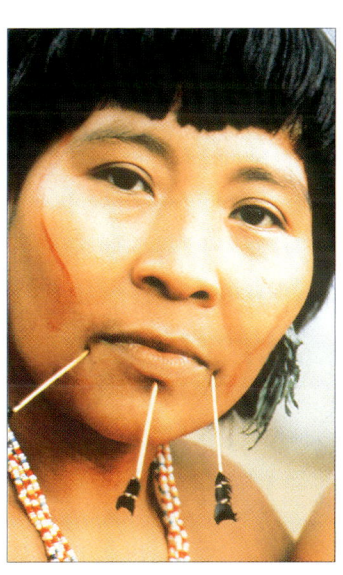

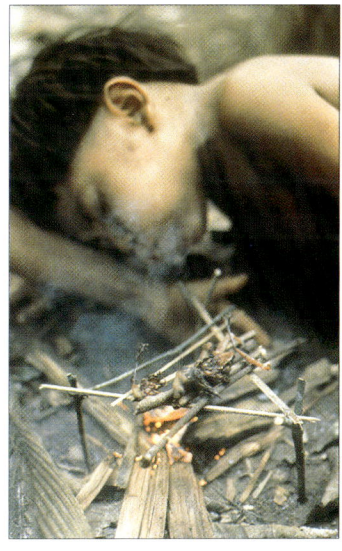

links: Die Pupunha-Früchte wachsen auf Palmen und schmecken wie Kartoffeln.
unten: Duftsträußchen in den Ohren, Zierstäbchen im Gesicht, so schmücken sich Yanomami-Frauen.

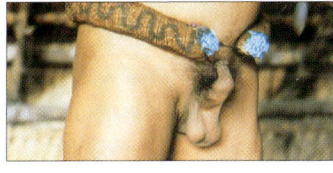

ganz oben:
Die Jagd war erfolgreich:
viele Körbe mit Fleisch.

oben:
Der traditionelll hochgebundene
Penis. "Warum wir den Penis
hochtragen? Weil das praktisch ist,
wenn man keine Hose hat."

rechts:
Ein Schamane bereitet sich darauf
vor, einen Kranken zu heilen.

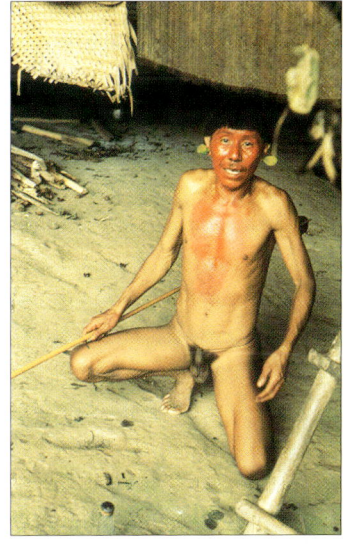

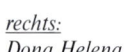

*Davi Kopenawa Yanomami, Christina
Haverkamp und Rüdiger Nehberg in
Manaus während der Besprechung
ihrer Aktion. Davi Kopenawa:
"Macht es auf jeden Fall."*
rechts:
*Der von Yanomami angeschossene
Garimpeiro Chapeu im Hospital von
Boa Vista.*

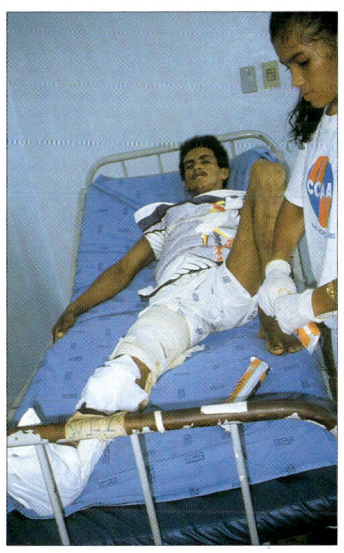

oben links:
Ana mit ihren Yanomami-Kindern
oben:
Rüdiger Nehberg mit einem
Yanomami-Kind
unten:
Die jungen Dorfbewohner von Ixima

oben:
Eine kleine Kamera ist immer dabei.
oben rechts:
Die bisher unzureichende
medizinische Versorgung in Ixima
unten: Genau hier soll die
Krankenstation erbaut werden

oben:
Jeder hilft mit
beim Bau der
Krankenstation,
sogar die Klein-
sten.

links:
„Ist es bald
fertig?"

links:
Richtfest

hackt oder durchschlägt, passiert gar nichts. Bringt man jedoch weiter oben einen zweiten Schlag mit dem Messer an, dann läuft kristallklares kühles Wasser heraus. Ein Zwei-Meter-Stück kann gut und gern einen Liter Wasser hergeben.

»Der Wald ist voller Wasserrohre«, scherzte Hosano dann immer, wenn wir uns nicht nur betranken, sondern auch gleich unter den Lianen duschten.

Wenn es mal keinen Fisch gab, gab es Termiten. Dort, wo Termiten sich durch ihre Bauten zu erkennen gaben, legte Hosano abends sein schweißnasses Hemd aus. Alle dreißig Minuten ging er hin und schüttelte es in seinen zerbeulten Topf aus. Wenn er ein halbes Pfund beisammen hatte, röstete er sie über dem Feuer und hatte ein perfektes Abendbrot.

»Wenn ihr Termiten mögt, fangt euch auch welche«, lachte er und streichelte seinen Bauch. Wie Reiskörner hingen einige an seinen Lippen und fielen, für einen weiteren Anlauf zurück in den Topf.

Mit seinem Bogen erlegte Hosano einen *Mutum* und eins von den kleinen quicken *Agutí.*

»Man hat mehr Chancen, wenn man irgendwo still sitzt statt durch die Gegend läuft«, sagte er wie zur Entschuldigung. Dabei versorgte er uns bestens. Fische und Krebse fing er in kleinen Waldtümpeln mit der Hand. Drei dicke Para-Nüsse, so groß wie Cocos-Nüsse, eine absolute Delikatesse, schoß er mit einem extra dafür geänderten Pfeil. Die Bambusspitze hatte er abgenommen und dafür einen quirlartigen Ast aufgesetzt.

»Damit kann man nicht weit schießen, aber die Auftreff-Fläche ist größer. Der Spreiz-Pfeil wirkt wie ein Schrotschuß.«

Dabei brach ihm schließlich der wertvolle Pfeil, aber wir mußten deshalb nicht hungern. Mal waren es die Früchte des Kakao, dann waren es *Ingá-Schoten* (sie erinnern an Erbsen-Schoten). Mal schleppte er die weniger nahrhaften *Assaí-Früchte* oder das leckere *Palmito* (spargelähnlich) an. Er fing zwei Landschildkröten und in den *Igarapés,* den Bächen, Mini-Fische und Krebse. Es ging uns gut. Jedenfalls den Umständen nach.

Wenn nichts zu essen da war, durfte man einfach nicht darüber sprechen. Aber in Gedanken war man oft zuhause am Frühstückstisch. Man schwor sich, alle Frühstücke, die man im Leben noch genießen würde, gebührend zu feiern. Die knusprigen Mehrkornbrötchen wollte ich fortan liebevoll streicheln, bevor ich sie äße und sie ehren durch edelste Butter und künstlerisch arrangierte Aufstriche. Den Kaffee würde ich nicht mehr ignorant in mein Verdauungssystem schütten, sondern mich vom Duft stimulieren lassen, wie ein Weinkenner. Ich würde ihn küssen und huldigen, ihm danken, für den Sinneskitzel und mich dann erst, Schluck um Schluck, mit ihm vereinigen.

Ja, genauso würde ich es in Zukunft machen. Frühstück als Zeremonie, als Kultgenuß, als Dank an die Schöpfung, die mir diesen Genuß vegönnte.

Selbstbedienungsladen »Wald«

Es war beruhigend zu sehen, wie schnell im Wald die Wunden heilten, die die Invasion von *garimpeiros* von 1987 bis 1992 geschlagen hatten.

Die Flüsse waren wieder klar, die Fische zurückkehrt. Zwar waren sie noch klein, aber bald würden sie groß sein.

Der Wildbestand hatte sich ebenfalls etwas erholt. Aus weniger vom Goldrausch heimgesuchten Landstrichen, wie denen um die Rios Maiá, Marauiá, Padauirí und Deminí, vielleicht auch aus Venezuela, hatten die Tiere zurückgefunden.

Die Pisten, die nicht mehr benutzt wurden, waren als solche kaum noch erkennbar, und die verwüsteten Flußtäler bildeten erste kräftige Narben.

Es waren die Momente der Reise, in denen wir eine winzige

Belohnung unserer Arbeit sahen: Widerstand gegen die Gold-Mafia war nicht sinnlos. Zusammen mit allen Helfern weltweit hatte er das Wunder bewirkt, daß hier eine Art Frieden eingetreten war. Zumindest vorübergehend.

Natürlich gaben wir uns nicht der Illusion hin, daß das Erreichte das Ziel sei. Die Gegenseite schlief keine Sekunde, um mit allen Tricks, Schikanen, Schandtaten, Rechtsbeugung und Verbrechen den Zustand zu ändern, zum Nachteil der Yanomami, zum Nachteil des Regenwaldes, zum Nachteil unserer Kinder und zum Nachteil der Welt. Dafür allerdings zu ihrem Vorteil, zum Vorteil der Zerstörer.

Daß und wie angestrengt sie auf der Lauer lagen, brachten uns die Flugzeuge in Erinnerung, die täglich mit ihren Fünfhundert-Kilo-Lasten über unsere Köpfe dröhnten oder, hoch oben, scheinheilig dahinsummten, wenn ihr Ziel noch entfernt in Venezuela lag. Bei jedem Flug wurde uns klar, wie wichtig es war, den Druck nicht zu lockern, und gemeinsam alle legalen Möglichkeiten wahrzunehmen, den Wehrlosen beizustehen. Sonst wären es sehr bald wieder vierhundert Flugzeuge.

Und dann passierte die Sache mit dem Pekari.

Es war siebzehn Uhr, also noch hell. Wir hatten einen anstrengenden Tag gehabt und schon um sechzehn Uhr Camp gemacht.

Christina und ich lagen unter den Moskitonetzen in den Hängematten. Ein erstes Rauchfeuer glimmte und sollte die Mükken vorwarnen, ihnen kundtun, daß die Luft hier für sie ungesund würde.

Hosano war »zum Einkaufen«, wie er das nannte. Beim *Comerciante Selva* wollte er *algo gostoso*, beim »Händler Wald irgendwas Leckeres«, besorgen.

Statt dessen kam er nach fünfzehn Minuten ganz aufgeregt und völlig außer Atem zurückgestürmt und verkündete: »Indianer!«.

Wie elektrisiert sausten wir aus den Matten, schlüpften in die Schuhe, während er uns erklärte, was geschehen war.

»Ich hielt Ausschau nach Wild, keine fünf Minuten von hier, als ich ein Pekari[2] gewahrte. Es verhielt sich auffallend unnormal, denn es lief nicht in gerader Linie, sondern wie betrunken hin und her. Dann torkelte es im Kreis, und keine hundert Meter weiter fiel es um und verendete.«

Im ersten Moment hatte Hosano gehofft, es sei nur von Jaguar oder Ozelot verletzt worden und denen entkommen, und nun stünde es ihm, Hosano, zu.

Als keine Katze auftauchte, näherte er sich dem Pekari, um ihm notfalls den Gnadenschuß zu verpassen. Er wußte natürlich um die Kampffreudigkeit der Schweinchen und ging mit schußbereitem Bogen.

»Und dann sah ich den Pfeil. Er steckte in der Lunge und war abgebrochen. Aus der Wunde quoll helles schaumiges Blut. Das Tier kann also gar nicht weit gelaufen sein. Die Indianer werden es finden und dann auch meine Spur entdecken. Womöglich riechen sie auch unser Feuer.«

»Nicht schießen, wir sind Freunde.«

Er sagte es hastig dahin, ohne die Richtung, aus der er gekommen war, aus den Augen zu lassen. Auch wenn er keine Frage ausgesprochen hatte, überlegte jeder: Was sollen wir machen?

»Bloß nicht abhauen!« sagte ich spontan. »Sonst denken sie, wir hätten ein schlechtes Gewissen.«

»Eine Flucht nutzt uns hier sowieso nichts«, pflichtete Hosano bei. »Sie kennen das Gelände, wir nicht.«

»Laßt uns lieber Lärm machen, Klatschen, Rufen oder sonstwas. Du kennst ja ihre Einstellung: ›Ein Freund kommt laut, ein Feind kommt leise‹.« Das war Christinas Idee und ich sag-

[13] Pekaris sind kleine Wildschweine. Sie sind leicht reizbar und können sich zu wahren Kampf-Schweinen entfalten. Fühlen sie sich bedroht, greifen sie sofort an. Einzige Rettung ist die Flucht auf einen Baum.

te: »Mensch! Ich hab ja noch die Mundharmonika. Laßt mich Musik machen!«

Bevor jemand widersprechen konnte, hatte ich das kleine Ding aus dem Überlebensgürtel gezerrt und japste »*The green green grass of home*« hinein.

Hosano war völlig perplex. Er strahlte über alle vier Backen.

»Das ist genau das Richtige«, ermunterte er mich.

Zwischendurch hielt er die Hände an den Mund und rief laut und unüberhörbar: »Yanomami!«.

Und Christina »*xereka pe ni hai ma hei*«, sinngemäß: Nicht schießen, wir sind Freunde.

Nach jeder Strophe setzte ich ab, wir lauschten, klatschten und riefen.

Schließlich kam eine Antwort. Ein kurzer Ruf. Ich spielte ein paar Töne, nach der Devise: Böse Menschen kennen keine Lieder. Und Christina jubelte ihren Satz der Freundschaft.

»Ruf noch mal«, bat ich sie. »Dann wissen sie, daß hier eine Frau ist. Gemischte Gruppen wirken nicht so feindlich wie reine Männergruppen.«

Schließlich sahen wir den Ersten. Ich zeigte meine leeren Hände vor, als Zeichen der Wehrlosigkeit und blies derweil Atemluft in die Mundharmonika, rein und raus, rein und raus. Ich kam mir vor, wie der Junge im Film »Spiel mir das Lied vom Tod«.

Richtig erschrocken waren wir aber, als plötzlich 12 Yanomami, mit 30 Meter Abstand rund ums Lager standen.

Sie hatten ihre Pfeile und Bogen gebündelt in der rechten Hand und trugen sie senkrecht und nicht auf uns angelegt.

Jeder von uns spürte augenblicklich, daß keinerlei unmittelbare Gefahr bestand. Christina ging ein paar Schritte auf einen älteren Mann zu und deutete mit der Hand einladend auf unsere Hängematten. Ich spielte schnell noch ein Dutzend Töne, um das Rätsel der Musik aufzulösen und lächelte.

Hosano hatte sich einfach neben das Feuer gehockt und legte

Holz nach, als wären wir bei ihnen oder uns zu Hause. Auch eine vertrauenseinflößende Geste, fand ich spontan.

Die Indianer reagierten entsprechend. Wir waren bestimmt auf Anhieb völlig untypische Goldsucher für sie: Ein alter Mann, ein musizierender Glatzkopf und eine Frau mit völlig blassem Haar, wie sie es vielleicht noch nie gesehen hatten. Dazu kamen Hosanos Bogen und unser indianerähnliches Lager ohne die Technik der Goldsucher.

»Roiku, setz dich«, bat Christina den Älteren. Und nachdem die Indianer sich mit schnellen Blicken davon überzeugt hatten, daß wir tatsächlich nur zu dritt waren, kamen sie alle.

Inzwischen hatte Christina schon wieder weitergedacht. Sie hatte ein altes abgegrapschtes Foto von uns und Davi Kopenawa hervorgeholt, das schon oft zum Kontaktmittel avanciert war und lange Diskussionen unter den Indianern verursacht hatte und bedeutete ihnen: »Wir sind Freunde der Yanomami«.

Davi kannten sie alle. Als der Ältere seinen Namen laut aussprach, umringten sie ihn. Jeder zeigte auf das Bild, dann auf Christina, dann auf mich und formulierten das Gesehene in ihre Sprache.

Hosano schlug unsere letzte Para-Nuß auf und bot ihnen die etwa zwanzig Einzel-Nüsse an. Mir lief das Wasser im Mund zusammen, als sie sie ohne Widerrede ergriffen, mit den Zähnen(!) knackten und verputzten. *»Totihiwe«*, murmelten und mümmelten sie zufrieden. »Gut.«

Christina filzte die Sprachliste durch.

»Weti ha wa kua kure? – Wo ist dein Haus?«

Bestimmt erhoffte sie sich eine Einladung zum Dinner.

Sie redeten alle durcheinander. Vor allem waren sie überrascht, Worte ihrer Sprache zu hören.

»Praha-wé – weit«. Die Armbewegung unterstrich das noch.

Dann kam der eine mit dem Pekari. Er hatte es geschultert. Sie wollten demnach weiter und es nicht hier essen. Der Alte reichte Christina das Foto zurück und wupp, waren sie alle auf den Beinen und verschwanden, ohne sich zu verabschieden oder sich noch einmal umzudrehen.

»Habt ihr gesehen?« sagte Hosano dann, »die hatten drei Flinten, zwei Stoffhängematten, zwei Radios und ein paar Töpfe. Die kommen vielleicht von Goldsuchern. Woher sollten sie das sonst haben?«

Christina hatte andere Sorgen.

»Schade, ich hatte hier gerade so einen schönen Satz. Der hätte uns für die Nüsse entschädigt: *»ya naiki«.* »Ich habe Hunger auf Fleisch«. Aber nun ist es zu spät.«

Inzwischen war es zu dunkel geworden, um noch Nahrung zu suchen. Hosano schaute in Richtung Indianer und kombinierte: »Entweder wohnen sie hier doch in der Nähe, oder sie haben hier Tapiris. Denn kein Indianer läuft gern des Nachts und baut sich sein Lager in der Dunkelheit.«

Indianer setzen sich zur Wehr

Im Moment ahnten wir nicht, woher die zwölf Indianer gekommen und wie sie an die »weißen« Wertsachen gelangt waren, die sie mit sich trugen. Uns schien es, als gehörten sie ihnen, denn sie machten keinerlei Anstalten, sie vor uns zu verbergen. Erst viel später, als wir nach Boa Vista zurückgekehrt waren, verdichteten sich die Beobachtungen zu einem neuen Kriminalstück: Die Indianer kamen von einem Überfall zurück. Und während wir noch im Wald hockten und uns kleinlich über die verschenkten Paranüsse ärgerten, kämpften die Überlebenden dieses Überfalls gar nicht allzu weit von uns um ihr Leben. Einer war bei der Attacke sogar ums Leben gekommen.

Im nachherein überraschte es uns, daß die Indianer uns gegenüber keinerlei Feindseligkeit bekundet hatten. Entweder schlossen sie aus unserer Arglosigkeit, daß wir mit den Goldsuchern nichts zu tun hatten, oder aber wir wirkten auf sie nicht gefährlich wegen Christinas Gegenwart. Das hatte ich oft genug erlebt – und es ist eine wichtige Survival-Grundregel, daß die Begleitung einer Frau nicht annähernd so großes Mißtrauen hervorruft wie eine reine Männergruppe. Später, in Boa Vista, kam uns noch eine dritte Möglichkeit in den Sinn: Die Yanomami hatten auf Grund persönlicher Differenzen ganz gezielt diese eine Gruppe von Goldsuchern angegriffen.

Wir erfuhren das alles, als Christina mit ihrer Malaria ins Krankenhaus von Boa Vista eingeliefert wurde.

»Hast du schon gehört«, berichtete die Krankenschwester, »nebenan liegt ein Goldsucher, der von Indianern angeschossen wurde. Ursprünglich waren es sogar zwei, die man hier eingeliefert hat. Aber einer ist dann gestorben. Die Indianer werden auch immer dreister. Da haben sie schon so viel Land und sind immer noch nicht zufrieden.«

Dieser Meinung war auch der Goldsucher. Denn natürlich besuchten wir ihn sofort. Wir wollten ihn unbedingt noch gesprochen haben, bevor er entlassen wurde oder ebenfalls starb. Denn es sah alles andere als gut aus mit seiner Wunde.

Schon beim Eintritt in seinen Raum schlug uns ein aufdringlicher Geruch entgegen. Eine Mischung aus Eiter und Desinfektionsmittel. Fliegen taumelten trunken auf dem durchnäßten Verband und ließen sich auch nicht durch den auf Höchststufe laufenden Ventilator stören. Der Patient war blaß und still. Er war bei klarem Verstand. Zwar wurde er mit dem Schmerz fertig, aber wenn er beim Verbandswechsel das Einschußloch und das geschwollene Bein sah, fürchtete auch er um sein Leben.

»Der Arzt hat gesagt, er kann mich nicht operieren, weil die Wunde schon über eine Woche alt ist. Jetzt muß der durchschossene Knochen erst schief zusammenwachsen und so verheilen. Später wird er wieder gebrochen und fachmännisch zusammengeflickt.«

Auf dem Nachttischchen hatte er einige Zeitungsartikel liegen. Sie berichteten vom Überfall. »Yanomami ermorden Goldsucher«, schrie es grell vom Papier. Oder: »12 Indianer überfielen 9 Goldsucher. 1 Toter, drei Verletzte«. Oder: »Zweiter Goldsucher seinen Schußverletzungen erlegen«.

Verständlich, daß unser Patient dadurch nicht gerade motiviert wurde. Bestimmt hatte er sich schon mehrfach gefragt, wann womöglich auch seine Zeit gekommen wäre.

Sein Name stand überm Bett: Carlos Henrique Neto. Seinen Spitznamen kannten wir aus der Zeitung: *Chapeu,* Hut. Er war 36 Jahre alt.

Um ihn zum Erzählen zu bewegen, hatten wir ihm Obst und Getränke mitgebracht und stellten uns als Journalisten vor, die über die Härten des Goldsucher-Alltags eine Reportage machen wollten. Und so erfuhren wir, wie er den Überfall darstellte.

»Wir waren 9 Männer und arbeiteten in der Grota Gerson. Sie liegt am oberen Mucajaí. Wir hatten noch nie Indianer gesehen und waren deshalb überhaupt nicht darauf vorbereitet, als die 12 Yanomami auftauchten. Das war genau am 11. Januar (1995). Sie waren mit Pfeilen und mit Flinten bewaffnet. Ehe wir wußten, was uns geschah, schossen sie ohne jede Vorwarnung aus nur 20 Metern Entfernung. Wie auf Kommando. Alle auf einmal und danach flohen sie sofort.«

»Kannst du dir keinen Grund denken? Das ist ja kaum zu glauben für uns Europäer.«

»Nein, keinen einzigen. Wir hatten ja, wie gesagt noch nie welche gesehen. Unser Kollege Baiano war auf der Stelle tot. Er erhielt 2 Schüsse in die Schulter. Unser Kumpel Dolo Antônio Alves Dourado Filho, erhielt einen Schrotschuß in die linke Schulter und mich trafen sie ins linke Bein.«

In diesem Moment kam eine junge Krankenschwester herein.

»Würden Sie bitte Platz machen? Ich muß den Verband wechseln.«

Wir traten beiseite.

Sie schnitt den eitergetränkten Mull ab und warf ihn in einen Abfallbehälter. Chapeu umklammerte mit aller Kraft seinen Oberschenkel, um den Schmerz abzupressen. Er verzog sein Gesicht und stöhnte. Als ich die Wunde sah, konnte ich seine Reaktion verstehen.

Es war ein faustgroßes Loch. Der Knochen des Unterschenkels war glatt durchgeschossen. Alles war stark geschwollen und vereitert. Die Schwester verjagte die Fliegen und tränkte Wunde und Umfeld dick und satt mit Mercuchrom, dem roten Desinfektionsmittel. Da sie über reichlich von diesem Antisepticum verfügte, tränkte sie das Laken gleich mit.

Christina war so erschrocken, daß sie kaum ihre Kamera ruhighalten konnte. Und ich dachte sofort: Niemals war das ein Schrotschuß aus 20 Meter Entfernung! Das war die Folge eines absoluten Nahschusses. Chapeu erzählte also nicht ganz die Wahrheit. Aber dessen ungeachtet mußte er wirklich Schlimmes durchgemacht haben während des tagelangen Marsches. Zwar hatten seine Kollegen ihm das Bein geschient, aber nicht fachmännisch, und die Bruchstelle war nun das reinste Frikassee.

Dazu kam, daß sie ihn über schwierige Wege transportieren mußten und wenig Verbandsmaterial zur Verfügung hatten. Zwei zerrissene T-Shirts, die sie in Streifen gerissen hatten, das war alles, um den Bruch zu verbinden. Mehr besaßen sie nicht. Männer aus dem Heer der Hemdlosen.

Fünf Tage Flucht mit zerschossenem Bein

»**W**as hast du gefühlt, als du den Schuß erhieltst?« Chapeu überlegte kurz.

»Gar nichts. Absolut gar nichts. Der Schmerz kam erst viel später. Ich stürzte einfach zu Boden, als hätte mir jemand die Beine unterm Leib weggerissen. Der Knochen war ja glatt durchschossen. Ich hatte einfach keinen Halt mehr. Und dann gewahrte ich, daß ich sehr viel Blut verlor. Alles um mich herum war rot.«

»Wurde noch jemand getroffen?«

»Ja, Amargoso. Er wurde von einem Pfeil ins linke Bein getroffen. Er konnte ihn aber rausziehen und wurde allein mit der Wunde fertig. Er ist auch nicht mit uns zurückgekehrt, sondern an der Piste von Paapiú geblieben. Er wird bestimmt schon wieder arbeiten.«

Nach dem Überfall herrschte verständlicherweise Panik. Jeder warf sich in eine Deckung, um gegen weiteren Beschuß gesichert zu sein. Daß die Indianer nach dieser Salve gleich verschwanden, hatte wohl niemand erwartet. Als es ruhig blieb, eilten die Männer zu ihren Unterkünften, um die Waffen zu holen. Aber sie waren verschwunden. Die Indianer hatten alles, was in der Eile greifbar war, mitgehen lassen. Nur fünf Pfeile und einen Bogen hatten sie nach der Schießerei an der Grube liegen gelassen.

»Wir glauben sogar, daß sie die Gewehre bereits vorher an sich genommen hatten und mit unseren eigenen Flinten auf uns geschossen haben.«

Das Schlimmste aber wurde die Flucht. Sie dauerte fünf Tage. Die beiden Hauptverletzten wurden in Hängematten gelegt und an Tragebalken bis zur FUNAI-Station an der Piste Paapiú gebracht. »Ich fühlte jeden Schritt in dem unebenen Gelände. Besonders heftig war es, wenn die Hängematte gegen die engstehenden Bäume schlug. Ich glaube, da habe ich so manches Mal geschrien.«

Erst, als sie aus dem Wald auf die Piste traten, atmete Chapeu auf. Jetzt war es nur noch eine Frage von Minuten bis zur Rettung. Der FUNAI-Bedienstete würde ein Flugzeug ordern, und in einer Stunde könnte er im Krankenhaus sein. Doch weit gefehlt!

»Der Mann verweigerte strikt jede Hilfe.«

»Warum? War es, weil ihr illegal dort gearbeitet habt und der FUNAI-Mann natürlich auf Seiten der Indianer stehen mußte?«

Da hatte ich wohl einen tollen Witz losgelassen. Denn trotz seiner Wunde mußte Chapeu lachen. Aber mehr geringschätzig als belustigt.

»Weil er für die Indianer war? Wer ist von denen schon für die Indianer? Nein, der wollte schlicht und einfach Gold von uns haben. 80 Gramm sollten wir zahlen. Darum ist Amargoso auch nicht mitgeflogen. Er hatte nichts. Und mir blieb keine andere Wahl. Ebensowenig Dolo. Wir hätten alles gegeben. Denn da drinnen hatten wir gar keine Überlebenschance. Und das wußte der FUNAI-Mann genau.«

So wurden sie letzten Endes ausgeflogen und hier ins Krankenhaus eingeliefert. Dolo wurde sofort operiert. Er erlag schon am nächsten Tag seinen Verletzungen. Laut Zeitung wurde er im Instituto Medico Legal obduziert und dann auf dem Friedhof Campo da Saudade beigesetzt. Da niemand wußte, woher er kam, wird seine Familie vielleicht nie von seinem Tod erfahren.

Zwei Tage später wurde auch der Leichnam des zurückgelassenen toten Baiano in einem Plastiksack nach Boa Vista geflogen und beigesetzt. Aber mehr als eine Handvoll Knochen hatten die Tiere des Waldes und die Bakterien nicht übriggelassen. Es waren nur noch die Beine und ein Arm. Ende eines harten Goldsucher-Lebens.

Auch Chapeu gaben wir nicht allzu viele Chancen. Dafür war seine Wunde mindestens ebenso schlimm wie das Pflichtbewußtsein der behandelnden Schwestern und Ärzte des Hospitals Francisco Elesbão. Wir haben es mehrfach am eigenen Leib erfahren, daß Mediziner, die für ein *Salário mínimo* (70 Dollar im Monat) arbeiten müssen, nicht gerade die engagiertesten sind. Wie sollten sie auch?

»Können wir noch irgendwas für dich tun?« fragte ich, bevor wir Chapeu verließen.

»Ja. Ihr könntet meiner Familie schreiben, was passiert ist.«

228

Einige Wochen später trafen wir Davi Kopenawa Yanomami.

»Hast du eigentlich von dem Überfall am Mucajaí, in der Grota Gerson gehört?«

»Ja, wo es einen Toten und mehrere Verletzte gegeben hat?«

»Genau. Ein weiterer starb später in Boa Vista. Und auch um den dritten sieht es nicht gut aus. Weißt du, warum die Indianer angegriffen haben?«

»Ja. Soweit ich informiert bin, war es genau wie in Haximu. Es ging um ein versprochenes Geschenk. In diesem Falle um eine Flinte. Als die Leute sich nicht länger vertrösten lassen wollten, gerieten sie in Wut. Es kam zum offenen Streit, und sie nahmen sich, was ihnen gehörte. Der Hauptschuldige war sofort tot. Als die anderen dann zu ihren Waffen griffen, kam es zu der eigentlichen Schießerei, bei der es zu weiteren Verwundeten kam. Aber genauso wollen wir es in Zukunft immer machen. Unsere Geduld ist am Ende. Es ist unser Land.«

Unter anderem erzählte Davi auch von einem Großtreffen vieler Yanomami-Führer in der Missão Catrimani. Bischof Dom Aldo hatte es organisiert.

»Sogar mein Gegner Davi João Yanomami war gekommen. Wir wollten eine gemeinsame Strategie gegen die Goldsucher beschließen. Das Treffen war ein besonderes Ereignis, denn noch nie waren so viele Dorf-Chefs zusammengekommen.«

»Und seid ihr irgendwie zu einem Resultat gelangt?«

»Jein«, zögerte er mit seiner Antwort. »Vielen meiner Kollegen ist einfach schwer klar zu machen, daß die Anwesenheit der *garimpeiros* ihnen mehr Nachteile als Vorteile bringt. Als Dom Aldo uns das in seiner Eröffnungsrede klarmachen wollte, hat Davi João seinen Leuten manche Sätze gar nicht übersetzt. Er wird auch weiterhin auf der gegnerischen Seite stehen.«

Dann fügte er nach kurzen Momenten des Nachdenkens hinzu:

»Aber was wollen wir von solchen Leuten erwarten, wenn nicht einmal die Organisationen der Weißen zusammenhalten gegen unsere Feinde? Der Bischof hatte alle diejenigen eingeladen, die angeblich immer für uns kämpfen. Ich glaube, es waren zwölf Organisationen. Und wißt ihr, wie viele gekommen sind ??? Ganze vier!«

»Was war denn das wichtigste Resultat eures Treffens?«

»Wir haben beschlossen, uns in Zukunft selbst zu wehren. Wir wollen uns nicht mehr auf die FUNAI und andere verlassen. Wir werden das ab jetzt auch mit unseren Waffen tun. Alle paar Monate erhält die FUNAI einen neuen Präsidenten. Aber keiner von denen wagt es, irgend etwas wirklich Durchgreifendes für uns zu tun, weil es ihm Schwierigkeiten bereiten könnte. Alle hängen an ihrem gutbezahlten Job. Und obwohl sie schon nichts tun für uns, werden sie dennoch ausgetauscht. Die Folge ist, daß sie erkennen, Nichtstun ist noch zuviel, und so arbeiten sie von Mal zu Mal mehr gegen uns. Das ist brasilianische Wirklichkeit, so sehen wir die FUNAI.«

Etwa 10 Tage später starb auch Chapeu.

Dona Helena

Ihr Name war Legende unter den Goldsuchern am Uraricoera. Alle, die je per Boot oder zu Fuß mit diesem Strom zu tun hatten, kannten Dona Helena.

Auch was wir über sie erfahren hatten, machte für uns einen Besuch bei ihr zur Pflicht. Vor allem unser knurrender Magen befahl uns, bei ihr Halt zu machen. Dona Helena war das personifizierte kleine Paradies gleich außerhalb des Yanomami-Landes. Dort gab es nicht nur Obst und Fisch und Fleisch und Reis, sondern alles in Überfluß, inklusive Säften, Bier, Caipirinha und Süßspeisen.

Unser Heimweg war unterdessen »normal« weiterverlaufen. An einer günstigen Stelle hatten wir den Uraricoera überquert und befanden uns nun auf der Nordseite. Sogar ein Weg war erkennbar. Die Fußballschuhe der Goldsucher hatten ihn unübersehbar in den Wald gestanzt.

Hosano blieb mitten im Gehen scheinbar grundlos wie angenagelt stehen. Als hätte er einen Anker geworfen. Wir erstarrten ebenfalls, denn es war klar, daß er irgendetwas Ungewöhnliches gesehen haben mußte. Als er dann, fast unmerklich, Fuß für Fuß zurückwich, und kein Wort sprach, bildete sich bei uns unwillkürlich eine Gänsehaut. Das Beängstigende der Situation war, daß wir nichts sahen und nichts hörten.

Dann war er neben uns.

»Todesbienen«, flüsterte er uns zu. »Seid ganz leise. Sie reagieren auf Lärm und Bewegung. Ihr Stich ist sehr gefährlich, wenn ihr Pech habt, sogar tödlich. Vor allem, wenn mehrere auf euch einstechen.«

Gehorsam taten wir es ihm gleich. Christina konnte jetzt bei genauem Hinhören ihr Gebrumm wahrnehmen, während ich von alledem wegen meiner Schwerhörigkeit nichts mitbekam.

Als wir in Sicherheit waren, atmete Hosano deutlich auf.

»Ich habe schon zweimal erlebt, wenn sie angreifen. Das eine Mal war es eine Prozession, die gerade einen »Heiligen‹ durch den Ort schleppte. Die Bienen fielen wie aus heiterem Himmel über sie her. Die Leute ließen ihre Heiligenfigur fallen und rannten in Panik in allen Richtungen auseinander. Und ein anderes Mal war es ein alter Mann, der beim Angeln von drei Bienen gestochen wurde. Er ist daran gestorben.«

»Da sprang das Krokodil«

Wie häufig nach diesen nicht alltäglichen Ereignissen, erzählte Hosano auch an jenem Abend wieder einige seiner spannenden Geschichten. Er erzählte vor allem dann, wenn wir etwas im Bauch hatten und die Erzählung nicht vom Hungerknurren des Magens übertönt wurde.

»Vor Jahren wären meine frühere Frau und meine kleine Tochter beinahe von einem Krokodil gefressen worden.«

Und wie immer, wenn er seine Erlebnisse zum Besten gab, warf Hosano uns auch diesmal nur einen einzigen Satz hin. Zum Anködern gewissermaßen. Dann mußten wir große Augen machen und nachfragen. Und erst, wenn wir richtig spitz geworden waren, berichtete er weiter. Das war längst zur richtigen Zeromonie geworden.

»Die beiden fuhren in unserem kleinen Holzkanu flußabwärts zum Markt. Als sie einen niedrigen Steilhang passierten, stürzte unerwartet und wie aus heiterem Himmel ein kleiner Kaiman ins Boot. Er war etwa einen Meter lang. Einerseits hatte der sich wohl erschrocken und wollte fliehen und andererseits hatte er Hunger. Vielleicht auch nur Angst. Als er meine beiden Lieben sah, dachte er wohl, er könne zwei Fliegen mit einer Klappe schlagen. Entkommen und satt werden. Er packte meine Tochter in der Taille und riß sie ins Wasser. Meine Frau hielt das Kind mit einer Hand fest – und damit auch das Krokodil – und schlug wie wild mit dem Paddel auf das Tier ein. Dabei zerbrach das Paddel. Sie konnte keins der zerbrochenen Enden greifen. Sie schwammen einfach weg. Das einzige, das sie gerade zu fassen bekam, war eine *Cuia*, die Kürbisschale, die wir immer zum Wasserschöpfen im Boot liegen haben. Mit der schlug sie dem Krokodil auf die Augen.«

Immer genau dann, wenn es spannend wurde, gönnte sich Hosano eine Pause. Es war zum Verrücktwerden.

»Na los, laß uns hier nicht hängen. Wie ging's dann weiter?«

»Dabei rutschte meiner Frau die Schale aus der Hand. Sie fiel neben dem Krokodil ins Wasser, und nun hatte meine Frau nur noch ihre bloßen Hände. Ihr könnt euch sicher denken, daß man damit keine Chance gegen solch ein Tier hat.«

»Und was hat sie gemacht?«

»Es kam ihr der Zufall zu Hilfe. Das Krokodil erblickte die kleine helle Schale, die plötzlich neben seinen Augen auf dem Wasser tanzte. Es ließ meine Tochter los, schnappte sich die Schale und tauchte weg. Meine Frau konnte die Kleine ins Boot zurückzerren und mit ihr rechtzeitig in jenem Markt-Ort einen Arzt aufsuchen. Der hat die Wunde gut gereinigt und vernäht. Dadurch ist sie am Leben geblieben, aber seit dieser Zeit hinkt sie ein wenig. Heute ist sie trotz der Behinderung längst gut verheiratet.«

Christina hatte erneute Malaria-Anfälle. Vielleicht hatte sie sich im Indianer-Dorf zum zweiten Mal infiziert. Malaria bekommt man immer wieder. Wir mußten Tage der Ruhe einlegen, wenn sie sich vor Fieber und Schwäche nicht auf den Beinen halten konnte.Denn inzwischen waren wir alle soweit entkräftet, daß wir sie nur über kurze Distanzen zu tragen vermochten. Auf gar keinen Fall den ganzen Tag.

Christinas Kopf schien manchmal bersten zu wollen

»Ich habe einen Tumor«, war ihre ständige Befürchtung, wenn

die stärksten Schmerztabletten nicht mehr wirkten, und sie ihren Kopf ins kühle Wasser der *igarapés* tauchte.

»Dona Helena hat alles. Sie hat auch *Mefloquina* (die brasilianische Bezeichnung für Lariam)«, machte Hosano ihr immer wieder Mut. Sie reagierte auf alles sehr apathisch und aß nicht einmal mehr das wenige, das wir besaßen. Dafür trank sie literweise Wasser, und wenn es Früchte gab, die sich zu Saft verarbeiten ließen, wie *Cajú* und *Assai,* schüttete sie die Kostbarkeiten in sich hinein. Wie in ein Faß ohne Boden.

An der verlassenen Piste Santa Rosa entdeckten wir neben den eingerissenen Baracken zwei Ananasfrüchte und einen Baum voller Limonen – der erste Schritt zurück in unsere Welt und ein lukullisches Abendessen zugleich.

Den Obstfund nahmen wir zum Anlaß für eine erneute längere Rast. Wir waren schlapp und benötigten häufig größe Pausen. Wir kuschelten uns neben die Überbleibsel der Baracken und fühlten uns bereits wie zu Hause.

Morgens weckte uns ein lauter Fluch.

Was noch nie vorgekommen war, passierte heute. Hosano wurde wach und schien schlecht gelaunt. Er stieß Laute aus wie ein wütendes Pekari.

»Verdammte Scheiße! Guckt euch das an. Mich hat ein Vampir angezapft. Meine ganze Hängematte ist voll Blut.«

Als wir die Blutlache und seinen blutverschmierten Kopf sahen, dachten wir, ein Riesen-Monster müßte am Werk gewesen sein.

»Nein. Das täuscht«, sagte er. »Die Tierchen sind oft kaum größer als eine Maus, plus Flügel. Sie setzen sich nie auf den Körper des Opfers, sondern immer daneben. Auf die Hängematte zum Beispiel. Dann suchen sie sich eine Extremität des Opfers aus. Wie bei mir das Ohr. Sie betäuben es mit einem Sekret und dann stechen sie zu mit ihren injektionsnadelspitzen Zähnen und trinken sich satt am Blut.« Hosano spiegelte sich in einer Wasserpfütze und versuchte sich zu reinigen. »Dabei sondern sie ein blutgerinnungshemmendes weiteres Sekret ab. Das bewirkt, daß das Opfer auch dann noch lange blutet, wenn sie selbst längst davongeflattert sind. Ich habe schon mal erlebt, daß ein Kollege an drei Stellen gleichzeitig angestochen wurde. Der hat auch nichts gemerkt und sah hinterher aus wie ein abgestochenes Schwein.«

Ich wusch seine Hängematte, und schließlich war alles blitzsauber. Auch Hosano selbst. Und damit war seine gute Laune wieder hergestellt.

Gegen acht Uhr goß es in Strömen. Alles war pitsche-patschenaß.

»Das wird ein Scheiß-Marsch. Der Lehm auf den Wegen wird uns wie Leim festhalten«, machte ich meinem Ärger Luft. Denn es stand fest, wir würden Christina tragen müssen. Sie war unfähig zu gehen. Wenn wir ihr wirklich noch helfen wollten, mußte sie dringend nach Boa Vista ins Krankenhaus. Sie brauchte Lariam, Nahrung und Ruhe. Jeder Tag, den wir uns Zeit ließen, um womöglich das Trocknen der Wege abzuwarten, konnte ihr zum Verhängnis werden. ·

Zum Glück mußte ich Hosano nie bitten, weiterzugehen. Er verspürte selbst den Drang voranzukommen, sich schnellstmöglich wegen seiner Augen helfen zu lassen.

An diesem wasserreichen Tag erbat er lediglich einen kurzen Aufschub.

»Ich habe eben eine Schildkröte gefangen. Damit wir sie nicht schleppen müssen, will ich sie nur noch schnell braten. Dann haben wir auch was im Bauch und sind sicherer auf den Beinen.«

Wie er »mitten im Wasser« Feuer machen wollte, war mir ein Rätsel. So nah bei Dona Helena, hätte ich dem Tier die Freiheit gelassen. Ich sagte das auch. Aber Hosano gab zu bedenken: »Vertraue nie dem, was ›eventuell irgendwann‹ mal sein könnte. Nur das, was du schon hast, ist wirklich sicher. Ich kann mir ein Bein brechen, und dann sind wir noch lange nicht bei Dona Helena.«

Er hatte recht. Das sind alte Survival-Grundregeln.

Dann ging er hinaus in den Bindfaden-Regen und suchte Brennmaterial.

Er kehrte mit einigem Holz und einem Stück gelben Plastikrohr zurück. Davon lag hier noch aus der Zeit der Goldsuche einiges herum.

Mit Engelsgeduld schabte er davon feinste Späne ab. Und dann setzte er sie in Brand. Feuer mit Plastik!

»Das brennt sogar unter Wasser«, scherzte er, während ich bereits die ganze Schildkröte vergiftet sah. Aber das war Hosano auch klar. Er nutzte das Plastikfeuer nur so lange, bis das Holz gezündet hatte. Dann schubste er das Initialfeuer zur Seite und arbeitete ausschließlich mit Holz.

Das 10-Gänge-Menu

Trotz der zugewucherten Piste wühlten auch hier im Umkreis einige Unentwegte nach Gold. Weil Flugzeuge nicht mehr landeten, hatten sie ihre Dieselmotoren, an Baumstämmen hängend, auf Schultern über Stock und Stein geschleppt. Das hatte Tage gedauert. Nun schufteten sie im Schatten der Bäume, von der Luft her nicht auszumachen, an Bächen mit dürftiger Ausbeute.

Von hier waren es nur noch drei Stunden Marsch bis zu Dona Helena. Sie wurden uns erleichtert, als vier junge kräftige Indianer auftauchten. Sie zählten sich nicht zu den Yanomami. Sie waren Maiangong. Bereitwillig luden sie Christina in eine Hängematte und trugen sie am Balken auf ihren Schultern ohne Pause bis zum Fünf-Sterne-Restaurant der Wunderfrau.

236

Bananenbäume im Überfluß, Hühnergegacker aus zweihundert Kehlen, Musik aus dem Transistor, Hundegebell, und – Dona Helena – das war der erste geballte Eindruck von diesem Vorposten aus unserer Welt.

Wir hatten uns Dona Helena oft in Gedanken ausgemalt. Zustandegekommen war immer eine wohlbeleibte, kräftige fünfzigjährige Frau, wohl freundlich, aber auch resolut, der Typ einer guten Köchin.

Um so erstaunter waren wir, als sie sich als ausgesprochen attraktive junge Frau entpuppte. Schlank, hochgewachsen, ein wenig afrikanisches Blut in den Adern. Achtundzwanzig Jahre jung, behende, mit Mini-Rock und von strahlender Herzlichkeit – so kam sie uns entgegen. Ihren Revolver ruckte sie kurz am Gürtel zur Seite, nach dort, wo er hingehörte und hieß uns willkommen. Als sie Christinas Zustand erkannte, richtete sie ihr sofort einen schattig-luftigen Platz in einem der fünf »Gästehäuser« ein, die um den geräumigen Platz herum errichtet waren. Ob auf diesen Platz oder in den Häusern – überall wimmelte es von geschäftigen Hühnern. Händeweise streute sie Mais unter das Federvieh und zeigte uns stolz ihre dreißig Kartons, in denen jeweils eine Henne zehn neue Hühner erbrütete.

Außer den Hunden liefen ständig auch drei *Mutum* und zwei *Jacamin* zwischen ihren Beinen herum. Bis sie schließlich ins Restaurant ging und die Tiere zurückscheuchte. Sie schloß die halbhohe Tür und schickte sich an, unter Ausschluß der Öffentlichkeit unser Essen zu bereiten.

Zwanzig Minuten später war es fertig. Wir waren völlig überwältigt. Suppe, Reis, Bohnen, Fleisch, Huhn, Spiegeleier, Brot, Pudding, Kuchen, Kaffee und Saft – das war nicht mehr zu überbieten. Das war perfekt.

»Normalerweise kostet das eineinhalb Gramm«, lächelte sie, »aber für euch ist das umsonst.«

Womit wir das verdient hatten, wurde uns nie klar. Wahrscheinlich war es Christinas jämmerlicher Zustand. Und ausgerechnet sie konnte die Leckereien am wenigsten genießen. Für sie hatte Dona Helena Papaya-Mus bereitet. Genau das Richtige in diesem Falle.

Das Erstaunliche war, daß diese Frau hier ohne Freund oder Mann wohnte. Nur gegen Abend kam ein alter Diamantenschürfer und täuschte einen gewissen Schutz vor. Er aß und schlief dort, und morgens verschwand er wieder im Wald.

»Ich weiß mir selbst zu helfen«, lächelte sie überlegen. »Und weil ich für alle Goldsucher hier das wichtigste Nachschublager bin, stehe ich eigentlich unter dem Schutz aller. Jedenfalls hatte ich hier noch nie Probleme.«

Und freizügig zeigte sie uns nicht nur ihre mit sechs Schuß geladene Pump-Flinte hinter der Tür des Schlafzimmers, sondern auch die zehn Diamanten und ein Kilo Gold in einem Versteck. Allein dieser Schatz war nach unserem Empfinden die reinste Aufforderung zum Mord für Typen wie unseren Come gente.

»Das zeige ich sonst niemandem. Es wird auch höchste Zeit, daß ich das wieder nach Boa Vista in Sicherheit bringe. In zwei Tagen will ich runterfahren. Wenn ihr wollt, nehme ich euch mit.«

Das war natürlich eine Freudennachricht. Aber der wertvollste Schatz, den sie uns bot, war die Packung Lariam gegen Christinas Malaria. Sie hatte nicht nur eine, sie hatte sieben davon und Weiß-der-Teufel-was-noch an sonstigen Medikamenten. Sie führte eine komplette Wald-Apotheke.

Unsere vier Indianer waren am nächsten Morgen weitergezogen. Sie wollten sich mit dem Decken mehrerer Goldsucher-Dächer in einer neuen Siedlung am Uraricoera eine Hängematte und ein Messer verdienen. Wir entlohnten sie mit dem, was uns noch zur Verfügung stand: etwas Garderobe. Und wir zahlten ihr Essen im »Restaurant Dona Helena«.

Die Falle

Wir standen wie vor einer Mauer. Entweder ließen sich unsere alten Bekannten verleugnen, oder sie hatten »leider keine Zeit«, oder sie arbeiteten nicht mehr im Gold. Es war zum Verrücktwerden. Dabei waren sie alle freundlich. Man hatte das Gefühl, daß es ihnen aufrichtig leid tat, uns nicht mit hineinnehmen zu können.

»Verdammt, die haben sich abgesprochen. Wären wir keine *gringos,* sondern brasilianische Goldsucher, wären wir längst drin«, murrte ich.

Wir waren mal wieder in Boa Vista. Nach der Rückkehr mit Dona Helena hatten wir Christina sofort ins Krankenhaus gebracht. Ergebnis der Blut-Untersuchung: »Zwei Kreuze«, wie es dort heißt. »Kurz vorm Koma«.

Sie lag zwei Wochen stramm im Bett. Dann kehrten wir zurück nach Deutschland, beschafften uns eine neue Film- und Fotoausrüstung und erstmals auch zwei Kajaks.

Und jetzt standen wir erneut in Boa Vista auf der Matte. Fast war diese Dorfstadt schon meine zweite Heimat geworden. Wenn auch die Gründe andere waren als die, weswegen man sich zu einer Heimat hingezogen fühlt.

Nur als Notlösung wollten wir auf die beiden Renn-Kajaks zurückgreifen, die uns Tomas Paddel-Meier aus Hamburg gemacht und gesponsert hatte. Sie wogen nicht mehr als achtzehn Kilogramm, hatten einen wasserdichten Raum und ein Podest am Heck fürs Gepäck. Sie waren genau die richtigen Flitzer, um damit notfalls unabhängig von den Goldsuchern und gegen die Strömung über die Flüsse Catrimani, Mucajaí oder Uraricoera einzureisen.

Nur, das würde uns Wochen kosten. Ehe wir ankämen, wären unsere Lebensmittel aufgebraucht und wir wären erneut von den *garimpeiros* abhängig. Daß wir die über fünf Meter langen Boote überhaupt hierherbekommen hatten, lag daran, daß Paddel-Meier sie halbiert hatte. Alle vier Hälften steckten ineinander wie Eierschalen. Die Fluggesellschaft LTU hatte sie uns freundlicherweise kostenlos nach Brasilien geflogen.

Vor Ort in Boa Vista hatten wir die Bootsschalen – unter Ausschluß der Öffentlichkeit – an einem Fluß wieder zusammengesteckt und mit Polyester und Glasmatten verschweißt. Anschließend versteckten wir sie bei einem Freund. Gegebenenfalls waren sie sofort einsatzbereit. Sie sollten unser As im Ärmel sein. Sie sollten uns vorgaukeln, wie unabhängig wir doch waren.

Da klappte endlich ein Treff mit Chico Mineiro, dem Mitbegründer des Goldbooms, Eigner der Piste unserer ersten Ausraubung.

»Er will übermorgen wieder reinfliegen. Bietet ihm an, die 1000 Reais (= 1100 US-Dollar) Flugkosten zu übernehmen«, war der Tip eines Vermittlers. »Er ist im Moment knapp bei Kasse.«

Der Informant brachte uns sogar bis in Chico Mineiros Haus. Es lag fast an der Kreuzung von Rua Santa Catarina und Rua Rondônia und hatte keine Hausnummer. Trotzdem war es jederzeit wiederzufinden. Denn aus alten Zeiten prangten an der weißen Mauer noch die riesigen Schriftzüge: »*Romero Jucá*[14] *Governador, Teresa Jucá Prefeita*«.

Im Vorgarten wiegten einige Palmen und kleinere Bäume ihr weises Haupt. Das eiserne Garagentor und auch das Gatter waren geschlossen. Aber die Tür und das Fenster zum Haus standen offen.

Der Informant klatschte. Nichts rührte sich.

»**E**r muß in der Nähe sein. Sonst stünde nicht alles sperrangelweit offen.

Die Nachbarn reckten neugierig die Hälse. Jeder kannte Chico Mineiro. Hier waren schon Gouverneure und Minister eingekehrt. Wir waren allenfalls klägliche Schlußlichter in diesem hohen Reigen. Hoffentlich kannte uns niemand. Das war in diesen Augenblicken des Wartens wieder die bange Hoffnung.

Und plötzlich stand er vor uns. Wir hatten ihn zwar die Straße hochkommen sehen, aber er war völlig anders als alles, was wir uns unter Chico Mineiro vorgestellt hatten. Er wäre uns gar nicht aufgefallen. Wir hatten einen Boca Rica, eine João Neto, erwartet. Fett, überheblich, skrupellos, protzig. Statt dessen kam da ein etwa fünfunddreißigjähriger sportlich-sympathischer Typ daher, mit Sandalen an den Füßen, mit Blue Jeans und einem dunkelblauen, offenen Sporthemd. Der Informant stellte uns vor. Chico Mineiro reichte uns die Hand.

»Kommt rein«, lud er uns ein, schloß das Tor auf und ging voran. »Darf ich euch kaltes Wasser anbieten?« Und da saßen wir dann in seinem Wohnzimmer und waren von nur einem Gedanken beseelt: uns als nette Menschen darzustellen, auf Seiten der Goldsucher, mit dem Ziel, gemeinsam reinzufliegen.

Chico Mineiro ließ sich Zeit. Und sie verging wie im Fluge.

Er erzählte von der Zeit des Pisten-Baus: »Ich war allein und besaß nur ein Haumesser und ein Feuerzeug. So bin ich wochenlang unterwegs gewesen und habe ausschließlich vom Wald gelebt. Bis ich bei meinen Probe-Waschungen auf Gold stieß. Dann bin ich mit dreißig Arbeitern zurückgekehrt und innerhalb von vier Wochen war meine Piste fertig.«

Man durfte ihm das glauben. Er war die Dynamik selbst. Den abgefeimten Boß spürte man in keinem Augenblick. Vielleicht war das auch der Grund, weshalb die Indianer um seine Piste herum immer zu ihm gehalten haben.

241

Als er sogar begann, ziemlich offen über die FUNAI und die Polícia Federal zu plaudern, waren wir uns unseres Sieges sicher.

»Natürlich kenne ich alles, was hier Rang und Namen hat. Bis rauf zum Präsidenten. Der Gouverneur und seine Frau waren noch letzte Woche bei mir zu Gast. Ob ihr es glaubt oder nicht: die bitten mich nicht nur, die flehen mich an, weiterzumachen. Darum gehört meine Piste zu denen, die nicht zerstört wurden. Sie sagen: Chico, halt durch, auch wenn im Moment nicht viel zu verdienen ist. Aber solange du und deine Kollegen mitziehen, hat das Gold in Roraima eine Chance. Und solange behalten wir unsere Jobs, weil wir die Razzien ›gegen‹ euch durchführen müssen.«

Er erzählte das so offen, daß wir uns fragten, ob das alles erlogen war, und er nur protzen wollte. Oder ob es den Tatsachen entsprach und er uns damit sein Vertrauen bekunden wollte. Richtig schlau wurden wir nicht aus ihm.

»FUNAI und Polícia Federal kriegen ja häufig Sondergelder, sogar aus dem Ausland, für *Selva-Livre-* (Rettet-den-Wald-) Aktionen – und so geht es uns allen gut. Sie kriegen ihre guten Gehälter und ich kann weiter Gold suchen. Ich werde immer rechtzeitig in Kenntnis gesetzt von möglichen Razzien.«

Er schmunzelte leicht und gönnte sich ein Glas Eiswasser.

»Wie sieht's aus, Chico«, begann Christina schließlich, »nimmst du uns mit rein?«

Das Geheim-Signal

Der alte Waldfuchs legte seinen Kopf nachdenklich auf die Seite. Er blickte uns beide an und meinte: »Das liegt nicht nur an mir. Wenn ich euch reinbringe, möchte ich euch auch lebend wieder draußen sehen. Aber wenn ihr erst mal drinnen seid und eure eigenen Wege geht, kann ich für nichts garantieren. Mein Einfluß und die gesamte Situation im Wald haben sich geändert. Die Leute sind auf fremde Reporter schlecht zu sprechen.«

Wir recht er hatte, wußten wir nur zu gut. Er aber ebenfalls. Natürlich war ihm unser letzter Zwischenfall an seiner Piste längst zu Ohren gekommen. Und so erfuhren wir die schon erzählte Fortsetzung unserer von Come gente geklauten Ausrüstung. Welcher FUNAI-Funktionäre jetzt die Kamera besäße, wollte er jedoch nicht sagen. Eine Krähe hackt der anderen kein Auge aus. »Weiß ich nicht genau«, sagte er.

Irgendwann, als wir einander vertrauter schienen, sprudelte ich auch die Frage heraus: »Wie ist eigentlich das Geheimzeichen an deiner Piste? Das Zeichen, das man den Piloten geben muß, damit sie landen?«

Chico Mineiro lächelte und überlegte kurz, ob er es uns sagen sollten. Dann überwogen wohl sein Vertrauen oder sein Glaube, daß wir Naivlinge ihm ohnehin nicht schaden konnten und er antwortete: »Es ist ganz einfach. Am Kopfende der Piste gibt es drei Gras-Inseln. Auf die mittlere legt man den roten zerschossenen Metall-Benzinkanister, der seitwärts im Gebüsch liegt. Dann stellt man sich dahinter, nimmt sein Gewehr oder einen dicken Ast in die linke Hand und schwenkt diese mehrfach rauf und runter. Die linke Hand ist dabei wichtig, weil mit der rechten jemand zufällig ein solches Signal geben könnte. Denn die meisten Menschen sind ja Rechtshänder.«

Mein Gott, dachten wir, so einfach war das; wenn man es nur gewußt hätte. An den Kanister erinnerten wir uns nämlich sehr gut. Wir hatten oft darauf gesessen. Er war das einzige Stück »Kultur«, das dort herumgelegen hatte. Es hätte uns seinerzeit eine einzige Frage an den Piloten gekostet, und wir hätten uns den ganzen qualvollen Rückmarsch ersparen können. Beim nächsten mal würden wir es besser machen.

»Tudo bem, ok«, sagte er schließlich. »Laßt uns so verbleiben: Ich spreche das mit dem Piloten durch. Morgen sage ich euch

Bescheid.« Er hielt Wort. Aber leider sagte er ab. Ohne Kommentar. Er wollte seinen Flug lieber selbst bezahlen. Aber immerhin hatte er sogar persönlich abgesagt. Er war eigens deshalb in unserem Hotel aufgekreuzt. Das hatten wir noch nicht erlebt. Der Normalfall war eher der, daß Versprechen nicht eingehalten wurden, daß es immer nur wir waren, die bei Verabredungen erschienen.

Wir standen wieder am Anfang. Erneut zapften wir alle Verbindungen an und machten auch schon eine dreitägige Probefahrt mit Paddel-Meiers Kampf-Kanus.

Die abgebrühten Wucherer

Da meldete sich ein gewisser Walter Fuchs. Er war nicht unser Typ, aber er wurde uns über einen ansässigen Europäer, der unser Vertrauen genoß, empfohlen. Das milderte unsere Skepsis.

»Walter hat sich mit Gold sein gesamtes Haus zusammenverdient. Er kennt alles, was mit dem Metall zu tun hat. Wenn euch einer reinbringt, dann er.«

Wir hatten keine Alternative und verhandelten mit Walter. Er wohnte in der Avenida da Nossa Senhora da Consolata 1121.

»Zweitausend Dollar«, war sein Preis. Also das Doppelte des Üblichen. »Darin enthalten ist meine Provision und der Lohn für den *garimpeiro*, der euch begleiten wird. Das Nähere besprecht ihr mit Alexandre Baiano. Ihm gehört das Flugzeug.«

Wir gaben uns nachdenklich. Wegen des Preises. Auch wenn wir innerlich längst zugesagt hatten. Der Not gehorchend.

»Wo können wir Alexandre treffen?«

»Ich hole ihn«.

Walter machte keine unnötigen Worte. Er setzte sich auf sein Motorrad Marke Honda Sahara, Farbe blau, Registrier-Nr. Boa Vista 230 und bruzzelte los.

244

Zwanzig Minuten später kam er zurück und hatte auf dem Rücksitz jenen Alexandre Baiano.

Er war zu neunzig Prozent Schwarzer. Wir schätzten ihn auf dreißig bis fünfunddreißig Jahre. Tatsächlich sollte er erst zweiundzwanzig sein. Die Wahrheit mag dazwischen liegen. Wenn er sprach, blickte er zur Erde. Er konnte keinem ins Gesicht blicken. Ihn begleitete der Ruf, zwölf Menschen getötet zu haben und ein eiskalter Geschäftsmann zu sein. Ein Typ also, dem man nicht vertraut.

Was uns dennoch mit ihm zusammenarbeiten ließ, war die fehlende Alternative, die Tatsache, daß er uns empfohlen wurde, und die Hoffnung, daß Leute, die eiskalt auf die Einhaltung von Geschäften setzen, selbst irgendwo zuverlässig sein müßten.

»Ihr zahlt fünfzig Prozent an, wenn wir uns einig sind. Ich kaufe dafür das Benzin und bringe den Goldsucher. Ich weiß auch schon jemanden. Er heißt Salsicha. Sein Lohn ist in den 2000 Reais enthalten. Ihr kauft außerdem die Geschenke für die Indianer und eure Lebensmittel. Die Geschenke für die Indianer sind wichtig.«

Wir waren uns einig. Wir zahlten an. Walter strich seine Provision ein. 300 Reais!

»Ich kriege noch fünf Reais, weil ich Alexandre geholt habe. Benzingeld«, wandte er sich an uns und ließ sein Portemonnaie gleich geöffnet.

Walter ließ keine Chance aus, sich auch kleinste Gefälligkeiten honorieren zu lassen. Nur so kam er wohl zu seiner Villa.

»Es kommt noch so weit, daß er seine Atemzüge berechnet«, erboste sich Christina. »Die fünf Reais kannst du dir abschreiben. Von mir kriegst du sie nicht.«

Er mußte seine Geldbörse wieder schließen. Aber das störte ihn nicht. Denn er kassierte noch mal 50 von den 250, die *Salsicha* (»Würstchen«), unser Goldsucher erhielt. Und Salsicha legte die verbliebenen 200 an in zehn Kilogramm Reis für seine Familie und in Zigaretten, als Investition.

»Dafür kriege ich im *garimpo* das fünffache,« rechnete er sich bereits aus. Denn inzwischen hatte man auch ihn hergebracht.

Salsicha, das Würstchen, war also der junge Mann Alexandres Vertrauens. Er war zweiundzwanzig Jahre alt, verheiratet, ein Kind. Er wohnte in einem Hinterhof nahe der Ataida-Teive-Straße.

»Ich arbeite schon lange mit Alexandre. Er ist absolut zuverlässig.«

Wir besprachen noch lange alle Einzelheiten. Wo wir landen würden, nämlich auf der Piste João Pernambuco, wo Motor und Boot versteckt waren, und welche drei Indianerdörfer mit den *garimpeiros* zusammenarbeiteten.

Dann reichte Alexandre seine Vorschlagsliste für Indianer-Geschenke rüber.

Wir hätten in dem Moment an alles gedacht – zum Beispiel daran, daß er gut mitdachte –, aber nicht daran, daß er uns damit seine Wunschliste aufgab, für Geschenke, die er selbst den Indianern zu machen beabsichtigte.

»Morgen oder übermorgen geht es los«, verabschiedete sich Alexandre. Wir waren gespannt und hockten in den Startlöchern vorm Hotel Imperial.

Wer nichts mehr von sich hören ließ, war Alexandre.

Wir machten Druck beim Vermittler und bei Walter.

»Das verstehe ich nicht. Alexandre ist immer zuverlässig.«

Die Honda brachte Alexandre wieder an den Verhandlungstisch.

»Ich habe ja nicht verbindlich gesagt, wann es los geht. Das Problem ist nämlich folgendes: Beim letzten Flug über Venezuela verlor die Maschine plötzlich Öl. Wir benötigten eine spezielle Dichtung. Und die ist noch nicht eingetroffen. Kann sein, daß sie heute kommt, kann sein morgen, kann sein übermorgen . . .«

»Das ist uns zu unsicher. Wir wollen jetzt rein. Sonst gib uns das Geld wieder. Wir haben noch ein anderes Angebot.«

Seinen Blick traditionell auf die Erde gerichtet, damit niemand auf eben dieser Erde sagen könnte, welche Augenfarbe er habe, knurrte er: »Ich kann mal mit einem Kollegen reden. Der fliegt auch jeden Tag rein.«

Das tat er. Abends hieß es: »Morgen früh um fünf Uhr holen wir euch hier ab. Wir fahren dann weit raus aus der Stadt. Landung und Start der Maschine erfolgen auf einer einsamen Landstraße. Ihr müßt alles gut packen, damit es schnell geht. Es darf nicht länger als eine Minute dauern.«

Na, wenn das keine gute Nachricht war! Hocherfreut kamen wir unseren Auflagen nach, bezahlten das Hotel, brachten unsere Fahrräder und Kajaks in Sicherheit und standen morgens mit deutscher Pünktlichkeit um vier Uhr fünfundfünzig an der vereinbarten Stelle vorm Haus des Walter Fuchs.

Es war ein milder Morgen. Die Straße war leer bis auf zwei Hunde. Unser europäischer Vermittler war ebenfalls zugegen. Er fühlte sich mitverantwortlich und wollte sicher sein, daß alles in Ordnung ging.

Mit brasilianischer »Pünktlichkeit« kam um fünf Uhr vierzig ein dunkelblauer Chevrolet Pick up angerauscht. Kennzeichen »Campo Grande HRC 3477«. Am Steuer ein sehr gut aussehender junger Mann. Er wurde uns kurz vorgestellt mit Antônio.

Christina und ich warfen das Gepäck auf die Ladefläche. Zweiunddreißig Sekunden. Test für die Flugzeugbeladung also bestanden.

Dann ging's los. Voran, auf seit gestern seiner Honda – er hatte sie von Walter erworben – Alexandre Baiano.

Am Steuer Antônio, in der Mitte Christina, außen Salsicha. Ich hockte mich auf die Ladefläche. Alexandre hatte dem Fahrer Anweisung gegeben, wohin er zu fahren hatte. Dann brauste er als Vorhut voran und entschwand in die Dunkelheit. Wir hinterher.

Obwohl erstes Tageslicht zu sehen war, waren die Straßen leer. Es ging raus in Richtung Norden, Venezuela. Stundengeschwindigkeit einhundertzwanzig Kilometer. Um 06:40 Uhr bogen wir von der Asphaltstraße auf eine sandige Landstraße ab.

An der Weggabelung links, wie parkend, ein roter kleiner Fiorino, Typ Pick up.

»Guck mal, da steht ein Auto mit drei Männern«,

Sagte Salsicha in diesem Moment zu Antônio. Antônio war aber schon vorbeigerast und sagte: »Hab ich nicht gesehen.« Und dann, nachdenklicher und um sich blickend: »Komisch, hier wollte doch Alexandre warten.«

Ich konnte wegen des Staubes nichts von dem Auto sehen.

Nach etwa fünfzehn Kilometern plötzlich eine Bremsung. Neben uns Alexandre auf seiner Honda. Auf dem Sozius ein weißgekleideter korpulenter Japaner. Als der uns sah, waren seine ersten Worte: »Das sind ja Gringos! Das hast du mir nicht gesagt.«

Alexandre: »Die sind okay. Mach dir keine Sorgen, *Japão.*«

»Wenn ich gewußt hatte, daß es Gringos sind, hätte ich sie nicht mitgenommen.« Japão blieb unversöhnlich.

Alexandre zu uns: »Abladen! Ihr fliegt mit Japão. Die Maschine kommt jeden Moment.«

Japão lief auf die andere Straßenseite. Alle waren ungewöhnlich aufgeregt. Sowohl Alexandre als auch Japão hatten ein Telefon in der Hand. Japão erklomm den Hügel gegenüber, warf sich in Deckung und sprach telefonisch mit seinem Piloten Branquinho.

Wir verstanden die Aufregung nicht ganz. Denn bisher war uns noch kein Auto begegnet. Es war alles einsam und verlassen. Was sollte also der Wirbel?

»Falls Polizei kommt, sagt, ihr wolltet nach Paredão«, raunte uns Alexandre zu und wahrte beharrlich seinen Augen-Erde-Kontakt. Auch er war auffallend aufgeregt.

Antônio hatte gewendet und sauste zurück nach Boa Vista. Mit der Lichthupe gab er zwei lange Lichtsignale. Für wen, weiß der Hund. Vielleicht war er versehentlich an den Schalter gekommen. Irgendwie, wegen des Durcheinanders und der Aufgeregtheit der beiden Bosse, erinnerte mich die Situation an Filmszenen, in denen Drogenhändler ihre Ware verladen.

»Stellt euer Gepäck weiter zurück an den Hang«, befahl Alexandre. »Sonst weht das Flugzeug alles beiseite.«

Aus der Ferne schwebte unsere Maschine heran. Salsicha hatte sie zuerst gesehen.

Und dann ging alles drüber und drunter.

Da brauste der kleine Fiorino heran. Aus beiden Fenstern des Führerhauses wurde wie wild in die Luft geschossen. Ich hielt das für ein Signal für das Flugzeug.

Als ich aber in eben dieser Sekunde den Japaner mit unglaublicher Behendigkeit seine zwei Zentner Lebendgewicht über eine Wiese auf den Wald zustürzen sah und Alexandre Baiano seiner Honda die Sporen gab, war mir klar, daß der rote Fiorino nicht zu unserem Team gehörte. Das Flugzeug machte vor Schreck fast einen Looping und drehte sofort ab.

Die drei Insassen, einer trug die Schirmmütze der Polícia Federal, sausten weiter, hinter Alexandre her. Dann vollführten sie eine filmreife Schleuder-Wende und kamen zurück.

»Polícia, Hände hoch!«

Zwei der Männer waren rausgesprungen. Der dritte blieb am Steuer und schoß weiter in die Luft. Den Befehl hätten sie sich ersparen können. Wir hatten uns alle drei sofort auf die Erde geworfen, damit es keine Mißverständnisse gäbe, alle vier Gliedmaßen weit von uns gesteckt.

Die Schüsse hörten auf, das wilde Geschrei nahm zu. Wir wurden nach Waffen abgetastet. Aber wir waren unbewaffnet. Unsere Revolver waren noch im Gepäck. Wir hatten sie hier noch nicht gebraucht, weil wir uns unter Alexandres Fürsorge zu befinden glaubten. Gauner-Ehre. Mein Mini-Revolver steckte unentdeckt hinter der Gürtelschnalle. Gegen die drei aufge-regten schußbereiten Gestalten hätte ich damit nur eine Ver-schlechterung unserer Lage erreicht, nie etwas gegen sie aus-richten können.

»Aufstehen! Aufladen! Und zwar dalli!«

Da durften wir dann tatsächlich unsere detailliert zusammen-gestellte Ausrüstung, in der jede Nähnadel ihre Berechtigung hatte, diesen Schreihälsen übereignen.

»Geld her!« war der nächste Befehl.

Antrainiert reagieren ich bei solchen Verlangen immer damit, sofort etwas rauszurücken. Ich gab Ihnen meine fünfzig Reais, die ich bei mir hatte.

»Mehr. Das Geld für den Flug!«

Bei diesem Satz war mir klar, daß sie bestens über uns infor-miert waren. Im Gegensatz zu uns wußten sie alles: Startort, Startzeit und wieviel Geld.

Der Überfall war ein abgekartetes Spiel.

Einer tastete meine Taschen ab. Ich hatte tatsächlich nichts mehr. Die zweite Rate, 1000 Reais, trug Christina in einer Geheimtasche im Körper.

Sie wurde ebenfalls visitiert, das Geld aber nicht entdeckt. Die Männer wurden zornig. Einer schoß in die Erde.

»Rückt die 1000 Reais raus. Wir wissen, daß ihr sie bei euch habt.«

Um ihren Zorn nicht überzustrapazieren, fiel mir ein gutes Argument ein: »Wenn ihr das Fluggeld meint, das haben wir doch gerade Alexandre gegeben, als das Flugzeug kam.«

Das war glaubwürdig. Das war normal. Die drei Pseudo-Poli-zisten sahen sich an und tuschelten. Und Christina bot an, er-neut ihre Taschen durchsuchen zu lassen. Ich ebenfalls. Sie schienen das zu glauben.

Einer checkte noch einmal äußerlich unser Gepäck und entschied: »Aluminiumkoffer ausschütten. Der bleibt hier.« Er war ihnen ein zu auffälliges Diebesgut, zu leicht zu identifizieren.

Ich kam der Aufforderung nach und schüttete alles auf die Ladefläche. Da entdeckten sie auch meinen 38er-Revolver. Einer der Männer steckte ihn sich freudestrahlend in den Hosenbund. Alle sprangen ins kleine Führerhäuschen. Diese Sekunde nutzte Christina und warf eine ihrer beiden TV-Kameras mit der Geschwindigkeit eines Magiers unters Auto.

Als sie davonrasten, blieben uns diese Kamera und der Alukoffer in der Staubwolke erhalten.

Salsicha hatte es sich während der ganzen Zeit bequem gemacht. Er lag immer noch gottergeben auf dem Bauch.

Christina war außer sich. Wie eine Furie geiferte sie ihn an: »Bravo, Würstchen! Das habt ihr ja fein eingefädelt. Gratuliere. Gut getimet, alles bestens. Wieviel kriegst du Drecksack dafür?«

Salsicha gab sich völlig überrascht, aber gelassen. Er klopfte sich den Staub aus der Hose und tat so, als sei das für ihn etwas ganz alltägliches. Das brachte Christina noch mehr in Rage

»Du willst doch nicht bestreiten, daß das ein Komplott war? Das war hundert Prozent gut organisiert. Und du gehörst dazu. Keinen Piep hast du von dir gegeben, dein Morgennickerchen hast du gemacht und sie haben dich gar nicht durchsucht. Du weißt genau, daß du deine Sachen nachher wiederkriegst. Jetzt weiß ich endlich, warum sie dich ›Würstchen‹ nennen. Das ist ja noch geradezu ein Kompliment. Laß dich umtaufen in ›Nada‹, in ›Nichts‹ – das paßt viel besser zu dir. Würstchen ist ja geradezu ein Kompliment.«

Voller Verachtung wandte sie sich ab. Fast mit Tränen der Wut in den Augen staubte sie die wasserdichte Hülle ihrer Kamera ab.

»Siebentausend DM gerettet«, rechnete sie. Aber ein Lächeln brachte das trotzdem nicht zustande. Ich konnte mich über solche Zwischenfälle zwar nicht mehr so erregen wie sie – aber Faktum war, die Reise war beendet.

Während wir in der zunehmenden Hitze Richtung Boa Vista zurückgingen, machten wir Bilanz. Nur vier Leute blieben übrig, die von diesem Start gewußt hatten: Der Japaner, sein Pilot Branquinho, der Fahrer und Alexandre selbst.

Salsicha, nun bei vollem Morgenlicht betrachtet, schied aus. Er war ein zu unbedeutendes Rädchen in diesem Getriebe und er hatte – und das schien uns entscheidend – auf den roten Fiorino hingewiesen, als er ihn an der Kreuzung erblickte. Das hätte er nicht getan, wenn er von allem gewußt hätte.

Den Fahrer konnten wir nicht ganz ausklammern. Womöglich hatte er das Reiseziel tatsächlich erst bei der Abfahrt vor Walters Haus erfahren. Vielleicht hatte er es auch schon gestern abend gewußt. Dann hatte er reichlich Zeit gehabt, alles zu arrangieren. Gegen ihn sprach ferner, daß er den roten Wagen nicht gesehen haben wollte, obwohl er gerade an jener Kreuzung Alexandre erwartet hatte. Das war ungewöhnlich. Denn normalerweise entgeht solchen Ganoven keine Mücke. Und da waren seine ominösen Lichtsignale. Jetzt stand für mich fest, daß er sie absichtlich gegeben hatte.

Japão schied für uns aus. Er hatte den Flug fest geplant. Die Maschine war im Anflug gewesen. Den Aufwand hätte er sich sparen und uns auch ohne Flugzeug das Geld abnehmen können. Für seine Unschuld sprach auch seine Erregung, als er uns Gringos gewahrte und Alexandre diesbezüglich Vorwürfe machte.

»Er hatte das gar nicht nötig«, war auch Christinas Ansicht, »er hätte das Geld und alles ja sowieso bekommen. Das Geld beim Start freiwillig, die Ausrüstung an der Piste mit Gewalt.«

Demzufolge schied auch der Pilot Branquinho aus.

Hauptverdächtiger blieb letztlich Alexandre. Er wußte von allen am besten Bescheid. Und plötzlich hatten wir auch sein Motiv.

252

Wir wußten, daß er in großer Geldnot war. Das hatte uns der Vermittler verraten.

»Wären wir mit Japão geflogen, wäre die gesamte zweite Rate an den Japaner gegangen. Sie entspricht dem üblichen Flugpreis. So aber konnte Alexandre sich alles allein sichern. Kurz vorm Start, solange wir das Geld noch bei uns am Körper hatten, war es sein Geld. Er mußte nur alles genau timen.« Christina, die Mathematik-Lehrerin.

Nach neunzig Minuten kam ein fremdes Auto. Es stoppte und brachte uns zurück nach Hause. Wir schnaubten zu Walter. Und nur zehn Minuten später kamen er, Alexandre und Salsicha!

»Das war ein abgekartete Sache«, fingen wir an. »Einer von euch hat uns verpfiffen.«

Alexandre schaute zu Boden, wie immer, als hoffte er, die Täter dort zu finden.

Er gab zu: »Ja, das stimmt. Ich habe die undichte Stelle noch nicht gefunden. Ich habe versucht, Japão telefonisch zu erreichen. Aber er nimmt nicht ab. Er hält sich noch versteckt.«

Wir nannten ihm unsere Verdächtigen, tadelten seine schlechte Organisation, die mangelnde Absicherung der Straße. Er nickte bestätigend und gab sich richtig verantwortungsbewußt, als er sagte: »Ich fahre jetzt alle Waschanlagen ab. Die Täter lassen bestimmt ihren Wagen vom Staub der Landstraße befreien.«

Und im Wegfahren noch: »Macht euch keine Sorgen. Mindestens kann ich ein neues Flugzeug besorgen.«

»Arschloch«, dachte ich.

Da ließ er die Katze aus dem Sack

Kurz und gut. Alexandre Baiano tauchte nie wieder auf. Wir trafen in der Stadt aber auf Antônio, der wortreich das Ausbleiben seines Fahrerlohnes beklagte.

»Habt ihr Alexandre wirklich das Geld vor dem Abflug gegeben? Er hat bisher immer korrekt gezahlt.«

Das wußte er vom Würstchen, denn auch ihm gegenüber hatten wir das so behauptet. Vielleicht gerieten sie sich ja deswegen ernsthaft in die Haare. Bliebe jemand Alexandre etwas schuldig, er würde nicht zögern, Gewalt anzuwenden. Lange war er Leibwächter für den größten aller *empresários,* den *fazendeiro* gleichen Namens gewesen: Alexandre. Mit einer von dessen Maschinen waren wir auch schon mal geflogen. Seine Firma URUAMI lag ungetarnt und unübersehbar zwanzig Kilometer vor den Toren Boa Vistas. Er hatte sechs Maschinen in zwei großen Hallen, verfügte über zwei Pisten auf seinem Farmgelände, über viele tausend Rinder, eine schöne Villa mit (leerem) Swimmingpool und über eine Funkanlage, um die ihn mancher deutsche Radiosender beneidet hätte. Völlig ungeniert flog er sogar persönlich bis zu drei Einsätze täglich ins Yanomami-Land. Direkt von seiner Farm aus, über die angrenzende Bundesstraße BR 174 hinweg, nach Westen. Ohne Umwege. Alexandre verfügte über beste Kontakte nach überall.

Als uns klar wurde, daß wir mit unserem Alexandre Baiano nicht mehr weiterkamen, wurden wir bei Walter vorstellig. Diesmal heftig und eindeutig: »Geld zurück oder Polizei.«

Wir ließen auch keine Zweifel offen, was wir von Walter selbst hielten.

»Du hast uns einen schlechten Mann vermittelt. Wir verlangen auch deine Courtage zurück. Du besitzt nur Arroganz und null Ehrgefühl.«

Da hatten wir ja was gesagt! Walter bebte am ganzen Körper. Er schrie nach seiner attraktiven Frau, die bisher immer nur sein Echo gespielt hatte, und dann ging es ab: »Was glaubt ihr eigentlich, wer ihr seid? Ihr haltet euch wohl für überschlau? Ihr denkt wohl, wir wären blöd? Denkt ihr wirklich, wir wüßten nicht, wer ihr seid? Journalisten seid ihr, und seit Jahren arbeitet ihr hier gegen uns. Jedes Kind kennt euch inzwischen.«

Unter anderen Umständen hätten wir das als Kompliment auffassen können. Doch diesmal bedeutete es Haß pur. Und in dieser Sekunde war uns klar, daß wir in Boa Vista verloren hatten.

»Dann wenden wir uns an die Polizei«, war unser letzter Satz.

Und geradezu hysterisch kreischte Walters hübsches Echo hinterher: »Das könnt ihr gerne machen. Walter kann sogar mitkommen. Er arbeitet nämlich für die Polizei. Jeden Monat kriegt er dafür dreitausendfünfhundert Reais. Ihr werdet euch noch wundern. Mit Leuten wie euch sollte man kurzen Prozeß machen.«

Dafür, daß das ihr erster eigener Satz war, den sie zustandegebracht hatte, war er doch recht beachtlich. Christina zischte zurück: »Oh, du kannst ja sogar selbst sprechen.«

Ich drehte mich nicht mehr um. Ich wollte zur Polizei.

Nun kannte ich die für Ausländer zuständige Dienststelle der Polícia Federal nur zu gut. Schon mehrfach waren wir bei früheren Aufenthalten in diesem Flachbau unweit des Zentrums »zu Gast« gewesen. Alles mögliche hatte man uns andichten wollen: unbefugtes Betreten indianischer Schutzzonen; unbefugtes Betreten militärischer Sperrgebiete, illegale Tätigkeit als Journalist, illegale Tätigkeit als Mediziner. Sogar Drogenhandel argwöhnte man, als man die vielen Stempel im Paß sah und nicht glauben wollte, weshalb ich so oft in Brasilien war.

Der »Ehrenkonsul«

Daß die Gangster aller Größen mit allen Behörden bestens kollaborierten, darüber hatten wir keinen Zweifel.

Wir überlegten, wie wir es anstellen könnten, nicht selbst eingelocht zu werden.

»Es soll hier einen deutschen Konsul geben. Ich hab sogar seine Telefonnummer im Buch. Seit Jahren schon schleppe ich sie mit mir rum, für alle Fälle. Von Hauptberuf ist er evangelisch-lutherischer Pfarrer. Eigentlich müßten wir da an der richtigen Adresse sein.

So riefen wir Ralf Weißenstein an. Telefon 2243815, Wohnort Rua Professor Diomedes 531. Wir sprachen ihm aufs Band, ob wir ihn umgehend sprechen könnten. Wir hätten Probleme und seien im Hotel Colonial zu finden.

Er kam noch am selben Abend. Echter deutscher Service. Wir stellten uns vor, nannten unsere Probleme und fragten, ob er uns helfen könne, ohne daß wir in den Bau müßten und Alexandre Baiano sich einen ins Fäustchen lachte.

Er wollte zunächst wissen, woher wir seine Adresse hätten.

»Die trage ich schon lange mit mir rum. Ich habe sie von Bischof Dom Aldo.«

»Ja, aber ich bin kein Konsul«, sagte er bescheiden. »Ich bin nur Konsul ehrenhalber. Ich will ihnen gern helfen, denn ich arbeite selbst für Indianerrechte. An meiner Bürotür neben der Kirche habe ich ein deutliches Plakat hängen: Für Indianerrechte.«

Na bitte, dachten wir. Solider deutscher Konsul h. c. und Pfarrer – genau die richtige Konstellation für einen Partner. Nun würde es Walter & Co an den Kragen gehen.

»Was wollen Sie mit Ihrer Anzeige erreichen?« fragte Weißenstein.

»Daß Baiano unsere Sachen rausrückt, und daß es öffentlich wird, daß er illegal zu den Yanomami fliegt und man ihm das Flugzeug beschlagnahmt. Wir wissen zwar nicht, wo er wohnt, aber wir kennen drei Leute, die es wissen und auch über das Motorrad-Kennzeichen müßte er zu ermitteln sein. Da man ihm bereits vor kurzem ein Flugzeug beschlagnahmt hat, wird er offiziell bekannt sein.«

Weißenstein versprach, alles in die Wege zu leiten.

»Schreiben Sie ein genaues Protokoll. Ich werde es übersetzen und dann nicht nur die Polizei informieren und ihre Anzeige aufgeben, sondern auch die Presse. Dann haben wir den nötigen Druck.«

Unseren Einwand, die sei doch keinesfalls auf unserer Seite, wußte er zu entkräften.

»Es gibt auch gute Leute dort. Das ist kein Problem.«

Wir ließen noch schnell ein Foto bei einem der Straßenfotografen von uns beiden machen, damit der Artikel auffälliger würde und betonten vor allem, daß wir zum Prozeß als Zeugen auftreten würden. »Sonst kommt da nie etwas zustande.«

Beim zweiten Besuch überraschte uns Weißenstein mit der Neuigkeit: »Ich habe mich mit Freunden beraten und einen Termin für morgen früh bei der Polizei vereinbart.«

»Kennen Sie denn den vernehmenden Mann und können Sie garantieren, daß nicht wir die Schwierigkeiten kriegen?«

Da mußte unser Ehren-Pfarrer zugeben: »Nein, aber auch dort gibt es solche und solche.«

Also auf gut Glück. Zu welchen Solchen der vernehmende Beamte zu zählen sei, wußte er auch nicht. Somit waren wir genau da, wo wir auch ohne ihn schon waren. Das sagten wir ihm und er gab zu, daß die Idee nicht die beste war.

»Macht aber nichts. Ich rufe da an und sage den Termin ab.«

Er versprach, nun alles selbst in die Hand zu nehmen: »Dann ist es aber besser, wenn Sie so schnell wie möglich das Land verlassen. Sonst sind Sie nicht mehr sicher.«

Das wußten wir auch so. Am anderen Morgen waren wir per Bus in Venezuela.

»Ich faxe Ihnen alles, auch den Zeitungsartikel, in zwei Tagen nach Caracas«, hatte er zum Abschied gesagt.

In Caracas nichts dergleichen. Telefonisch bei ihm nur der Anrufbeantworter. Endlich er selbst. Nach fünf Tagen.

»Nein, noch habe ich nichts unternommen. Ich hatte viel zu tun. Aber nächste Woche komme ich dazu.«

Da wußten wir, mit wem wir es zu tun hatten. Jesus hätte seine helle Freude an seinem Mitarbeiter.

Wir nutzten den Aufenthalt in Venezuela und erkundigten uns über die Situation der Yanomami dort. Sie ist besser und nicht mit Brasilien zu vergleichen. Aber sie ist auch ein anderes Thema. Wer es vertiefen will, schaue im Anhang nach weiterführender Literatur.

Vier Wochen später reisten wir per Boot über den Rio Casiquiare – Rio Negro erneut nach Brasilien ein. Durch die Hintertür gewissermaßen. Nach São Gabriel da Cachoeira.

Von dort, am Telefon endlich persönlich, Ralf Weißenstein. Nein, er habe von der Anzeige Abstand genommen. Er habe sich (mal wieder) mit seinen Freunden beraten. Die hätten ihm davon abgeraten.

Wir hingen beide, Christina und ich, am Telefon und waren völlig perplex. »Zunächst mal bin ich total sprachlos«, sagte ich. »Sie hatten uns das fest versprochen. Nur deshalb sind wir über Nacht nach Venezuela geflohen.«

»Ich kann das verstehen«, sagte er mit geistlicher Redegewandtheit. »Aber Ihr Alleingang, Ihre Aktion ist bei allen NGOs, die mit den Yanomami arbeiten auf allerschärfste Kritik gestoßen. Sie haben sich mit niemandem abgesprochen.«

»Das ist nicht unser Stil, mit jedem alles zu diskutieren. Wir haben unsere Vertrauten, und die fanden unsere Aktion gut.« Und Christina: »Wer sind denn diese Organisationen?«

»Das kann ich Ihnen sagen. Médicos do mundo und Médicos sem fronteiras.«

Christina empörte sich: »Die sind für uns überhaupt nicht zuständig. ›Ärzte ohne Grenzen‹ arbeiten mit den Macuxí, haben also mit den Yanomami gar nichts zu tun und bei ›Ärzte der Welt‹ hat es Jean-Pierre, ihr Chef gewußt. Wir sprachen davon, als wir ihm ein Mikroskop und Kleininstrumente überreichten. Da hat er keinen Piep gesagt.«

»Das weiß ich nicht. Aber nach Übereinkunft mit all denen, möchte ich Ihnen inzwischen sogar dringend von einer Anzeige abraten. Es ist nur zu Ihrer Sicherheit. Unterschätzen Sie die Leute nicht.« Uns war, als hätten wir vor allem ihn selbst unter- oder besser überschätzt.

Der „Ehrenkonsul" ist in unseren Augen ein Lehrbeispiel für das große Heer derjenigen Geistlichen, die vor der Obrigkeit dienern – wie seit 500 Jahren in Amerika – und die Jesu gutes Image schamlos zur Eigenbereicherung mißbrauchen. Und die nicht einmal den Mut besitzen, zuzugeben, wenn sie Angst haben, was durchaus verständlich wäre. Um wieviel anders erlebten wir dagegen Männer wie die Bischöfe Dom Aldo und Erwin Kräutler oder manche ihrer ranglosen Schwestern und Brüder an der Front mitten im Regenwald, die trotz wiederholter Malaria, trotz ständiger Lebensgefahr und nur für „Gotteslohn" wirklichen Einsatz brachten! Sie sind es, vor denen ich mich in tiefster Demut verneige. „H. c." gehört nicht dazu.

Was er nicht wußte: Die Zustimmung der einzig wichtigen Personen hatten wir sehr wohl. Die des Bischofs und die von Davi Kopenawa Yanomami.

Davi: »Macht das auf jeden Fall, denn viel zuwenige wissen, daß sich immer noch Tausende von *garimpeiros* bei uns aufhalten. Und die tödliche Konfrontation von Haximu wird nicht die letzte sein, wenn nicht alles getan wird, die brasilianische Verfassung durchzusetzen.«

Zum zweiten Male von unseren Gegnern geschlagen, kehrten wir zurück nach Hamburg. Uns war klar, daß wir auf die bisherige Weise nicht mehr arbeiten konnten. Wir mußten uns etwas Neues einfallen lassen.

Ignoranz überall

Den Raubüberfall und die Sache mit Ralf Weißenstein wollten wir keinesfalls auf sich beruhen lassen.

Dabei kam uns der Zufall zu Hilfe. Unter meiner angesammelten Post daheim war der Brief des jungen Rechtsanwalts

Burkhard Bühre aus Oldenburg im Ostfriesischen. Er habe kürzlich meinen Dia-Vortrag gesehen und einen Brief an die Brasilianische Botschaft in Bonn geschrieben. Er habe darin seiner Besorgnis Ausdruck verliehen über die bedenkliche Situation der Indianer, die im Widerspruch zur Verfassung stünde. Nachdem er, botschaftsüblich in solchen Fällen, keine Antwort erhalten hatte, hatte er sich eine Nachfrage erlaubt. Diese wurde überraschend beantwortet. Man habe ein Feuer im Hause gehabt und der beanstandete Brief sei womöglich ein Raub der Flammen geworden. Ob er, bitte, eine Kopie seines Anliegens schicken könne. Das tat er. Doch darauf erhielt er erneut nur ein Schweigen als Antwort. Er sandte mir die Unterlagen zur Information und »eventuell für den Papierkorb«.

»Falls Sie einmal meinen kostenlosen juristischen Beistand wünschen, stehe ich Ihnen gern zur Verfügung. Es wäre mein Beitrag zu Ihrer Menschenrechtsarbeit.«

Nun brauchten wir diesen Beistand. Zunächst einmal ging es uns darum, das Auswärtige Amt vom Verhalten des Ehrenkonsuls Ralf Weißenstein in Kenntnis zu setzen.

Die überraschende Antwort aus Bonn: »Ein Konsul dieses Namens ist uns nicht bekannt.« Man habe deshalb die Deutsche Botschaft in Brasília um Aufklärung gebeten. Die erfolgte dann auch und nun wußten wir: Der Ehrenpfarrer war »Vertrauensmann« der Deutschen. Weiter nichts. Das »h.c.«, mit dem er sich uns vorgestellt hatte, war demnach sein eigenes Beiwerk. Und man ließ uns wissen, daß Herr Weißenstein seine Pflichten keinesfalls verletzt habe. Er habe uns vorgeschlagen, zur Polizei zu gehen, aber wir hätten es vorgezogen, nach Venezuela zu flüchten. Wir seien es gewesen, die Angst gehabt hatten, nicht er.

Burkhard Bühre am 18. 5. 95 an das Auswärtige Amt:

»... Zutreffend ist, daß Herr Weißenstein unseren Mandanten eines Abends nach dem Überfall überraschend mitteilte, er habe für den nächsten Tag um 9.00 Uhr einen Termin mit der brasilianischen Bundespolizei vereinbart.

Als er auf Anfrage erklärte, daß er niemanden bei dieser kenne und unsere Mandanten auf die ihnen möglicherweise im Zusammenhang der illegalen Einreise auftretenden »Probleme« hinwiesen, war es Herr Weißenstein, der dann vorschlug, den Termin fallenzulassen.

Wie Sie zutreffend mitteilen, sagte Herr Weißenstein unseren Mandanten daraufhin fest zu, die Anzeige schriftlich einzureichen, was dann jedoch bedauerlicherweise nicht geschah.

Unsere Mandanten sehen sich daher von Herrn Weißenstein schwer getäuscht, zumal sie auf sein Anraten hin Brasilien umgehend verlassen haben und daher eine zügige Aufklärung des Überfalls nicht erfolgen konnte ...«

Immerhin erklärte das Auswärtige Amt sich bereit, uns bei der Durchsetzung unserer Klage beim Justizministerium gegen den Mafioso Alexander Baiano behilflich zu sein. Von diesem Angebot machten wir Gebrauch. Doch es wurde ein Schuß in den Ofen. Die Deutsche Botschaft in Brasília ließ uns über das Auswärtige Amt wissen, sie habe sich am 26. 10. 95 mit Verbalnote ans Außenministerium gewandt und um Mitteilung über den Stand der Ermittlungen der brasilianischen Behörden gebeten. Verbalnote – die schwächste aller denkbaren Formen. Ein Freund aus der Politik formulierte es noch deutlicher: »Verbale Noten sind geradezu eine Aufforderung, nicht zu reagieren. Damit tut man kund: »Ich muß dir das sagen, von Amts wegen, aber es interessiert uns herzlich wenig‹.«

Auf eine weitere Nachfrage schrieb uns Herr Weinig aus Brasília zwei Monate später, am 23. 2. 96, man habe noch keine Antwort erhalten und es werde »mit heutigem Datum nochmals eine Nachfrage erfolgen«.

Unsere persönliche Meinung stand längst fest: Da Weißenstein bei einem solchen Prozeß blamiert würde, durften wir seitens der Diplomaten keine wirkliche Hilfe erwarten. Eine Krähe hackt der anderen kein Auge aus. Das mag ein Vorurteil sein. Die Zukunft mag uns eines besseren belehren.

Ethnische Verschiedenheiten sollen nicht
weiterhin als Rückständigkeit abqualifizert,
sondern als Bereicherung angesehen werden.
Erwin Kräutler
(Katholischer Bischof und Menschenrechtler)

Unser Haus der Begegnung

Natürlich können Sie helfen«, sagte Padre Flávio im Büro » der Inspetoria Salesiana in Manaus.

Wir hatten ihn gefragt, ob er nicht ein finanziell überschaubares und für uns zwei Normalbürger durchführbares Projekt wisse.

»Häuptling Tomzinho von Ixima (sprich: Ischiima) am oberen Rio Marauiá wünscht sich unbedingt eine Krankenstation und eine Schule. Sie würde ein paar zehntausend Dollar kosten. Entspräche das Ihren Möglichkeiten?«

Spontan sprangen Christina und ich vom Stuhl hoch und sagten auf der Stelle zu.

»Ja. Das ist genau das, was wir am liebsten machen würden. Weil es ohne staatliche Subventionen machbar wäre.«

»Das Teuerste ist der Transport der Baustoffe zum Bauplatz. Aber viele Dinge finden Sie auch vor Ort: Sand, Steine, Holz. Und genügend Helfer. Die Indianer wollen unbedingt selbst mit Hand anlegen.«

Um meine neuen Freunde im Wald kennenzulernen, nahm ich Flávios Angebot an und begab mich nach Ixima. Ich wollte mich davon überzeugen, ob die Indianer die Station wirklich wollten, wie die Transportwege dorthin wären, ob es in der Nähe zuverlässige und baukundige Brasilianer gäbe und natürlich, wie hoch die Kosten wären.

Die Maloca der Leute von Ixima, Ixima-teri, liegt direkt am Rio Marauiá. Nur ein Bananenfeld trennt die Einwohner vom Wasser. Das 150 Meter große Runddorf besteht aus etwa 20 »Häusern« und beherbergt 125 Menschen. Dazu kommen Besucher aus Dörfern, die weiter im Inneren liegen. Ixima ist also eine kleine Gemeinde.

Häuptling Tomzinho begrüßte mich wie einen alten Freund. Die Mission hatte ihm schon per Buschtelefon mitgeteilt, daß ich käme, um seine Ideen zu verwirklichen.

»Warum willst du eine Schule und eine medizinische Hilfsstation?« wollte ich natürlich wissen.

»Das ist ganz einfach. Wir wollen Portugiesisch lernen, damit wir mehr Rechte in Brasilien haben. Du weißt ja: Solange wir die Sprache nicht sprechen, gelten wir nach dem Gesetz als Unmündige. Außerdem wollen wir unsere Beschwerden oder Wünsche selbst vortragen. Dolmetscher übersetzen oft falsch. Und die Krankenstation wollen wir, weil wir einfach nicht fertig werden mit den »weißen Krankheiten«.

Tomzinhos Rede war kurz und schlüssig, die Argumente überzeugend. Damit stand fest, daß wir das Haus bauen würden.

War die Entschlossenheit der Leute von Ixima schon allein überzeugend, so sollte sich noch ein absoluter Höhepunkt ereignen, als völlig unerwartet Ana Ballester vor mir auftauchte. Weder hatte ich vorher von ihr gehört, noch hatte ich sie sofort entdeckt. Sie sah aus wie eine Yanomami-Frau: milchkaffeebraune Haut, dunkle Augen, schwarzes kräftiges und kurzes Haar – alles genau wie die Yanomami.

Als sie aus der Menschenmenge heraustrat, fiel sie mir allerdings auf. Sie war größer als die Dorffrauen und sie war schlanker.

Später stellte ich fest, daß sie noch mehr mit den Indianern verband. Nicht nur, daß sie rauchte wie sie. Nein, sie fluchte auch wie sie, hatte Läuse wie sie und sie war besitzlos wie sie. Sie beherrschte perfekt ihre Sprache, liebte sie und wurde wiedergeliebt. Der Häuptling ließ mich gleich wissen, daß er sie am liebsten heiraten würde. Zumindest aber sein Sohn müsse sie später einmal ehelichen.

Der einzige Unterschied zu den Indianern war ihr Augenbrauen-Stift. Er war ihr einziges Kosmetikum. Ana liebte es, sich unter den Augen einen verrucht-verrußten Strich zu zeichnen.

Tabak und die Yanomami

Alle Yanomami sind nikotinabhängig. Sie rauchen den Tabak und sie kauen ihn. Nicht nur die Männer, auch die Frauen und Kinder.

Feuchte Tabakblätter werden in Holzasche gewälzt und aufgerollt wie eine Kohlroulade. Die Rolle wird hinter die Unterlippe gesteckt und stundenlang ausgelutscht. Während des Schlafes nimmt man sie aus dem Mund. Morgens wird die Tabakrolle wieder geöffnet, neu mit Asche beladen und hinter die Lippe zurückgesteckt. Ich könnte mir denken, daß die Holzasche auch ein Salz-Ersatz ist, denn die Yanomami haben kein Kochsalz.

Da Frauen sich diesem Genuß in gleicher Weise hingeben, sind auch ihre Kinder von Geburt an nikotinabhängig. Um sie ruhig zu halten, kriegen selbst Säuglinge bereits die obligatorische Tabakrolle.

Er war ihr Markenzeichen. Nur allerbesten Freunden verlieh sie den Stift für kurze Augenblicke.

Wenn man in entfernteren Dörfern Indianer fragte, ob sie Ana kennten, dann kam als Antwort immer ein Lächeln, ein selbstverständliches »Ja« und eine Bewegung mit dem Zeigefinger: ein Wischer unter den Augen. Das hieß: »Die mit dem schwarzen Stift«.

Vor vier Jahren war sie den Yanomami zufällig zum ersten Male begegnet. Als sie vor ihnen stand, hatte sie das Gefühl, in einen Spiegel zu schauen und sich selbst zu sehen.

Ana gab ihr bürgerliches Leben auf der Stelle auf und wohnt seitdem in Ixima.

Die Salesianer nahmen sie unter sich auf, obwohl Ana keine Kirchenfrau war. Ihr Engagement, ihr Sprachtalent, ihre Beständigkeit und ihre Anspruchslosigkeit waren wohl ausschlaggebend.

Die Indianer liebten Ana auch deshalb, weil sie nie von der Welt der Weißen mit dem Hintergedanken sprach, die Yanomami ihrer eigenen Kultur zu entfremden. Im Gegenteil. Ana machte den Indianern vielmehr klar, daß ihre Lebensweise einen ebensolchen Wert besaß wie die der Weißen. Daß ihre Sprache so bedeutend war, erhalten zu werden, daß ihre Handarbeiten einen respektablen Handelswert besäßen und ihre Religion genauso beachtlich sei wie andere.

Als mir das alles bewußt wurde, liebte ich Ana genauso wie die Yanomami. Liebe auf den zweiten Blick.

Um bei den Indianern ein solches Bewußtsein zu stärken, hatte Ana in Ixima eine Schule eröffnet. Tomzinho hatte ihr ein »Haus« im großen Dorfrund abgetreten. Es war etwa 30 Quadratmeter groß. Zur Hälfte wurde es ihr Wohnbereich, die andere Hälfte war die Schule. Die Zwischenwand bestand aus einfachen trockenen Palmblättern.

Fischfang

Die Yanomami kennen mehrere Formen des Fischfangs. Dort, wo sie keine Angelhaken besitzen, werden Fische mit dem Pfeil geschossen. Sie wissen genau den Brechungswinkel zu berechnen und treffen Fische bis in 2 Metern Tiefe. Würde man versuchen, einen Fisch mit der Gewehrkugel zu schießen, hätte man allenfalls bis 30 cm Wassertiefe Erfolgschancen, weil dann die Kraft des Geschosses verpufft ist. Es fehlt ihm an Schubmasse, wie der lange Pfeil sie besitzt.

In flachen Gewässern oder in Resttümpeln werden die Fische aber auch Krebse mit der Hand gefangen.

Eine weitere oft praktizierte Methode ist das Vergiften der Gewässer. Es gibt Gifte, die nur in stehenden und andere, die auch in schnellfließenden Wassern wirken. In einem Falle beobachtete ich, daß Frauen die Blättern eines Strauches in einem Erdloch (als Gefäß-Ersatz) zerstampften. Sie gaben den Giftbrei in siebartige Körbe und schwenkten sie durch das stehende Wasser eines Fluß-Seitenarms. Er war offenbar voll von Fischen, denn nach wenigen Augenblicken kamen große Mengen der Tiere an die Oberfläche und japsten, als hätten sie einen Elektroschock erlitten. Frauen und Kinder sammelten sie ein und nahmen sie mit nach Hause. Das Gift überträgt sich nicht auf den Menschen und verliert nach einiger Zeit auch seine Wirkung auf das Wasser.

Reusen und Netze zum Fischfang habe ich nirgends gesehen.

Es war eine Schule wie im Bilderbuch. Drei Bänke und drei Tische aus je zwei halbierten Palmstämmen. Rundherum, an den Wänden, etwa 50 bunte Zeichnungen. Es waren Motive der Umgebung mit den dazugehörigen portugiesischen und yanomami Vokabeln. Zum Beispiel ein Pfeil und die Wörter *flecha* und *xereka*. Oder ein Jaguar, und darunter *onça* und *ira*.

»Die größte Kunst ist, ihnen das Rechnen zu vermitteln«, erklärte sie bei der Führung und zeigte auf die selbstgezeichnete Tafel mit den plakativen Zahlen von 1 bis 200.

Ana hatte fünf Klassen mit jeweils maximal acht Kindern.

»Kleine Klassen sind wichtig«, erklärte sie. »Jeder Schüler muß sich ständig betreut fühlen.«

Das Papier und die Plastikmappen sowie Buntstifte und Radiergummi stellte die Mission zur Verfügung.

»Aber die bleiben in der Schule. Sonst bemalen die Kinder jedes Heft innerhalb weniger Stunden.«

Nach nur einer Stunde ist die Schule aus. Dann gibt es einen Becher Kakaotrunk, und die nächste Gruppe stürmt heran.

»Schule halten sie nur eine Stunde aus. Aber wehe, ich gehe mit ihnen angeln! Dann sind sie in 12 Stunden immer noch putzmunter.«

Die Apotheke: Zwei zerfledderte Kartons

In den kurzen Pausen zog sich Ana eine selbstgedrehte Zigarette rein und atmete einmal kurz durch.

»Du hast ja gesehen, wie schnell die Kinder durch die wechselnden Ereignisse im Dorf abgelenkt sind. Deshalb freue ich mich riesig auf den neuen Schulraum in der Begegnungsstätte. Dort können wir konzentrierter arbeiten.«

Als Lehrbuch dient Ana eine Fibel des Franzosen Henri Ramirez. Sie wurde von den Salesianern gedruckt und ist sehr gut zu verstehen.

Parallel zum Unterricht und rund um die Uhr kamen die Kranken zu Ana. Ihre Erste-Hilfe-Station bestand aus zwei schäbigen Kartons mit Medikamenten, einer Taschenlampe und einer Kerze.

Hatte jemand Malaria, dann nahm sie ihm für die Analyse Blut ab. Aber ehe das Resultat nach Wochen vorlag, mußte sie längst nach Gefühl behandeln.

»Man lernt, die Malaria falcíparum von der vivax anhand der Symptome zu unterscheiden. Eine andere Möglichkeit habe ich nicht. Aber wenn ich später ein Mikroskop habe, ein Funkgerät, einen kleinen Außenborder für mein Holzkanu, dann kann ich eine effektive Station aufbauen.«

Eine Freundin Anas schreibt gerade eine medizinische Fibel, um Indianern die Entstehung von Krankheiten auf einfache Weise zu erklären.

»Die Yanomami wissen, daß böse Geister durch offene Wunden in den Körper eindringen können, um ihn zu töten. In dem Buch zeigen wir jetzt mit vielen kleinen Zeichnungen, wie die bösen Geister, nämlich die Bakterien, das machen. Wie sie sich im Schmutz verstecken und darauf warten, daß die Blutung aufhört, gegen die sie nicht anschwimmen können. Dann hoffen sie auf eine Hand, die sie in die Wunde einreibt, um jetzt im Körper ihr tödliches Werk zu beginnen. Und die Zeichnungen zeigen auch, wie die bösen Geister Sauberkeit hassen, weil Sauberkeit ihnen ihre Verstecke zerstört. Die Bakterien werden natürlich übergroß mit grimmigen Gesichtern gezeichnet und mit scharfen gefährlichen Messern.«

Die Idee gefiel uns spontan so gut, daß wir uns sogleich entschlossen, diese Fibel zu verlegen. Sie soll indianische und »weiße« Medizin zu einer hilfreichen Symbiose verbinden.

Ana praktiziert diese Einstellung schon seit eh und je.

»Die Patienten vertrauen sowohl den Medizinmännern als auch meiner Medizin«, erklärte sie uns. »Und immer wenn wir zusammengearbeitet haben, hatten wir die besten Erfolge.«

268

Ich sollte schon bald Gelegenheit haben, das Zusammenspiel zu beobachten, wenngleich es völlig anders ablief, als ich erwartet hatte.

Eine Frau war schwer krank. Hohes Fieber, starke Bauchschmerzen, harte Verdickungen im Darmbereich. Anas Vermutung: Würmer. Auch die Medizinmänner waren überzeugt, daß böse Geister von der Patientin Besitz ergriffen hatten und sie beschlossen, einzugreifen.

Mit Hilfe ihrer Rauschdroge Epená versetzten sie sich in die nötige Stimmung und begannen mit der Krankheitsaustreibung. Unter schauerlichem Gebrüll, bei dem selbst der unerschrockenste Böse Geist, in Panik fliehen mußte, reinigten sie mit beschwörenden Armbewegungen das Umfeld des Patienten. Dann massierten sie etwaige im Körper noch verbliebene Geister mit den Händen vom Körper zum Ende der Gliedmaßen, ergriffen die Geister dort und warfen sie unter Getöse zurück in den Wald.

Die Schamanen wirken in diesen Momenten unberechenbar. Man denkt, die seien geistig entrückt und nicht mehr reaktions- und zurechnungsfähig. Ähnlich wie bei uns ein Betrunkener. Aber die Männer waren sehr wohl bei Verstand, und es wäre ihnen keinesfalls entgangen, wenn man womöglich ein Foto geschossen hätte, ohne ihre vorherige Zustimmung eingeholt zu haben.

Ana und die Schamanen

Ana, die das alles zur Genüge kannte und in bestem Einvernehmen mit den Schamanen arbeitet, wartete geduldig neben der Patientin, bis die Zeremonie beendet war. Die Männer gaben ihr ein Zeichen, und dann begann ihr Part an der Heilung. Verglichen mit dem vorangegangenen Spektakel war er leicht und unspektakulär. Sie löste zwei Vermox-Tabletten in Wasser auf, hob den Kopf der Frau und flößte ihr das Getränk ein. Dann tupfte sie ihr den Schweiß vom Gesicht und legte ihr einen kühlenden Umschlag auf die Stirn, um das Fieber zu senken.

Einige Stunden später zeigte sich die Wirkung. Die Frau signalisierte, daß sie dringend zur Toilette in den Wald müsse. Man trug sie hinaus, und sie schaffte es, sich erstmals nach drei Tagen wieder zu entleeren. Große Erleichterung, nicht nur bei der Frau, sondern auch bei Ana.

Was die Patientin ausgeschieden hatte, waren zwei dicke Knäuel weißer Würmer, die sich putzmunter sofort im Humus verkrochen. Die Frau atmete hörbar auf und ließ sich ins Dorf zurücktragen.

Am nächsten Tag wollte Ana ihr die nächste Ration der Tabletten geben. Aber die Frau weigerte sich strikt. Ana erklärte ihr, daß es wichtig sei, damit restlos alle Würmer aus dem Körper vertrieben würden.

Doch die Frau ließ sich nicht beeindrucken, und nannte Ana ihr Argument: »Das ich die Würmer verloren habe, lag nicht an deinen Tabletten. Das war die Kunst der Medizinmänner. Hätten deine Tabletten geholfen, wären die Würmer tot gewesen. Aber sie lebten. Und das lag an der Massage durch die Schamanen.«

Natürlich hatte Ana Mittel und Wege gefunden, der Frau trotzdem die Pillen zu verabreichen.

»Aber daran seht ihr, wie wichtig es ist, daß wir immer zweigleisig arbeiten. Auch später in der Krankenstation. Sonst hat sie gar keine Zukunft.«

Ana Ballester war unser Glücksgriff. Ohne Lohn, nur für Kost und Taschengeld, arbeitet sie seit vier Jahren in Ixima und fühlt sich wohl.

»Vermißt du nicht manchmal einen Freund?«, horchte ich sie aus. Interessiert einen ja schließlich.

»Nein. Nicht unbedingt. Mit Männern habe ich einige schmerzhafte Erfahrungen gemacht. Ich komme gut allein zurecht.«

Es waren nicht nur Freundschaften, die irgendwie in die Brüche gegangen waren. Schon der erste Mann in ihrem Leben war ein Flop. Und das war ihr Vater in Frankreich. Er war gewalttätig und prügelte Ana grün und blau. Ana war das schwarze Schaf der Familie. Ihre beiden Geschwister sollten die großen Vorbilder sein.

Mit 17 hatte sie die Nase voll und lief von Zuhause fort. Sie emigrierte nach Kanada und schlug sich zunächst als Serviererin durchs Leben. Später leitete sie eine Künstler-Galerie, wo angehende Maler und andere Künstler ihre ersten Auftritte meisterten. Anläßlich eines Besuchs in Brasilien lernte sie ihren Landsmann Henri Ramirez kennen, jenen Yanomami-Sprachforscher und Fibel-Autoren. Er brachte sie Gott sei Dank mit den Yanomami in Kontakt. Denn wir sind fest davon überzeugt, daß sie die richtige Frau für unser Projekt ist.

Als wir wieder in Deutschland waren, begannen wir mit der Beschaffung des Geldes. 100.000 DM etwa brauchten wir. 35.000 DM hatten Christina und ich aus eigenen Mitteln zur Verfügung. Honorare von Vorträgen. Die fehlende Summe ließ aber auch nicht lange auf sich warten. Wir hatten einen Informationszettel entworfen und vor allem diejenigen unserer Bekannten angeschrieben, die immer gesagt hatten, sie würden helfen, wenn wir ein konkretes Projekt hätten. Das hatten wir ja nun. Und innerhalb von nur vier Monaten hatten wir auch die Restsumme beieinander. Auf gute Freunde ist eben Verlaß. Es geht also auch ohne Subventionen von Vater Staat, wenn man sich nach seinen Möglichkeiten streckt und nicht gleich goldene Paläste bauen will.

Den Löwenanteil beschaffte uns Bertel Bühring, Chef von Radio GONG in Würzburg. Er zählt wohl zu den rührigsten Hintermännern, die wir haben. Wenn es nach ihm gingen, müßte jeder Europäer Yanomami-Steuern bezahlen, um den Regenwald zu retten.

Aber da sind auch jene Jugendlichen, die mit bewundernswerter Energie Spenden zusammengetrieben haben. Ob mit Open-Air-Konzerten (wie die Süddeutschen Andreas Arnold und Harald Bach, die 14.000 DM zusammenbrachten) oder mit Kaffeeauschank, Ausstellungen und Vorträgen (wie Tillman Konrad und Teresa Gößl, Schüler eines Gymnamiums in Wertheim). Ob mit Flohmärkten unter der Regie ihrer Lehrerin Barbara Seehusen die jungen Schülerinnen des Alten Gymnasiums in Flensburg (»Mutti, laß uns doch das Aquarium mit den Goldfischen auch noch für die Yanomami verkaufen!«) oder wie die Vollblut-Lehrerin Ute Rappmund, die mir mehr als ein Dutzend Vorträge an Baden-Württembergischen Schulen vermittelte. Oder wie der Fabrikant Dieter Mennekes und der Berliner Günther Schwarz, die nur fragten: »Wieviel brauchst du noch?« (Da ist man natürlich geneigt zu sagen »Soundsovieltausend«. Aber man soll's ja nicht gleich übertreiben.)

Und da ist noch die Schweizerin, die ihren hohen Betrag anonym überwies. Ich konnte mich nicht einmal bedanken.

Im Kapitel »Was kann der Einzelne tun?« findet Ihr noch weitere Initiativen und Danksagungen.

Als unsere Pläne bekannt wurden, war die meistgehörte spontane Frage: »Habt ihr keine Hemmungen, die Station zu bauen? Das ist doch ein radikaler und unverantwortlicher Eingriff in die traditionelle Lebensweise der Indianer? Ich dachte immer, ihr wollt die Indianer erhalten.«

Natürlich wollen wir das. Warum sonst hätten wir uns all die Jahre mit so viel persönlichem Aufwand und Risiko für sie eingesetzt? Wir haben das Thema ausführlich mit unseren Freunden und Beratern – sowohl in Deutschland als auch vor Ort – durchgesprochen. Eine bessere oder gar eine Ideallösung konnte uns niemand anbieten. Die Station ist allenfalls das kleinste Übel. Ausschlaggebend war schließlich Davi Kopenawas Erklärung. Er sagte: »Wir können nicht so weiterleben wie bisher. Wenn wir es tun, werden wir ausgerottet. Deshalb müssen wir diese Chance, daß noch viele von uns leben, nutzen, und uns bestmöglich auf die Zukunft vorbereiten. Wir wollen eine Schule, um Portugiesisch zu lernen. Nur dann sind wir den Brasilianern besser gewachsen. Solange wir es nicht sprechen, sind wir auf Dolmetscher angewiesen und haben den Status von Unmündigen. Gleichzeitig soll uns die Schreibkunst helfen, auch unsere Sprache und Kultur für alle Zeiten festzulegen, zu pflegen, zu erhalten und sie den Weißen zugänglich zu machen. Vielleicht ist es uns Yanomami vergönnt, in der letzten Phase der Existenz freier Indianer-Völker Amerikas zum beiderseitigen Nutzen in Harmonie und gegenseitiger Achtung miteinander zu leben.«

Uns hat Davis Argumentation überzeugt. Auch Häuptling Tomzinhos Erkenntnis, nur mit Hilfe der »weißen« Medizin die »weißen« Krankheiten bei den Yanomami zum Stillstand bringen zu können, ist ein unanfechtbares Argument. Denn wenn wir Weißen schon die Verursacher dieser Leiden und Tode sind, haben wir auch die Verpflichtung, sie zu bekämpfen. Und das geht nicht mit guten Worten und Gebeten. Das bedarf handfesten Einsatzes. Wer das nicht einsehen will, macht sich in meinen Augen zum Mittäter.

Man steht letztlich vor der Alternative *toter Indianer* oder *tablettenbehandelter Indianer, toter Indianer* oder *portugiesischsprechender Indianer.* Und da bleibt kein Spielraum mehr für eine Wahl. Langfristig kann der Yanomami seine traditionelle Lebensweise nur erhalten durch gemäßigte Anpassung an seine Bedroher und durch Wissenserweiterung unter gleichzeitiger Wahrung und Stabilisierung der eigenen Werte. So paradox das klingen mag. Koexistenz bei gegenseitiger Achtung.

Unter dieses Motto möchten wir unsere Station stellen. Unser Beitrag zum Jahrzehnt der Indigenen Völker (UNO, 1994–2004). Unsere Geste der Wiedergutmachung nach 500 Jahren Unterdrückung und Vernichtung.

Anmerkung

[14] Romero Jucá war einer der kriminellen Präsidenten der FUNAI.
Er startete maßgeblich die Goldsucher-Invasion 1987. Wegen seiner Nichtbe-
achtung aller demokratischen Gesetze wurde er von
Staatspräsident José Sarney befördert und Ende der 80er-Jahre zum Gouverneur des neuen Bundeslandes Roraima ernannt. Damit stieg er zum ein-
flußreichsten Mann der Region auf. Er war der unumstrittene
Favorit der Gold-Mafia.
   Als 1990 Präsident Collor de Mello an die Regierung kam, wurde Jucá ab-
gelöst von Otomar Pinto, dem ›Kleineren Übel‹, wie brasilianische Menschenrechtler ihn nannten.

Der aktuelle Stand

Die Skrupellosen ...

1994 trat Henrique Cardoso das Amt des Staatspräsidenten an. Sein Justizminister wurde Nelson Jobim. Ein famoses Duo, ein Schlag ins Gesicht für jeden ehrbaren Brasilianer. Gegen die eigene (ideale) Verfassung und gegen die in 500 Jahren mühsam errungenen Indianerrechte, erließen die beiden am 8. Januar 1996 ein Gesetz (Decreto 1775), welches die Ansprüche der Indianer auf eigene Schutzgebiete gewissermaßen annullierte.

Dem Dekret zufolge darf nun jeder Brasilianer – mit jeder sind natürlich vor allem die einflußreichen gemeint, also Gouverneure, Konzerne ... – Einspruch erheben gegen die Gründung weiterer Reservate, obwohl die Verfassung deren Gründung zwingend vorschreibt. Indianerland, das seit allen Zeiten von diesen bewohnt und genutzt wurde, ist deren Eigentum. Da kann es niemanden geben, der ältere Ansprüche hätte als die Ureinwohner. Dekret 1775 jedoch sieht das anders. Und Präsident Cardoso feiert dieses Gesetz sogar als besonders verfassungstreu: »Wir sind eine Demokratie. Da muß einfach jeder das Recht haben, angehört zu werden.«

»Sehen Sie nicht das Problem, daß nun irrsinnige Ansprüche von jedermann angemeldet werden, es zu Prozeßlawinen kommt und damit konstruktiver Indianerschutz nicht mehr gewährleistet ist?« wollten Journalisten wissen.

»Nein. Deshalb ist ja ausdrücklich eine Frist festgesetzt worden, in der diese Ansprüche anzumelden sind.«

Argumente, gegen deren Scheinheiligkeit nicht mehr gesagt werden muß.

Für die Menschenrechtsorganisationen aus aller Welt ist klar: die noch zu demarkierenden 344 Indianergebiete sind aufs

Äußerste gefährdet. Aber auch die 200 bereits existierenden sind nicht mehr sicher. Eine wahre Flut von Einsprüchen hat eingesetzt. Justizminister Jobim war das noch zuwenig. Er ermutigte befreundete Gouverneure in Pará, Roraima und Amazonas, dringend von ihrem »Recht« des Einspruchs Gebrauch zu machen und nannte ihnen sogar die 77 Gebiete, die er in ihren Bundesländern für anfechtbar hielt.

Daß Brasilien nur auf dem Papier eine Demokratie ist, weiß jeder, der mit dem Land zu tun hatte. Menschenrecht genießt nur die Elite. Wer arm ist, krank, Indianer, Frau oder Tier, ist Freiwild. Polizeijagden auf Kinder, Skalvenhaltung, Mindestlöhne unter dem Existenzminimum, Kinderprostitution, Jagd auf Organspender und Korruption – das sind die Synonyme für Brasilien. Keinesfalls ist es der Status Demokratie.

Daß Brasilien sich seine Willkür dennoch ungestraft erlauben kann, liegt an seiner wirtschaftlichen Bedeutung für unsere Raffi-Länder. Wenn Geschäfte winken, schrumpfen Menschenrechte zu Lippenbekenntnissen, um den lästigen NGOs Sand in die Augen zu streuen.

... und die Hoffnungsschimmer

Es sähe trostlos aus, wenn es nicht auch andere Brasilianer gäbe. Ihnen sei hier meine große Hochachtung ausgesprochen. Da wäre zum Beispiel der Verband der Rechtsanwälte, der schon oft und deutlich gegen solcherart Willkür Front gemacht hat.

Da wären die Bundesrichterin Selene Almeida, der Generalstaatsanwalt Geraldo Brindeiro und der Bundesanwalt Dr. Alvaro Augusto Ribeiro Costa. Sie sagten öffentlich: »Wir halten das Dekret für verfassungswidrig. Außerdem hat sich der Justizminister einer schlechten Amtsführung schuldig gemacht, weil er befreundeten Gouverneuren geraten hat, wie sie von dem Dekret Gebrauch machen sollten. Er hat sein Amt zum Nutzen seiner Freunde und Verbündeten mißbraucht.«

Aber eine Amtszeit ist schnell vorüber. Also heißt es, die Zeit zu nutzen und abzuräumen, was absahnbar ist. Ludwig XIV. erkannte schon: Die Kunst der Politik besteht darin, sich der Zeitumstände richtig zu bedienen.

Parallel zu den Machenschaften wechselte Cardoso zum dritten Mal während seiner Amtsführung den FUNAI-Präsidenten. Wer nicht spurte, wurde entlassen.

Erwähnen muß ich an dieser Stelle unbedingt auch den Abgeordneten der GRÜNEN im Europäischen Parlament, Wolfgang Kreissl-Dörfler. Er erreichte, daß die Europäische Gemeinschaft geschlossen gegen das Dekret protestierte. Die Antwort Brasiliens: »Die sollen sich erstmal um das Bosnien-Problem kümmern, ehe sie sich in unsere Angelegenheiten mischen.«

Bei solcher Argumentation fällt einem der Hut von der Gabel. Sie zeigt aber auch deutlich, wie sehr sich die Verfassungsbrecher ihrer haltlosen Position bewußt sind.

Die Indianer Brasiliens blieben aber ebenfalls nicht passiv. 300 Vertreter verschiedener Indianer-Völker (CAPOIB) protestierten am 25. März 1996 vor dem Justizministerium in Brasília. Was Davi Kopenawa schon vor einem Jahr beim Treffen der Yanomami-Chefs in Catrimani beschlossen hatte, das verkündeten auch sie jetzt öffentlich: »Wir werden bis zum Tod für unser Land kämpfen, und die Regierung wird die Verantwortung für jeden Tropfen vergessenen Blutes tragen müssen.«

Mein Beitrag gegen diesen Skandal war eine Demonstration am 27. 3. 96 vor dem Gebäude von Inter Nationes in der Kennedy-Allee in Bonn. Dort weilte der Justizminister Jobim zu Gesprächen mit deutschen Regierungsvertretern. Zusammen mit Freunden von der Gesellschaft für bedrohte Völker hatten wir eine Goldwäscher-Szene mit Urwald und Zerstörung und große Transparente gegen das Dekret aufgebaut.

Die Medien-Resonnanz war jedoch mäßig. Brasilien liegt weit. Probleme gibt es überall. Erst wenn der Schaden in Europa fühlbar wird, dürfte sich das ändern. Dann ist es vielleicht zu spät.

Was kann der Einzelne tun?

Wer sich durch unsere Berichte betroffen fühlt und sich engagieren möchte, aber nicht weiß, in welcher Weise er das tun könnte, dem seien hier ein paar Tips gegeben. Einige dieser Anregungen kosten nicht einmal Geld, allenfalls Zeit. Keine Leistung ist zu gering. Nur Nichtstun ist zuwenig. Denn Nichtstun heißt den Mißständen zustimmen. Das stärkt dem Gegner den Rücken. Es zeugt auch von Feigheit und fehlendem Verantwortungsbewußtsein gegenüber den Kindern und der Erde.

Schon wenn Du dieses Kapitel liest, bedeutet das für mich, daß Du ausgeschert bist aus dem Strom der passiven Masse, die da immer längst wußte: »Es hilft ja doch nichts. Die machen ja sowieso, was sie wollen.«

Was der Einzelne tun kann, liegt an seinen beruflichen und privaten Qualifikationen und dem Grad seiner Betätigungsbereitschaft. Ich zähle einfach ein paar Ideen auf, und Du schaust, ob etwas für Dich Angemessenes darunter ist.

Sehr beliebt, aber letzten Endes wenig wirksam, sind die üblichen *Unterschriften-Listen.* Denn jeder Staatsmann weiß, wie bereitwillig Leute alles unterschreiben. Es tut nicht weh, es kostet nichts und es verleiht einem das Gefühl, etwas Gutes getan zu haben. Es wird dennoch immer auf den speziellen Fall ankommen ob man's trotzdem tut. Im Falle der Yanomami haben wir es bereits viele Male praktiziert. Die Hamburgerin Erika Kader hat einmal 400.000 Pro-Yanomami-Unterschriften personlich in Brasília abgegeben. Staatspräsident Sarncy hat das zunächst zugesagte Treffen einfach platzen lassen und ließ sie die ledergebundenen Bände im Vorzimmer abgeben. Nie wieder haben wir eine Silbe dazu vernommen.

Um einiges wirksamer ist *ein individueller Brief an den Botschafter* Brasiliens in Bonn (Kennedyallee 74, 53175 Bonn). In Deutsch oder – besser – in Portugiesisch. Er sollte sachlich und stimmig sein. Bei Unklarheiten empfiehlt sich die Abstimmung mit der Gesellschaft für bedrohte Völker, Postfach 2024, 37010 Göttingen.

Falls ihr den Brief als Schüler oder Mitarbeiter einer Firma schreibt, können viele Unterschriften von Mitschülern oder Kollegen doch wieder nützlich sein. Die Ankündigung, die »geschätzte Antwort des Herrn Botschafters gern in der *Schülerzeitung* veröffentlichen« zu wollen (auch die Nichtantwort), wird ihm hoffentlich den Appetit auf seinen Cafezinho verderben, und er muß sich seine Ausrede gründlich überlegen.

Natürlich ist es immer leicht, andere zu kritisieren. Vor allem, wenn sie weit weg sind, wie Brasilianer, und man keine Repressialien zu befürchten hat. Schon Rosa Luxemburg wußte: »Der Idealismus wächst mit dem Abstand zum Problem.« Deshalb denkt auch daran, *im eigenen Bereich* (Familie, Schule, Firma, Nachbarschaft) mit dem Umdenken zu beginnen. Grundsätzlich lautet die Devise: Mehr Bescheidenheit, mehr Verantwortungsbewußtsein. Das kann man praktizieren mit den Selbstverständlichkeiten wie Energie-Ersparnis, Müllvermeidung, Müllsortierung, Recycling. Das kann man beweisen mit dem Kauf von Hühner-Eiern aus garantierter Bodenhaltung.

Wer einen *Garten* besitzt, sollte einen Teil *verwildern* lassen und ihn der Natur zurückgeben. Sie wird sich sehr bald revanchieren und den Gärtner mit einer Fülle neuen Lebens belohnen. Mit Pflanzen und Tieren.

Wer mehr tun will, der *legt einen Teich an.* Mit Gummi-Folie ist das ein Kinderspiel. Informationsmaterial verschickt: *renatur, Fax 04323-7243.* Ein Teich ist der »Fernseher« des Gärtners. Teich und Wildgarten bieten ein ständig wechselndes

Vorsichtsmaßregeln für Spender

Vertrauen ist gut, Kontrolle ist besser. Anhaltende Kontrolle ist am allerbesten. Wer mit seiner Spende nicht nur das Gewissen beruhigen, sondern wirklich helfen und nicht auf Betrüger- und Schaumschläger-Organisationen reinfallen möchte, sollte sich vorher ganz nüchtern die folgenden Fragen beantworten. Sie gelten vor allem für Naturschutzvereine, die für Projekte werben; für Menschenrechtsorganisationen nur bedingt, weil deren Arbeit überwiegend Bürofleiß daheim und weniger die reine Projektarbeit ist.

- Nie spontan große Beträge spenden, sondern erst Erkundigungen einholen.
- Da ist also zunächst wichtig zu wissen, ob die zu beglückende Organisation als gemeinnützig anerkannt ist und steuerlich absetzbare Spendenquittungen ausstellen darf. Das allein ist jedoch kein Indiz für Seriosität, denn solche Vereine werden zuhauf gegründet.
- Wertvoller sind Arbeitsnachweise. Was hat die Organisation wann und wo getan?
- Ist sie postalisch und telefonisch im Inland erreichbar? Oder gibt es nur ein Postfach im Ausland?
- Kann man persönlich im Büro vorbeischauen?
- Woher haben die Mitarbeiter Ihre Qualifikation? Haben sie eine Ausbildung in Sachen Naturschutz? Sind sie in organisatorischen und finanziellen Dingen erfahren, oder ist alles mehr ihr Hobby? Wie ist das Verhältnis von Fachleuten zu Praktikanten, ABM's? Wie lange sind die Fachleute schon in der Organisation tätig?
- Wie groß ist der Einfluß Ihrer bevorzugten Organisation auf das ins ausländische Projekt geleitete Geld?
- Wie schnell werden Fragen beantwortet und Info-Material zugesandt?
- Treten für das umworbene Projekt oder die Organisation bekannte Persönlichkeiten öffentlich ein?
- Gibt es im Ausland lokale Organisationen, die dafür geradestehen?
- Wird die betroffene Bevölkerung miteinbezogen, bringt es ihr Nutzen und

Programm. Mit den unbezahlbaren Vorteilen Live und ohne Werbung! Soweit Minimales zum Eigenbereich.

Ein weiteres wirksames und kostenloses Kampfmittel ist der **Boykott**. Meide den Kauf von Tropenholz, wenn es nicht nachweislich aus Plantagen stammt. Mißtraue grundsätzlich den Gütesiegeln. Nichts ist leichter, als sie zu fälschen. Rückversi-

wird sich das Projekt absehbar selbst tragen? Oder ist es immer unterstützungsabhänig?

● Welche glaubwürdigen Beweise liefert Ihre Organisation dafür, daß das auf Fotos oder Filmen gepriesene Projekt wirklich das Ihre und nicht irgendeins ist? Steht da ein stabiles Dauerschild? Gab es lokale Politiker, die ihm ihre Unterstützung angedeihen ließen?

● Kann jemand Ihrer favorisierten Organisation persönlich die Seriosität der Initiative bezeugen? Oder verläßt sie sich lediglich auf Korrespondenzen?

● Ebenso wichtig ist es, zu überprüfen, wie lange Ihre Gelder auf dem Organisationskonto dahindämmern, wieviel davon (prozentual) ins Projekt fließt, und wie hoch der Verwaltungsaufwand ist!! Steht das in einer vernünftigen Relation zueinander? Läßt man Sie die Zahlen kontrollieren, oder gibt es eine unabhänige Kontrollinstanz, die die Glaubwürdigkeit der Buchführung garantiert?

● Gibt es gar ein offizielles Informationsblatt der favorisierten Organisation, das all diese Fragen ausführlich und nachprüfbar beantwortet?

● Nie an der Haustür und schon gar nicht unter Zeitdruck spenden! Drückerkolonnen erhalten oft 50 % Ihrer Spende.

● Skeptisch bleiben gegenüber Straßensammlungen; es ist sehr leicht, die Erlaubnis für Straßensammlungen zu erhalten.

● Niemals auf Telefonwerbung reagieren, sie ist unseriös und nicht erlaubt.

Natürlich ist die Beantwortung dieser Fragen mit einigen Mühen verbunden. Sie lohnt sich vor allem für Groß- und Dauerspender. Kleinspender sollten sich an altbekannte Organisationen halten. Und alle Spender sollten Jahr für Jahr neu entscheiden, ob die begünstigte Organisation ihr Vertrauen weiterhin verdient hat.

Wenn Sie nur eine der obenstehenden Fragen mit Nein beantworten müssen, sollten Sie Ihr Geld lieber behalten. Sind ein oder mehrere Fragen mit »ich weiß nicht« im unklaren, sollten Sie die Organisation, die zu Spenden aufruft, um die fehlenden Auskünfte bitten. Ist die Organisation in absehbarer Zeit nicht in der Lage, Ihnen mit den gewünschten Informationen zu dienen, können Sie annehmen, daß sie erst recht nicht in der Lage ist, ein größeres Naturschutz-Projekt in der Dritten Welt durchzuführen.

chere Dich im Zweifelsfalle bei *Rettet den Regenwald, Pöseldor-*
fer Weg 17, 20148 Hamburg oder anderen Naturschutzorganisa-
tionen bei Dir vor Ort. Und vergegenwärtige Dir bei deinen
Einkäufen, daß auch Frühstücksbrettchen und Holzkohle oft
ein Stück Regenwald sind. Und wenn du gar hörst von »Kinder
kaufen Regenwald«, sei ebenfalls auf der Hut. Nicht alle diese
Angebote sind seriös.

Eine absolute Selbstverständlichkeit sollte es für jeden sein,
einen lebenslänglichen Dauerboykott gegen die Firma *SHELL*
zu praktizieren. Was sich dieser Konzern gegen Menschen und
Umwelt in Nigeria erlaubt hat, spottet jeder Beschreibung.
Menschenverachtender geht es kaum. Für mein Empfinden
hat ein solches Unternehmen sein Existenzrecht für alle Zeiten verwirkt. Lest dazu bitte die Bücher von Manfred Loimey-
er: Zum Beispiel Ken Saro-Wiwa und das Buch von Ken Saro-
Wiwa selbst: Flammen der Hölle. Nigeria und Shell. Der schmutzige Krieg gegen die Ogoni.

Nicht jedem ist es gegeben, öffentlichkeitswirksame Aktionen
durchzuziehen. Wer sie aber, sofern sie mit demokratischen
Stilmitteln durchgeführt werden, gutheißt, der sollte **Organisa-**
tionen seines Vertrauens finanziell unterstützen. Natürlich und
ausdrücklich mit aller zu Gebote stehenden Vorsicht wegen
der sehr vielen betrügerischen, ineffektiven oder gar verant-
wortungslosen Organisationen. Berücksichtigt bei euren Spenden immer wieder kritisch, ob die oben genannten Kriterien
erfüllt werden.

Christina und ich haben uns für die Zusammenarbeit mit der
GESELLSCHAFT FÜR BEDROHTE VÖLKER entschieden. Obwohl
»nur« die zweitgrößte Menschenrechtsorganisation des deutsch-
sprachigen Europas, hat sie für uns den Vorteil, daß sie nicht
verbürokratisiert ist. Wenn wir eine Idee haben, genügt ein An-
ruf beim Chef Tilman Zülch, und in einer Sekunde ist entschieden, wie es weitergeht. Kein langes Kompetenzgerangel,
keine Endlosdiskussionen, sondern Reaktionsschnelle. Bei der

Gesellschaft für bedrohte Völker ist der Chef noch selbst zu sprechen, wenn es die Umstände erfordern. Die Gesellschaft für bedrohte Völker ist genau das Organ, das zu unserer Arbeit paßt. Wir sind die Aktionisten vor Ort. Die Gesellschaft für bedrohte Völker ist die Mannschaft im Hintergrund, unser Recherche-Team, die Leute, die uns mit stimmigen Informationen versorgen, die die Presse-Konferenzen organisieren. Aber selbst da, bei der eigenen Mannschaft und obschon fast damit verheiratet, bleiben wir immer wachsam. Denn nichts läßt Zuverlässigkeit schneller erlahmen als die Droge Gewohnheit.

Menschenrechtsarbeit, das sei hier ausdrücklich gesagt, ist mühsame Arbeit und hauptsächlich Büroarbeit. Erfolge sind oft schwer meßbar. Es ist leichter, für bedrohte Seehunde Gelder lockerzumachen als für bedrohte Völker. Man kann nicht mit »Projekten« glänzen. Wenn Christina und ich es dennoch tun, zum Beispiel mit der geplanten Krankenstation, dann, weil das unser rein persönlicher und selbstfinanzierter Stil ist. Wir belasten damit nicht das Konto der Gesellschaft für bedrohte Völker. Nur unser eigenes.

Wenn Du jedoch meinst, daß diese Organisation und ihr Ziel (Verfolgten Minderheiten zu helfen, wenn sie aus rassischen, ethnischen oder religiösen Gründen verfolgt werden), auch Deinen Intentionen nahekommt, kannst Du gern Mitglied werden. Ein jeder, eine jede, ist willkommen. Du kannst uns auch Deine fachlichen Eignungen kostenlos als Hilfe anbieten. (Gesellschaft für bedrohte Völker, Postfach 2024, 37010 Göttingen)

Dennoch finde ich es auch gut, daß es Konkurrenz gibt. Nur allzu sehr ist bekannt, wie schlecht es Organisationen bekommt, wenn sie groß geworden sind und der Spendenfluß automatisch strömt. Dann gesellen sich zur Größe auch schnell die Selbstgefälligkeit und die Ineffektivität.

Wenn Du Dich niemandem anschließen magst, weil Du Dich mit Deinen Zielen nirgends vertreten fühlst, gründe eine *eigene Initiative.* Es muß ja nicht gleich in einen Verein ausarten.

Spann einen Krötenzaun, leg einen Komposthaufen an, oder klage gegen Deine Gemeinde, wenn sie Umweltverpflichtungen ignoriert. Das bestangelegte Geld ist immer das, das man in *eigene Projekte* steckt. Es kommt zu 100% an. Und nichts geht verloren bei sogenannten Arbeitsessen und Kongreßreisen, wie ich es oft bei anderen Organisationen erlebte.

Die *Mitarbeit in* bereits existierenden *großen Organisationen* bietet den Vorteil, daß Dein Geld, über das Lokale hinaus, globale Wirkungen erzielen kann. Auch das sollte man abwägen.

Eine weitere Möglichkeit, der Welt zu helfen, ist die, sich zu Festtagen nichts schenken zu lassen, sondern *statt der Geschenke Geld für gemeinnützige Zwecke* auf entsprechende Konten zu erbitten.

Auch bei der Abfassung von *Testamenten* kann man an diese Möglichkeit denken.

Eine wertvolle Unterstützung unserer persönlichen Arbeit könntet Ihr leisten, wenn Ihr uns zu *Dia-Vorträgen* einladet. Sie sind ein 90-Minuten-Kriminalstück aus Brasilien. Die Reportage zweier Augenzeugen. Wir treten nicht nur öffentlich und in Firmen auf, sondern auch und sehr gerne in Schulen (zu Vorzugspreisen). In Baden-Württemberg und Bayern werden die Vorträge sogar von den Kultusministerien empfohlen. Bei Interesse, kontaktet *mein Büro,* Margrit Ludwig, *Fax 040-6934844* oder *Christina Haverkamp, Fax 0431-26311.*

Schulen können von der Gesellschaft für bedrohte Völker auch den *Film des ZDF* anfordern: *Goldrausch in Amazonien* (60 DM). Desgleichen die *Arbeitsmappe* zum Thema *Regenwald* (25 DM). Der Film ist geeignet für jede Altersgruppe. Die Arbeitsmappe empfiehlt sich ab der 8. Klasse aufwärts. Mit dem Film und der Arbeitsmappe oder mit *meinen Büchern* (siehe Anhang) kann man das Thema Yanomami auch gut *zum Schulprojekt* machen.

Viele Schulen haben abschließend *Flohmärkte* organisiert und den Erlös für unsere Kranken- und Schulstation gespendet. *Stichwort Krankenstation (Konto 100 1900 000, BLZ 260 101 11).*

Von besonderem Aufmerksamkeitswert sind natürlich immer neuartige Aktionen, solche, die man nicht hundertmal gehört oder gesehen hat.

Da ist die *Fahrrad-Demonstration* eines Stuttgarter Gymnasiums. 20 Schülerinnen und Schüler hatten sich und ihre Räder professionell durchgestylt und radelten zur Brasilianischen Botschaft in Bonn. Dort überreichten sie eine Protestnote. Aber auch schon während ihrer Tour verteilten sie an Interessenten Handzettel und gaben in jeder Kleinstadt, die eine eigene Zeitung oder einen Radiosender hat, Interviews.

Ein Mädchengymnasium in Berlin stellte zum Tag der Offenen Tür einen *kahlen Baum* im Eingangsbereich auf. Jeder konnte nun grüner Blätter aus Karton kaufen und eine Idee darauf schreiben, was man tun könnte, um den Regenwald zu erhalten. Als der Baum schließlich in herrlichem Grün erstrahlte, transportierten die Mädchen ihn, mit viel Medienbegleitung, zum brasilianischen Generalkonsulat in Berlin.

Die Lehrerin Marliese Hirsch von der Regionalen Schule in Wörth legte mit ihren Schülern einen *Hungertag* ein. Das gesparte Essen wurde in bar in eine Kasse gezahlt als Beitrag für unsere Krankenstation. Es kamen 15.000 DM zusammen!

Die 7. Klasse der Grund- und Hauptschule Eglofs in Argenbühl/Allgäu hat eine Kasse eingerichtet, in die jeder, der den Unterricht stört, eine Mark einzahlen muß. Klassensprecherin Christine Prinz in einem Brief »... es ist schon ein beachtlicher Haufen. Aber wir wissen nicht, was die Yanomami am nötigsten brauchen können. Einige meinten, wir sollten für dieses Geld Kondome kaufen und den Yanomamis schicken. Andere meinten ... Schuhe oder Spielsachen ... oder ein Stück Regenwald kaufen ...«

Meine Antwort: »... Das mit den Kondomen ist eine Super-Idee, wenn Ihr sie für Euch verwendet. Dann bleibt Ihr lange gesund, könnt den Unterricht noch viel stören und viel Strafgeld in die Gemeinschaftskasse einzahlen und so einen großen Beitrag zur Unterstützung unserer Krankenstation leisten ...«

Zwei junge Leute aus der Umgebung von Würzburg hatten ein *Benefiz-Open-Air-Konzert* veranstaltet. Etwa zehn noch wenig bekannte, aber sehr gute Bands verschiedenster Musikrichtungen hatten sich dazu auf einer herrlichen Obstbaum-Wiese eingefunden. Die jungen Männer hatten alles Erforderliche auf Sponsoren-Basis organisieren können: vom Klohäuschen über die Informationstische der Naturschutz-Organisationen bis hin zur perfekten Bühne. Als es dunkel genug war, zeigten Christina und ich unsere Dia-Reportage über das Yanomami-Problem.

Die unter BICO-PLUS zusammengeschlossenen Fahrradfachhändler (Fax Verbundzentrale 05246/920122) druckten uns kostenlos die 20.000 (von meiner Freundin Sinje Kätsch) witzig illustrierten *Begleitbücher* zu meiner Survival-Jugend-serie *Abenteuer vor der Haustür* (ZDF).

Drei 12-jährige Schülerinnen aus Wangen gestalteten ein ledergebundenes *Buch mit 20 Großfotos* aus der Welt der Yanomami. Wie sie einmal war, und wie sie nun ist. Dann baten sie *Prominente,* dazu einen *Kurztext* zu schreiben, was Deutschland tun müßte, um den Regenwald und die Indianer zu erhalten. Das Original soll in einer TV-Show versteigert werden. Kopien soll es regional im Handel geben.

Ähnliches machte Martin Schubert aus Schöningen. Er bat Prominente, zu 20 vorgegebenen Wörtern einen kleinen Text zu gestalten.

Die Lehrerin Ute Rappmund organisierte mir ratz-fatz *14 Vorträge* in Baden-Württemberg. Sie hatten ein großes Medien-Echo zur Folge und mehrere kleine Initiativen wie die mit dem ledergebundenen Buch.

Ein Hamburger Gymnasium war der Urheber der Aktion, vor dem Generalkonsulat Brasiliens in Hamburg *Gold* zu *waschen* und den Urwald zu zerstören. Diese dekorative Darbietung haben wir inzwischen wiederholt.

Der Künstler Victor Kegli baute bei Esch in Luxemburg eine kleine *maloca,* als Ausflugsobjekt, um so über die Yanomami zu informieren.

Eine Schule aus Friedrichshafen will die *Patenschaft* für unsere Schule im Regenwald übernehmen, und eine Firma aus Hamburg möchte unserer Lehrerin Ana Ballester ein kleines monatliches *Gehalt* zahlen. Sie arbeitet nämlich seit vier Jahren unentgeltlich. Aber irgendwann ist auch sie alt und braucht ein paar *Pfennige für den Lebensabend.*

Mögen diese Beispiele euch zu weiteren Variationen anregen. Vielleicht hören wir ja dann voneinander.

Hilfe für die Yanomami ist Hilfe für Brasilien

Prominente aus Politik und Gesellschaft
zum Yanomami-Projekt Rüdiger Nehbergs
und zum Zusammenhang
zwischen Umweltschutz und Menschenrechten

Norbert Blüm

In Sachen Menschenrechte darf es keine Grenzen geben

Die Einhaltung der Menschenrechte und das Streben nach sozialer Gerechtigkeit gehören zu den wichtigsten Aufgaben einer humanen Gesellschaft. Über sie zu wachen ist nicht leicht.

Denn Menschenrechte und soziale Gerechtigkeit sind selten Zustand, aber immer Herausforderung.

Soziale Gerechtigkeit tritt mit dem Anspuch auf, »Jedem das Seine« einzuräumen. Sie verlangt nicht für jeden das Gleiche und hat in ihrer Rechnung die Unterschiedlichkeit der Menschen eingebaut. Doch sie sucht das Recht des Ganzen gegenüber dem Einzelnen, das Recht des Einzelnen gegenüber dem Ganzen und das Recht des Einzelnen gegenüber Einzelnen in ein Gleichgewicht zu bringen.

Dieser Balanceakt ist und bleibt ständige Anstrengung, denn Gerechtigkeit hat in dieser Welt immer ein Defizit. Wer sie zu erobern versuchte, geriet – gewollt oder ungewollt – häufig in den Sog menschenverachtender Gewalt. Wer zu wissen glaubt, wie das Glück der Menschen beschaffen ist, muß notfalls auch die Widerstrebenden mit Gewalt zu ihrem Glück zwingen. Doch soziale Gerechtigkeit kann nicht gewaltsam durchgesetzt werden. Sie ist ohne die Einhaltung der Menschenrechte nicht denkbar.

Die Würde des Menschen ist unantastbar. Dieser einfache Satz ergibt sich aus dem Bewußtsein, daß jeder Mensch von Gott geschaffen, ihm ebenbildlich und vor ihm gleich wert und gleich wichtig ist. Doch die Menschenwürde ist keine Privatveranstaltung für religiöse Menschen. Soziale

Gerechtigkeit und die Einhaltung der Menschenrechte sind elementare Grundwerte aller Menschen guten Willens auf der ganzen Welt. Deshalb müssen sie auch überall gelten, unabhängig von Staatsbürgerschaft, Geschlecht, Rasse, Hautfarbe oder Religion.

In Sachen Menschenrechte darf es keine Grenzen geben. Der Zynismus der Menschenverächter, die auf unser folgenloses Palaver setzen, darf nicht triumphieren. Wo Menschenrechte von skrupellosen Egoisten mit Füßen getreten werden, wo Menschen das elementare Recht auf Unversehrtheit und Freiheit genommen wird, da müssen wir das – wenn wir es nicht sofort unterbinden können – mutig und ausdauernd anprangern. Sonst werden wir am Ende die Achtung vor uns selbst verlieren.

Wenn der Mensch nicht mehr Anwalt des Menschen ist, wer sollte es dann sein? Deshalb verdienen Menschen wie Rüdiger Nehberg, die nicht locker lassen, wenn es um die Verletzung der Menschenrechte geht, unsere Hochachtung. »Wer von den Vorgängen Kenntnis hat und schweigt, ist ein Mittäter«, schreibt Rüdiger Nehberg. Er hat in den vergangenen Jahren immer wieder dafür gesorgt, daß die Welt von dem Schicksal der in ihrer Existenz bedrohten Yanomami in Brasilien Kenntnis erhält.

Wir dürfen nicht schweigen! Rüdiger Nehberg zeigt: Es lohnt sich, für soziale Gerechtigkeit und Menschenrechte zu kämpfen, überall auf dieser Welt.

Norbert Blüm ist Bundesminister für Arbeit und Sozialordnung und Vorsitzender der nordrheinwestfählischen CDU.
Er ist Mitglied von Amnesty International

Dagmar Berghoff

Die Erde hätte eine Chance, wenn ...

Zu meiner täglichen Arbeit gehört es, Millionen Zuschauern schlechte Nachrichten über die Probleme in der Welt zu übermitteln.

Dabei geht es immer häufiger auch um Meldungen, die die Umwelt betreffen und um die Folgen dessen, was wir Menschen anrichten.

Es ist allerhöchste Zeit innezuhalten und alles Denkbare zu unternehmen, um der Umweltzerstörung ein Ende zu setzen. Das kann nur mit überregionalen Anstrengungen geschehen. In einigen europäischen Ländern mag ein Umwelt-Ministerium eine Bedeutung haben, aber in vielen anderen Ländern hat es nur eine Alibi-Funktion, oder es gibt gar kein solches Ressort. Das müßte dringend geändert werden.

Wenn eine enge, internationale Zusammenarbeit stattfände zwischen Umweltministerien, Wissenschaftlern, Fachleuten und Umweltschutz-Organisationen, wenn Beschlüsse absolut bindend wären und die Umsetzung in die Praxis nicht verzögert würde, dann hätten wir, dann hätte die Erde eine Chance, denke ich.

Aber wir können die Verantwortung für die Natur nicht nur Politikern und Umweltschutz-Organisationen zuschieben. Jeder von uns muß in seinem kleinen Bereich dafür sorgen und mithelfen, daß unsere Umwelt geschützt wird. Was im Einzelnen getan werden kann, ist inzwischen bekannt und in Broschüren nachzulesen.

Wenn die Menschen anfingen, konsequent im Sinne der Natur zu denken und zu handeln, dann bleibt die Uhr vielleicht bei fünf vor zwölf stehen.

Dagmar Berghoff ist Schauspielerin,
Nachrichtensprecherin und Moderatorin bei der ARD.

Joachim Bublath

Helfen – aber mit welchen Zielen?

Völker mit eigener, uns fremder Kultur sind faszinierend. Sie wecken unsere Neugier, und die gewonnenen Eindrücke verhelfen zu neuen, aufregenden Gedanken und Träumereien. Unbestritten: Die Vielfalt der Kulturen auf der Erde macht unser Leben reicher. Jedoch, die »westliche Zivilisation« – also unsere Art zu leben – überzieht inzwischen mehr oder weniger ausgeprägt alle Völker: Die Ziele werden gleich auf der Welt, sie führen häufig in Sackgassen; zudem geht die Überraschung verloren – eine wichtige Komponente im Leben. Aber in schwer erreichbaren Gebieten gibt es
noch einige kleine Inseln, auf denen besondere Überlebensstrategien auch eigene Kulturen heranwachsen ließen. Auf sie konzentriert sich unsere Energie, um diese wertvollen Nischen mit ihren Eigenkulturen zu erhalten. Das ist sicher positiv zu sehen. Aber was können die Ziele solcher Hilfsaktionen sein? Wollen wir den augenblicklichen Lebensstil dieser Minivölker konservieren? Sie halten und ausstellen wie exotische Bewohner eines Zoos für Menschen? Wollen wir sie dabei unberührt lassen und nur vom Bewußtsein zehren, daß es da in Amazonien z. B., hinter den Bergen, noch Menschen gibt, die auf ihre Weise »ursprünglich« weiterleben können, dank unseres Engagements?

Die Entwicklung einer Kultur bleibt nicht stehen, sie ist immer in Bewegung, saugt alles auf, was sich als vorteilhaft oder für die augenblickliche Situation tolerierbar erweist. Neue Elemente werden erfunden oder Einflüsse von außen aufgenommen. Isoliert ist heute keine Kultur mehr. Ein interessantes Beispiel liefert der Süden Venezuelas. Dort im Quellgebiet des Orinokos leben relativ gut abgeschirmt von der westlichen Zivilisation Yanomamö-Gruppen. Das liegt an der Politik der Regierung und die ist unter anderem nur möglich, weil aus diesem Gebiet keine spektakulären Goldfunde bekannt gemacht werden. Einige Wissenschaftler versuchen dort, das Leben der Yanomamö zu erforschen. Mit ihrer Hilfe kamen wir auch in Kontakt mit Indianergruppen, die noch keinen Weißen gesehen hatten. Die erste Beobachtung jedoch: Westliche Gebrauchsgegenstände waren auch hier zu finden. Metalltöpfe, Stoffreste als Modeaccessoires, Stahläxte; auch das Feuer wurde mit Hilfsmitteln aus unse-

291

rer Zivilisation gemacht. Unser Besuch übrigens erweiterte diese Palette trotz aller Zurückhaltung. Aber schon seit jeher gelangten diese Güter zu den Yanomamö. Flußindianer treiben über lange Transportwege Handel auch mit der entferntesten Gruppe. Damit verbunden sind einschneidende Veränderungen der Lebensweise im Yanomamö-Gebiet. Dieser Wandel ist die normale Entwicklung einer jeden Kultur, auch der unseren. Was für die ständig fortlaufende Evolution des Lebens gilt, ist auch für die Entwicklung von Kulturen richtig: Alles ist fließend, neue Elemente können sich durchsetzen und integriert werden. Wenn aber das »Einfrieren« der gegenwärtigen Situation wenig sinnvoll ist und sich das auch wegen des immensen Bevölkerungsdrucks überhaupt nicht durchsetzen läßt, wie können dann die Ziele zum Helfen aussehen? Das Hauptanliegen kann es nicht sein - so nüchtern das auch klingt - eine Kultur in ihrem jetzigen Zustand bewahren zu wollen. Das läßt sich nicht realisieren und steht wahrscheinlich auch gegen den Entwicklungsanspruch dieser Volksgruppen. In die Verantwortung werden wir aber genommen, wenn es darum geht, unter welchen Bedingungen zwei so unterschiedliche Kulturen aufeinandertreffen. Geschieht das unkontrolliert auf »Goldgräberart«, so bedeutet das die Ausrottung dieser Völker. Mehr Projekte sind gefragt, die eine sanftere Begegnung der Kulturen ermöglichen. Das verlangt allein schon die ethische Werteskala unserer Kultur. Helfen also nicht aus romantischen Bewahrungsträumen heraus, sondern aus humanitären Gründen. Der Versuch der Sperrung der Yanomamö-Gebiete wie in Venezuela ist die Voraussetzung für solche Projekte. Diese Maßnahme kann nur zeitlich begrenzt durchgehalten werden. Es gibt Bemühungen in diesem Reservat, die Yanomamö mit unseren Lebensregeln vertraut zu machen. So werden ihnen Abläufe wie Produktion, Handel, Geldwirtschaft punktweise nähergebracht. Die Yanomamö nähern sich so unserer Lebensart an, jedoch hat das auch einschneidende Konsequenzen. Der Wald - ihr Lebensraum - wird damit von ihnen plötzlich anders - nach unserem Standarddenken - genutzt und das nicht zu seinem und ihrem Vorteil. Waren die Yanomamö früher an die Bedingungen des Waldes perfekt angepaßt, wird die neue Lebensart das verändern. So wurden früher Maniokwurzeln nur für den eigenen Bedarf gesammelt. Heute ist der Wald gebietsweise ausgeplündert, weil sich die Maniokwurzeln verkaufen oder tauschen ließen, gegen Produkte unserer Zivilisation. Die Yanomamö-Kultur ist keine heile Welt, sie wird sich in dieser Form auch nicht erhalten lassen. Alle Versuche zu helfen, haben einen im Detail ungewissen Ausgang. Aber die Menschen zu retten, ihnen ein erträgliches Leben zu ermöglichen, muß für uns alle ein unverrückbares Ziel sein.

Dr. Joachim Bublath promovierte in theoretischer Physik, Mathematik und Chemie und entwickelte Universitätsprogramme in der Dritten Welt. Er ist Autor und Produzent zahlreicher Fernsehreihen sowie Buchautor. Er leitet das Ressort Naturwissenschaft und Technik im ZDF und ist TV-Experte in Yanomami-Fragen. (Die von der sonst im Buch verwendeten Schreibweise abweichende Form »Yanomamö« beruft sich auf den Ethnologen Napoleon Chagnon.)

Eugen Drewermann

*Die Wiedergutmachungs-pflicht der christlich-abendländischen Kultur**

Insbesondere gegenüber den india-nischen Kulturen gibt es eine wirkli-che Wiedergutmachungspflicht an-gesichts der jahrhundertelangen Bemühungen der christlich-abend-ländischen Kultur um die physische und kulturelle Ausrottung all des-sen, was in der Neuen Welt von In-dianern hervorgebracht wurde.

Nach 500 Jahren Zerstörung der indianischen Kulturen müssen wir erst noch lernen, auf die Indios wirklich zu hören. Sie besitzen den ganzen Zyklus, den auch die christ-liche Erlösungslehre enthält. Gott spricht durch alle Völker. Fremde Religionen sind daher keine Konkur-renz, sondern gehören zu der einen gemeinsamen Symphonie über das Leben.

Was aber ist von dem menschlichen Niveau einer Religion zu halten, die wie die christliche sich bis in die Gegenwart hinein weigert, die Überzeu-gungen fremder Völker und Kulturen auch nur kennenzulernen, geschwei-ge denn mit ihnen in einen wirklichen Dialog einzutreten? Die absichtslo-se, nur um Verstehen bemühte Einstellung der Ethnologen erweist sich als menschlicher als der missionarische Eifer christlicher Theologen.

Die einzige Art, den eigenen Glauben zu verbreiten, dürfte nicht darin bestehen, die Menschen anderer Kulturen zu entwurzeln, um sie in dem Boden der eigenen Überzeugungen neu anzupflanzen, sie müßte darin liegen, einander so menschlich und gütig zu begegnen, daß es wechsel-seitig all die Bilder und Erfahrungen freisetzt, die in der menschlichen Psy-che angelegt sind.

Dr. Eugen Drewermann ist katholischer Theologe und Philosoph.
*Mit ausdrücklicher Genehmigung von Dr. Eugen Drewermann und des Walter-Verlages.
aus: Eugen Drewermann, Milomaki oder vom Geist der Musik
© Walter-Verlag AG, Zürich 1991

Freimut Duve

Denn sie wissen, was sie tun.
Anmerkungen zum Sterben der Vor-Geld-Kulturen

Mitte der achtziger Jahre: Ein brasilianischer Politiker lädt mich zu einem Vortrag ein. Mittags, vor der Veranstaltung, stellt er mich sehr stolz seinem Sohn vor: Der hat Biologie studiert und arbeitet an Projekten zur Rettung der Umwelt im Amazonasbecken. Der Sohn ist – dramatischer als sein Vater, der gegen die Militärdiktatoren gekämpft hatte – besorgt über die Zukunft der indianischen Völker im Regenwald. Am nächsten Tag lädt uns der Gouverneur von Rio zu einem Hubschrauberflug über die ausufernde Stadt und die verelenden Favelas ein. Wir fliegen über das total gefüllte riesige Fussballstadion. Man erklärt mir die 200.000 Zuschauer: Der englische Sänger Sting gibt ein Konzert. Er hat sich für die Amazonas-Völker eingesetzt. Er findet in Rio 200.000 Zuhörer. Das ist die wirkliche Veränderung von öffentlicher Wirksamkeit, sage ich zu meinem Begleiter im Hubschrauber. Wenn wir Politiker zum gleichen Thema reden, haben wir höchstens 200 Menschen im Saal. Das Konzert ist auch in den Amazonasregionen zu hören. Und wird dort gehört. Inzwischen haben auch elektronische Medien die bedrohten Völker erreicht.

Das Jahrhundert des Völkermords geht zuende. Auch früher sind Völker ausgerottet worden. Auch vor Auschwitz. Aber erst in diesem 20. Jahrhundert gab es weltweite Kenntnisse und zugleich präzise Planung, gezielten Terror für das Ende von Völkern (zuletzt die Absicht, die muslimischen Bosnier auszurotten). Verdrängung und Ausrottung von indianischen Völkern haben die europäische Eroberung Nord- und Südamerikas begleitet. Jahrhundertelang blieb dies verdrängt aus dem öffentlichen Bewusstsein. Erst 1994 gab es eine offizielle Anerkennung der in spanischem und katholischem Namen begangenen Verbrechen an den Völkern Südamerikas. Dafür brauchte Spanien fünfhundert Jahre.

Das zwanzigste Jahrhundert ist schneller geworden, schneller im Verbrechen und schneller in dessen Aufklärung.

Viele aus der Generation von Rüdiger Nehberg aus Hamburg, der zu einem bedeutenden Aufklärer und Autor geworden ist und Tilman Zülch, der die »Gesellschaft für bedrohte Völker« ins Leben gerufen hat, wollten aus der Geschichte der Deutschen die besondere Verantwortung für das Schicksal bedrohter Volker auch für sich selbst übernehmen.

Oft sind wir gescholten worden. Wie könnt Ihr es wagen – den Begriff des Völkermordes anzuwenden für ganz andere Vorgänge. Wir haben erwidert: Darin liegt vielleicht die besondere Verantwortung unserer Generation. Wir wollen nicht zulassen, dass im Todesschatten von Auschwitz die Vernichtung von Völkern relativiert wird.

Aussenpolitik als Beziehung zwischen Staaten steht vor einem anderen, im zwanzigsten Jahrhundert auch vor einem neuen Dilemma. Der moderne demokratische Staat versteht sich als Zivilstaat, Abstimmung zählt mehr für die Rechte der Bürger als Abstammung. Es ist zynisch, wenn mit dieser Zivilräson des Staates privaten Regenwaldkillern erlaubt wird, die Lebensgrundlagen ihrer indianischen Mitbürger und damit ihre Kultur zu zerstören, nur weil sie sich auf einen Mehrheitsbeschluss des nationalen, auf Wahlen beruhenden Parlaments berufen.

Dies ist umso zynischer, als der Staat und die rechtsgehorsame zivile Gewalt bei diesen Vernichtungen kaum eine Rolle spielen. Immer wieder werden private Massaker und ungesetzliche Vertreibungen aufgedeckt. Deshalb gehört der Schutz von Minderheiten und damit deren Lebensformen auch zur internationalen Arbeit der Aussenpolitik. Ihn müssen auch Firmen respektieren, die sich ihre Abholzerlaubnis von der Staatsführung besorgt haben. Ohne die Arbeit von Autoren wie Rüdiger Nehberg oder die Lieder von Sting hätten wir Politiker kaum Ansprechpartner in den Heimatstaaten der bedrohten Völker.

Freimut Duve (SPD), MdB seit 1980, ist Vorsitzender des Ausschusses für Demokratie, Menschenrechte und humanitäre Fragen der Parlamentarischen Versammlung der OSZE. Er ist Mitglied im Auswärtigen Ausschuß und im Unterausschuß für Menschenrechte im Bundestag.
Als Publizist war Duve u.a. Herausgeber der Buchreihe rororo-aktuell.

Monika Griefahn

Teufelskreis Fortschritt

Ein Fünftel der Menschen auf der Erde beutet vier Fünftel der Ressourcen aus. Die Firmen und Regierungen, die Rohstoffe besitzen, beherrschen die Erde.

Deutlich geworden ist das ganz eindrücklich erst wieder am 10. 11. 1995, als der nigerianische Bürgerrechtler Ken Saro-Wiwa brutal hingerichtet worden ist. Er hat sich gewaltfrei dafür eingesetzt, daß der Lebensraum seines Volkes, des Ogoni-Stammes, erhalten bleibt. Doch das Öl war mächtiger.

Mal ist es das Öl, mal sind es andere Rohstoffe. Immer geht es um den sogenannten Fortschritt, und immer bleiben auf der Strecke die Natur und die Menschen, die im Einklang mit der Natur leben wollen. So werden in kolonialistischer Manier Menschen unterdrückt und vertrieben, sei es in Amazonien, wo skrupellose Leute nach Land, Tropenholz oder Gold jagen, oder in Nigeria, wo die Petrodollars locken. Die Regierungen der jeweiligen Länder rechtfertigen das als Preis für die Entwicklungsmöglichkeiten, z. B. in Malaysia (Sarawak) oder eben in Nigeria. Dabei werden die Lebensverhältnisse vieler Menschen in diesen Ländern immer schlechter. Die Schere zwischen Arm und Reich klafft immer mehr auseinander – und selbst den nördlichen Staaten bringt der vermehrte Verbrauch von Rohstoffen mehr Verdruß als Wohlstandszuwachs:

Allergiekrankheiten nehmen zu, weil der Verkehr in den Städten immer schlimmer und die Luft immer giftiger wird, die 90er Jahre sind die Jahre mit den meisten Naturkatastrophen wie Wirbelstürmen, Taifunen, Überschwemmungen und Vulkanausbrüchen, in diesem Jahrhundert. Wir bieten in Entwicklungs-, Umwelt- und Sozialkonferenzen unser Lebensmodell den Teilen der Welt an, die auf dem Sprung sind, ohne dabei zu bedenken, daß – gemessen an unserem bundesdeutschen Lebensmodell – 1,2 Milliarden Chinesen oder Inder dann ja auch 600 Mio. Autos fahren. Den Rohstoff- und Energieverbrauch und die Folgen fürs Weltklima kann man sich leicht ausmalen …

Besinnen wir uns rechtzeitig?

Monika Griefahn ist Umweltministerin des Landes Niedersachsen und ehemalige Chefin von Greenpeace Deutschland.

296

Bischof Erwin Kräutler

Die eigentliche Schuld liegt aber bei der Regierung

Sao Felix do Xingu, 15. Mai 1996

Lieber Herr Rüdiger Nehberg,

Ich erinnere mich gerne an unsere Begegnung in Lindenberg und danke Ihnen nochmals für die Widmung Ihres Buches. Leider sind Sie nun wohl enttäuscht, daß der gewünschte Beitrag keine konkrete Form angenommen hat. Ich hoffe dennoch auf Ihr Verständnis.

Seit dem damaligen Kurzaufenthalt im süddeutschen Raum bin ich keinen Tag zur Ruhe gekommen. Hier jagte ein Termin den anderen, bin beinahe jeden Tag an einem anderen Ort. Zur Zeit bin ich auf Pastoralbesuch bei den Gemeinden am Oberen Xingu und habe meinen kleinen PC mit auf die Reise genommen, damit ich dort, wo es Strom gibt, in freien Augenblicken wenigstens den einen oder anderen längst fälligen Brief schreiben kann. Ihr Fax vom 24. April erreichte mich erst am 6. Mai bei meiner Rückkehr nach Altamira. War nur drei Tage in Altamira und seither bin ich wieder unterwegs. Es tut mir also leid, Ihren Erwartungen nicht entsprochen zu haben. Diesen Brief kann ich erst am 23. Mai auf die Post bringen, wenn ich in Belem ankomme.

Die Region, in der ich mich befinde, hat wieder einmal für traurige Schlagzeilen in den brasilianischen und internationalen Medien gesorgt. Das Massaker von Eldorado de Carajás hat hier in Brasilien großes Aufsehen und tiefste Bestürzung erregt. Landlose Bauern haben eine Landstraße, die PA-150, blockiert, um auf ihre Situation aufmerksam zu machen. Sie wurden aufgefordert, die Straße zu räumen. Als Bedingung verlangten sie, daß ihnen Omnibusse für ihre Reise nach Belem zur Verfügung gestellt würden. Dort wollten sie bei den zuständigen Stellen die Beschleunigung des Ansiedlungsprozesses in einem brachliegenden Großgrundbesitz einfordern. Omnibusse kamen zwar, aber mit 200 Militärpolizisten besetzt. Die Landlosen wichen vor der Militärpolizei trotz Tränengasbomben nicht zurück, warfen mit Steinen und schwangen ihr Ackergerät. So eröffnete die Militärpolizei das Feuer und erschoß, nach offiziellen Angaben, 19 Männer. Es sollen allerdings mehr sein, sogar Frauen und Kinder. Aber die Leichname konnten bisher nicht gefunden

297

werden. Die gerichtsmedizinische Untersuchung ergab, daß mindestens zehn Männer im wahrsten Sinne des Wortes hingerichtet, also nach ihrer Festnahme aus nächster Nähe kaltblütig durch Kopf- oder Genickschuß niedergestreckt wurden.

Vor einigen Tagen kam eine neue Meldung. Die Polizisten sollten von Großgrundbesitzern Schmiergelder erhalten haben, um die Anführer der Landlosen »kaltzustellen«. Es wird zur Zeit nachgeforscht, ob diese Anschuldigung der Wahrheit entspricht. Persönlich zweifle ich nicht an dieser Hypothese. Die eigentliche Schuld liegt aber bei der Regierung, die einfach den Willen nicht aufbringt, endlich eine Landreform durchzuführen und eine damit verbundene angemessene Agrarpolitik zu konkretisieren. Das Massaker war die bisher größte Tragödie dieser Art in unserem Bundesstaat. Das Blutbad in Corumbiara im Bundesstaat Rondônia, bei dem auch Landarbeiter und Landarbeiterinnen sogar vor den Augen ihrer Kinder ermordet wurden, liegt noch nicht lange zurück, und die Drahtzieher und Täter von damals wurden bisher nicht zur Verantwortung gezogen. Also erwarte ich mir, trotz gegenteiliger Beteuerungen des Präsidenten und anderer Politiker auf Bundes- und Landesebene, keine besonders einschneidenden Maßnahmen.

Sie sehen, mit welchen Menschenrechtsverletzungen und Gewaltanwendungen wir hier nach wie vor zu tun haben. Ich bin zwar gegen diese Art von Landbesetzungen. Ich denke immer, in einem Rechtsstaat, als der sich Brasilien nun einmal ausgibt, wären genügend gesetzliche Mittel vorhanden, um solch radikalen Methoden vorbeugen zu können. Das wichtigste Rechtsmittel wäre die seit langem versprochene und gesetzlich längst abgesegnete Agrarreform. Aber entweder geschieht nichts, oder wenn, dann meist im Sinne der Großgrundbesitzer. Und so verstehe ich diese Leute, die aus purer Verzweiflung handeln. Diese armen Leute meinen, sie hätten ohnehin nichts zu verlieren und lebend sterben sie jeden Tag ein wenig. So scheinen sie auch gar nicht mehr an der eigenen Existenz zu hängen, die für sie ohnehin nur Not, Elend und Ausgrenzung bedeutet, und setzen alles auf eine Karte. Sie können sich die Ohnmacht vorstellen, die uns angesichts solch schrecklicher Verhältnisse umfängt, wenn skrupellose politisch und wirtschaftlich Mächtige, ohne mit einer Wimper zu zucken Mord und Totschlag in Auftrag geben und dann straflos Bankette feiern, als ob absolut nichts geschehen wäre.

Ich wünsche Ihnen weiterhin viel Mut und Kraft in Ihrem Einsatz als Aktionist für Menschenrecht.

Mit lieben Grüßen,

Erwin Kräutler, Bischof vom Xingu

José Lutzenberger

Die gefälschten Bilanzen der Politiker

Was wir dringend brauchen, ist eine neue Weltanschauung. Wir müssen lernen, daß die Erde ein lebender Organismus ist, und daß wir selbst nur ein Teil dieses Organismus sind. Die moderne Industriegesellschaft sieht die Erde jedoch nur als Rohstoffquelle, die so schnell wie möglich ausgeschöpft werden muß, um das Wirtschaftswachstum zu beschleunigen. »Die Steigerung des Bruttosozialprodukts ist Voraussetzung für die Finanzierung des Umweltschutzes«, sagen die Politiker. Doch welcher Irrsinn ist das! Wenn es in aller Welt so viele Autobesitzer gäbe wie in Deutschland, dann gäbe es drei Milliarden Autos auf der Welt. In wenigen Tagen wären wir tot. Selbstmord der Menschheit für Wachstum und Umweltschutz!

Wachstum der Wirtschaft heißt Abbau der natürlichen Lebensgrundlage. Das Bruttosozialprodukt als Maßstab für das Wirtschaftswachstum ist absurd, denn es besteht aus der Addition von Geldbeträgen, die nichts aussagen über die Schäden, die es verursacht: die soziale Ungerechtigkeit, die Ausbeutung der Natur, die Vertreibung von Menschen und deren Genozid, den Verlust von Glück und Zufriedenheit als größtem menschlichen Bedürfnis, um nur einiges aufzuzählen. Das sind Posten, die auf die Passivseite der Bilanz gehören. Und dann ist sie nicht mehr so positiv, wie Regierungen uns weismachen möchten.

Deshalb sind die Regierungen weltweit aufgefordert, eine Umweltverträglichkeitsrechnung in ihre Bilanzen aufzunehmen. Aber die »freie« und »soziale« Marktwirtschaft ist blind für diese Probleme und ganz besonders für die Ärmsten der Welt – ob chronisch Arbeitslose in den Elendsvierteln der Großstädte oder Indianer im Regenwald. Wer kein Geld besitzt, ist uninteressant für den Markt, obwohl er immense Bedürfnisse hat. Der Markt ist auch blind für die noch nicht Geborenen. Sie werden eine große Nachfrage haben nach Luft zum Atmen, nach Wasser zum Trinken und nach fruchtbarer Erde. Doch Wissenschaft und Technik stehen nicht im Dienst von Natur und Mensch, sondern im Dienst der Mächtigen von Politik und Wirtschaft. Die Experten, Fachidioten, verlieren sich im Einzelnen und bemerken nicht, daß die gewonnenen Einzelerkenntnisse im großen Lebenszusammenhang zerstörerisch wirken.

Deshalb ist es wichtig, in der Erziehung die Menschen so zu bilden, daß sie die großen Zusammenhänge erkennen können und das Staunen und die Ehrfurcht vor dem Wunder des Lebens nicht verlernen.

Wenn uns die Natur nicht heilig ist, haben wir keine Zukunft.

Aktivisten wie Rüdiger Nehberg sind für das Überleben unseres Planeten wichtig. Sie machen uns Brasilianern Mut und zeigen, daß mit persönlichem Einsatz etwas bewirkt werden kann.

José Lutzenberger, als Sohn deutscher Auswanderer im Jahre 1926 im südbrasilianischen Porto Alegre geboren, studierte Bodenkunde und Agrarchemie in Brasilien und in den USA. 1957 bis 1970 arbeitete Lutzenberger als Konzerndelegierter in Venezuela und Marokko. Er kennt die Probleme der Chemieindustrie als Insider und ist durch seine Tätigkeit zu einer völlig entgegengesetzten Auffassung zu den herrschenden Paradigmen der chemischen Industrie gelangt. José Lutzenberger gehört zu den Begründern der brasilianischen Umweltbewegung und ist heute einer der bekanntesten Ökologen Lateinamerikas.

1988 erhielt er für seine Verdienste im Kampf um die Erhaltung des Regenwaldes den »Alternativen Nobelpreis« (Right Livelihood Award).

Von 1990 bis 1992 war Lutzenberger brasilianischer Umweltminister.

1995 erhielt er die Ehrendoktorwürde der Universität Wien.

Uwe Möller

Ehrfurcht vor der Schöpfung - Grundlage unseres Überlebens

Es ist das Verdienst des Club of Rome, mit seiner 1972 veröffentlichten Studie »Grenzen des Wachstums« in einer breiteren Öffentlichkeit das Bewußtsein dafür geweckt zu haben, daß die Menschheit - wachsend in der Zahl, aber auch in ihren materiellen Ansprüchen - vor begrenzten natürlichen Ressourcen auf dem »Raumschiff Erde« steht. Bereits heute deutet vieles darauf hin, daß die Menschheit die »Grenzen des Wachstums« überschritten hat. Dabei ist es nur eine Minderheit der gegenwärtigen Weltbevölkerung - 1,5 von insgesamt fast 6,0 Milliarden -, die rund 80 % der materiellen Ressourcen beansprucht, d.h. 360 Millionen Menschen auf dem nordamerikanischen Kontinent, 380 Mio. in Westeuropa sowie 750 Mio. in den sich rapide industrialisierenden Volkswirtschaften des pazifischen Raumes mit Japan an der Spitze verbrauchen, ja vergeuden – wenn wir angesichts der Knappheit der Ressourcen an unsere Verantwortung für die zukünftigen Generationen der Menschheit denken - wertvolle Rohstoffe und Energien und gefährden durch die Produktion bzw. Nutzung einer Vielfalt von Gütern und Dienstleistungen, die wir für unseren Zivilisationskomfort benötigen, durch Belastung und Zerstörung der Umwelt zunehmend die natürlichen Lebensgrundlagen für die zukünftigen Generationen.

Und an diesem durch die industriellen bzw. postindustriellen Gesellschaften vorgelebten Lebensstandard orientieren sich die Menschenmassen in den armen Regionen der Dritten Welt, deren Zahl sich in den nächsten 30 Jahren nochmals verdoppeln dürfte, d.h. auf acht Milliarden Menschen ansteigen wird. Welches Horrorszenario sich daraus für Ressourcen, Umwelt und Natur ergibt, zeigt sich heute am Beispiel der aufstrebenden Wirtschaftsregionen im pazifischen Raum (Taiwan, Südkorea, Sonderwirtschaftszonen Chinas), in denen das Wirtschaftswachstum weitgehend ohne Rücksicht auf Ressourcen und Umwelt vorangetrieben wird, was aber, weil es eine schnelle Wohlstandssteigerung ermöglicht, von vielen Entwicklungsländern als Vorbild angesehen wird.

Dieser Weg führt zur Plünderung und Verwüstung dieses Planeten und wird damit die Menschheit in die Katastrophe führen. Ein Ausweg ist nur mit einem völlig neuen Ressourcen-Management möglich. Wir benötigen ressourcen- und umweltschonende Produktionsverfahren und Produkte, d.h. völlig neue Technologien, die möglichst schnell von den hochentwickelten Industrieländern entwickelt und marktreif gemacht werden müssen. Denn nur diese dürfen noch im Angebot, d.h. müssen Stand der Technik sein, wenn Länder der Dritten Welt sich auf den wirtschaftlichen Entwicklungspfad begeben. Aber das Problem von wachsenden materiellen Ansprüchen einerseits und begrenzten Ressourcen andererseits läßt sich nicht nur technologisch lösen. Die Menschheit benötigt angesichts dieser existentiellen Herausforderung auch neue Lebensstile, geprägt durch neue Welthaltungen und neues Konsumverhalten. Auch hier haben die hochentwickelten Industrie- bzw. postindustriellen Gesellschaften eine wichtige Pionierfunktion.

Wollen wir das für das Überleben zukünftiger Generationen so dringend benötigte »Naturkapital« erhalten, dann bedarf es dazu wieder mehr »Ehrfurcht vor der Schöpfung«, einer Tugend, die in unserer individualistisch konsumorientierten Gesellschaft mit dem Ziel der Selbstverwirklichung weitgehend verlorengegangen ist. Die Bewahrung natürlicher Lebensräume mit ihrer Artenvielfalt, wobei dem tropischen Regenwald eine besondere Bedeutung zukommt, wird heute inzwischen allgemein als wichtiges Ziel der »Nachhaltigkeit« anerkannt. Es wird dabei vornehmlich an Flora und Fauna gedacht - vergessen wird jedoch häufig, daß dazu in manchen Regionen der Welt auch noch ursprüngliche, der natürlichen Umwelt verbundene menschliche Gesellschaften und Kulturen, abseits der sich ausbreitenden Weltzivilisation, gehören. Gelingt es uns nicht, diese letzten Inseln des Natur- und Kulturerbes der Menschheit zu erhalten, wie glaubwürdig sind wir dann noch mit dem Anspruch, auf dieser Erde die natürlichen Lebensgrundlagen für unsere Kinder und Kindeskinder zu bewahren?

Wie weit wir von diesem Anspruch entfernt sind, aus Trägheit oder Vergeßlichkeit, aus Rohstoffhunger oder materieller Habgier, zeigt die unaufhaltsame Zerstörung - weitgehend auch unter Mißachtung elementarer Menschenrechte - dieser Refugien. Umsomehr ist in dieser Situation der Wagemut einzelner Persönlichkeiten und Pioniere wie Rüdiger Nehberg zu bewundern, die unerschrocken und unter Einsatz ihres Lebens mit ihren wahrhaft heroischen Taten in dieser Frage das Gewissen der

Menschheit aufrechterhalten, uns mahnen und gleichzeitig beschämen. Sie sind Kämpfer für unsere Glaubwürdigkeit und für unser Überleben. Wir alle sind gefordert, an dieser Front ideell und materiell mitzukämpfen.

Juni 1996

Uwe Möller ist Präsident der Deutschen Gesellschaft Club of Rome
und Mitautor der Berichte des Clubs.
Er studierte Wirtschaftswissenschaften und leitet seit 1983
das Politik- und Wirtschaftsinstitut Haus Rissen in Hamburg.

Dr. Michael Otto

Nur wenn der Regenwald auch Nutzen bringt, kann die Gefahr gebannt werden.

Nirgendwo entfaltet sich die Schönheit unserer Erde eindrucksvoller als in den Regenwäldern Südamerikas, Afrikas und Asiens. Nirgendwo gibt es einen größeren Artenreichtum an Tieren und Pflanzen. Nirgendwo anders begegnet uns das Wunderwerk der Schöpfung in dieser Vielfalt und Pracht. Es ist unsere Verpflichtung, diese Schätze den nachfolgenden Generationen zu erhalten.

Um dies zu erreichen, muß nicht geredet, sondern gehandelt werden. Rüdiger Nehberg tut dies auf eine höcht respektable Weise. Sein persönlicher Mut und seine Einsatzbereitschaft sind beispielgebend. Und er zeigt uns, daß auch ein Einzelner etwas bewegen kann, daß jedes Engagement zählt. Deshalb muß jeder bei sich selbst anfangen, jeder Bürger, jedes Unternehmen und jeder Staat.

Der Otto Versand hat bereits in den 80er Jahren den Verkauf von Produkten aus Tropenholz eingestellt. Um dem Raubbau zu begegnen, kann ein einfacher Boykott jedoch allein nicht helfen. Wir müssen auch konstruktiv zu Werke gehen. Denn nur, wenn der Regenwald auch Nutzen bringt, kann die größte Gefahr, die ihm droht, die Brandrodung, gebannt werden. Deshalb setzen wir uns für eine nachhaltige Nutzung ein: Sobald uns ein Lieferant garantieren kann, daß das verarbeitete Holz dem Wald auf schonende Weise entnommen wurde oder aus einer vernünftigen Forstwirtschaft mit Aufforstungsprogrammen stammt, werden wir seine Produkte wieder in unsere Kataloge aufnehmen. Aber nicht nur die Natur, auch der Mensch braucht unseren Schutz. Das Schicksal der Yanomami zeigt: Ökologische und soziale Aspekte gehören zusammen. Das gilt auch in der sogenannten zivilisierten Welt, wo teilweise noch in schlimmer Form Kinderarbeit existiert. Für unsere Produkte wollen wir das ausschließen und haben alle unsere Lieferanten weltweit vertraglich dazu verpflichtet, keine Kinder zu beschäftigen, was wir durch unsere Techniker auch nachprüfen. Und wir unterstützen beispielsweise mit Nachdruck die Rugmark-Initiative gegen Kinderarbeit in der indischen Teppichindustrie, denn auch hier sehen wir das konstruktive Engagement: Statt nur ein Verbot von Kinderarbeit auszusprechen, ermöglicht Rugmark den betroffenen Kindern eine Schulausbildung, damit die Kinder aus dem schrecklichen Kreislauf von Frühinvalidität, Arbeitslosigkeit und Armut herauskommen und eine Chance auf ein glückliches und erfülltes Leben erhalten. Wichtig ist nur, daß jeder von uns handelt!

Dr. Michael Otto ist Vorstandsvorsitzender des Otto Versand Hamburg.

Siegfried Pater

Bald können sie nur noch Leichen exportieren

Claudio Hummes, Bischof in Santo André, einem Vorort von São Paulo, in dem Volkswagen do Brasil sein Hauptwerk hat, bringt es auf den Punkt:

»Immer mehr Menschen haben immer weniger zu essen, kein Brot, nichts. Die Lebensmittel werden immer teurer, weil man immer mehr exportiert. Man exportiert uns das Brot vom Tisch weg. Und man fragt sich, was werden sie noch alles exportieren? Bald können sie nur noch unsere Leichen exportieren. Es kann nicht mehr so weitergehen.«

Dies in einem Land, das, reich an Bodenschätzen und landwirtschaftlich nutzbaren Böden, ein Vielfaches der Bevölkerung ausreichend versorgen könnte, denn Brasilien ist insgesamt dünn besiedelt: Es ist 24mal so groß wie Deutschland, hat aber nur etwa die doppelte Anzahl Einwohner. Aber ein Wirtschaftsmodell, das auf die Interessen der Investoren aus dem In- und vor allem aus dem Ausland ausgerichtet ist, vernachlässigt die Bedürfnisse der Bevölkerung.

Der Sojaanbau ist ein Beispiel: Vor 30 Jahren spielte die Sojabohne in Brasilien kaum eine Rolle, heute besetzt sie ein Fünftel des Ackerlandes Brasiliens. Fast alles geht in den Export. Wir mästen in Europa unsere Schweine, Rinder und Hühner, während die Brasilianer hungern. Und neuerdings wird von der Weltbank der Sojaanbau im Amazonasgebiet gefördert. Hauptopfer sind die Indios, deren Lebensgrundlage, der tropische Wald, geopfert wird.

Aber nicht einmal die volkswirtschaftlichen Bilanzen stimmen. Mit über 100 Milliarden US-Dollar ist Brasilien das am stärksten verschuldete Land der sogenannten Dritten Welt.

Und um Devisen zu erwirtschaften, wird alles auf den Weltmarkt geworfen. Immerhin müssen jeden Monat rund eine Milliarde US-Dollar an Zinsen bezahlt werden, ohne daß die Verschuldung abnimmt. Also wird alles auf dem Weltmarkt verschleudert: Tropenholz, Eisenerz aus Carajas in Amazonien, der größten Tagebaumine der Welt, Nahrungsmittel wie Soja.

305

Aber auch Spargel, damit der Tisch der Reichen ganzjährig mit dem Luxusgemüse gedeckt werden kann. Die Anbaugebiete liegen im Nordosten Brasiliens. Mit gigantischen Stauseen wird das Wasser des Rio São Francisco zur Bewässerung von Exportgemüse- und Exportobstplantagen gewonnen. Hunderttausende Kleinbauern wurden vertrieben, meist ohne Entschädigung. Sie produzierten früher für den lokalen Markt. Die Folge: Nahrungsmittelverknappung und noch mehr Hungernde und Unterernährte im ohnehin schon armen Nordosten des Landes.

Man schreckt nicht einmal davor zurück, das Blut der Armen für lächerlich geringe Summen aufzukaufen, um daraus Medikamente für die Reichen im Norden dieser Welt zu produzieren.

Und in den letzten Jahren boomt der Handel mit Organen. Ein regelrechter Organtourismus hat sich entwickelt. Nierenkranke aus den Industrieländern bringen Devisen ins Land, wenn sie von lebenden Menschen ein Ersatzteil erhalten. Hornhaut des Auges ist ein weiterer Handelsartikel. Die verarmten Geber, oft Kinder, sind dann auf dem Auge blind, die reichen Nehmer, darunter viele Deutsche, können dann wieder besser sehen.

Um nicht zu verhungern, verkaufen sich Kinder an Sextouristen aus der Ersten Welt. Seit in den früheren »Hochburgen« in asiatischen Ländern die Kinderprostitution stärker bekämpft wird, verlagert sich das Interesse der Kinderschänder auf Lateinamerika, allen voran Brasilien. Um etwas Besonderes zu bieten, mehren sich die Fälle, in denen minderjährige Jungen mit Hormonspritzen und Silikonbusen zur Zweigeschlechtlichkeit umfunktioniert werden. Unter dem Stichwort »boneca«, was soviel heißt wie Püppchen, werden die bedauernswerten Geschöpfe angepriesen. Diese Kinder haben keine Zukunft. Ihre Lebenserwartung ist gering. Die meisten von ihnen werden auf der Straße an AIDS sterben. Geradezu ein Symbol für die Ausbeutung Brasiliens. Zurück bleiben die Leichen.

Wie sagte Bischof Hummes? »Es kann nicht mehr so weitergehen.«

Rüdiger Nehberg hat wie Chico Mendes im Kampf für Amazonien viel riskiert und viel bewirkt. Während ich den Blut- und Organhändlern in den Metropolen Brasiliens auf der Spur war, hat er mit spektakulären Aktionen auf die Ausrottung der Indios im Tropenwald Amazoniens aufmerksam gemacht. Ich war und bin ihm immer verbunden.

Siegfried Pater, 1945 geboren, war nach einem Studium der Vermessungstechnik und Volkswirtschaft zwei Jahre Entwicklungshelfer in Brasilien. Er ist Mitbegründer zahlreicher Dritte-Welt-Initiativen und heute freier Buchautor, Filmemacher und Journalist in Bonn; über 20 Recherche-Reisen führten ihn nach Brasilien.
Buchveröffentlichungen u.a.: »Zum Beispiel Blut«,
»Organhandel – Ersatzteile aus der Dritten Welt«,
»José Lutzenberger – Das grüne Gewissen Brasiliens«,
»Der Bischof der Geknechteten: Dom José Rodrigues«.

Uta Ranke-Heinemann

Wenn die Erde sich retten will, muß sie sich vor dem Menschen retten

Die Erde ist unsere Heimat. Es brauchte viel dazu, des Menschen Erde zu sein. Es brauchte dazu Milliarden Jahre an Zeit. Es mußten fremde Sonnen entstehen und vergehen, damit die Erde sich aus deren Stoffen bilden konnte, und es brauchte nach ihrer Entstehung wiederum Zeit und Geduld, und es brauchte vor allem Verstand über unseren Verstand hinaus, bis der Reichtum und die Schönheit der Erde sich in ihrer Flora und Fauna zu einem Ausmaß über unser Begreifen hinaus auch für den Menschen entfalteten. Es ist Verstand in der Sache.

Die Erde hatte dem Menschen vertraut, als sie ihm Raum gab zu leben. Aber der Mensch hat es ihr nicht gedankt. Er hat nichts begriffen. Was die Erde in langer, geduldiger Sorgfalt aufgebaut hatte, hat er in nahezu einem Augenblick zerstört. Er hat sich als Vernichter entpuppt, der alles vergiftete und zerschlug, der in seiner aggressiven Tollheit seines angeblichen Fortschritts demnächst sein Haus und sich selbst in die Luft sprengt, die diesen Namen Luft schon längst nicht mehr verdient.

Wenn die Erde sich retten will, muß sie sich vor dem Menschen retten. Sie muß die menschlichen Metastasen beseitigen. Es bleibt ihr nichts als eine Radikalkur. Und so wird die Erde, wenn der Mensch demnächst sich tollen Sinnes mit seinen Friedenswaffen verkocht und verstrahlt haben wird, zugleich den Menschen ausgespien haben. Sie wird in der nuklearen Hölle, die der Mensch ihr antut, sich von ihrem unzurechnungsfähigen Höllenfürsten befreien.

Es kann sein, daß sie selbst dabei stirbt, daß sie leer und ausgebrannt um eine vergebliche Sonne kreist. Es kann aber auch sein, daß sie überlebt, daß sie aus Krämpfen und Fiebern durch den myriadenfachen Tod ihrer Tiere und Pflanzen hindurch wieder erwacht, daß sie um sich sammelt und bewahrt, was sie noch hat und daß es ihr gelingt zu leben. Sie wird viel Zeit brauchen. Aber wenn sie überlebt, wird sie einmal das ihr von Menschenhand bereitete Sterbekleid ablegen und sich von neuem schmücken. Sie wird wieder grünen und blühen und wieder Pflanzen und Tieren Leben geben und den Menschen vergessen wie einen schlimmen Traum.

Mit allen guten Wünschen für Ihre wichtige Arbeit.

Prof. Dr. Uta Ranke-Heinemann ist katholische Theologin und Philosophin. Von ihr erschienen unter anderem die Titel: »Nein und Amen. Anleitung zum Glaubenszweifel« und »Eunuchen für das Himmelreich. Katholische Kirche und Sexualität«.
Foto mit freundlicher Genehmigung des Verlages Hoffmann und Campe.

João Alberto
Rodrigues Capiberibe

Eine Klimasteuer
darf nicht als
Ausrede für mehr
Umweltverschmutzung
dienen – ein Interview

Muitos países da Europa proce-
dem bastante despreocupada-
mente com seu próprio meio-am-
biente, gozando um luxo e levan-
do a vida num elevado nível. Co-
mo responde V. Excia a tais pes-
soas, quando elas exigem do Bra-
sil de não tocar a Floresta de
Chuva Tropicais, para que fosse
mantido estável o clima mundial?

Acredito que deva haver um esforço conjunto, dos cidadãos, dos países desenvolvidos e em desenvolvimento, para solucionar os problemas ambientais globais.

Os países ricos devem mudar seu padrão de vida, deixar de viver como viajantes de primeira classe do planeta terra. Entretanto, os países em desenvolvimento tabém tem responsabilidade de resolver os problemas globais. Miséria, má distribuição de riquezas, desperdício (mau uso dos recursos)e desmatamento das florestas são problemas a serem resolvidos.

V. Excia acredita que a Floresta Tropical no Brasil exerce uma impor-
tância especial no clima do mundo?

As florestas tropicais trabalham como reguladores do clima mundial.A Amazônia brasileira representa mais de 2/3 das florestas tropicais globais e se fosse totalmente desmatada afetaria radicalmente o clima global.

O Brasil, com o uso das queimadas para a renovação de pastagens, contribui para o efeito estufa, pela liberação de CO_2. Da mesma forma, se eliminada a floresta a quantidade de carbono na atmosfera aumentaria muito.

Se o vosso Estado conserva intocada a sua Selva Primitiva, sem explo-
rar os minérios existentes, o país sofre prejuízo econômico.

V. Excia poderia imaginar- se manter a selva intocada, e explorar os minérios de maneira especialmente preservadora do meio ambiente, para oferecer ao mundo esta riqueza brasileira, se a parte rica do mundo pagasse em troca um „Imposto de Clima"? V. Excia poderia imaginar-se, vender o clima como mercadoria?

O Governo do Amapá se propõe a um novo modelo de desevolvimento, um modelo sustentável, que pretende demonstrar que não é necessário desmatar a floresta para desenvolver o Estado.

Os minerais podem ser explorados, já que os danos ambientais são, geralmente, localizados. Estimulamos recentemente a criação de Cooperativas de garimpeiros, para que haja maior distribuição de riqueza do metal explorado.

Um „imposto do clima", ou imposto para que cuidássemos do nosso meio ambiente poderia ser benéfico para o nosso Estado. Teríamos outras fontes de recursos para cuidar do meio ambiente do nosso Estado.

Entretanto, este imposto não deve ser usado como uma desculpa dos países ricos para poluírem mais. Para eles, poderia ser mais barato poluir e pagar imposto, que evitar a poluição nos seus países.

Qual poderia ser o montante de um tal imposto anualmente?

Um montante não poderia ser definido agora. Mas acho que estaria ligado com quanto a humanidade (ou parte dela vivendo nos países desenvolvidos) estaria disposta a pagar pela preservação das florestas. Pelo meu ponto de vista, deveria estar ligado ao valor dos serviços que a floresta presta para a humanidade.

Qual seria a garantia que V. Excia proporia ao mundo, para que os Governadores sucessivos e seus colegas na Amazônia Legal manifestassem tal contrato?

Manter um contrato como a proposto, depende de algumas variáveis: diminuição da pobreza rural, regularização fundiária e manejo correto dos recursos naturais.

Estes pressupostos não são fáceis de serem atingidos em um país como o Brasil de hoje. Alguns Estados brasileiros ou áreas de conservação controladas por comunidade poderiam iniciar este processo.

V. Excia poderia imaginar, que um tal Contrato de Clima Mundial melhoraria a imagem do Brasil no mundo e aumentaria o turismo?

Não acredito que o Brasil hoje possa se propor a um contrato de clima nas condições propostas. Acho também que o 1° mundo deve se preocupar mais em resolver seus problemas ambientais antes de propor um contrato global.

310

Übersetzung

*Viele Länder Europas verhalten sich sehr sorglos im Umgang mit ihrer ei-
genen Umwelt, genießen Luxus und haben einen hohen Lebensstandard. Wie antworten Eure Exzellenz solchen Leuten, wenn sie von Brasili-
en fordern, die tropischen Regenwälder unberührt zu lassen, damit das
Weltklima stabil bleibt?*

Ich glaube, daß es eines gemeinsamen Bemühens der Bürger aus entwickelten Ländern und Entwicklungsländern bedarf, um die globalen Umweltprobleme zu lösen. Die reichen Länder müssen ihren Lebensstil verändern, aufhören zu leben wie Reisende des Planeten Erde Erster Klasse. Jedoch tragen auch die Entwicklungsländer Verantwortung dafür, die globalen
Probleme zu lösen. Armut, ungleiche Verteilung der Reichtümer, Verschwen-
dung (schlechte Ressourcennutzung) und Rodung der Urwälder sind Probleme, die es zu lösen gilt.

*Eure Exzellenz glaubt, daß die tropischen Urwälder in Brasilien eine be-
sondere Rolle für das Weltklima spielen?*

Die tropischen Urwälder arbeiten wie Regulatoren des Weltklimas. Der
brasilanische Teil Amazoniens stellt mehr als zwei drittel des globalen tropischen Regenwaldes dar und würde er völlig gerodet werden, hätte dies tief-
greifende Auswirkungen auf das Weltklima. Brasilien trägt durch die Freiset-
zung von Kohlendioxid bei der Erneuerung von Weideland mittels Brandrodung zum Treibhauseffekt bei. Im selben Maße, wie Wälder vernichtet würden, erhöhte sich die Menge an Kohlenstoff in der Atmosphäre.

*Wenn Ihr Bundesstaat seine Urwälder unberührt ließe, die Erzvorkommen
nicht ausbeutete, würde das Land ökonomische Einbußen erleiden. Kann
sich Eure Exzellenz vorstellen, den Wald unberührt zu lassen und die Erze mit einem umweltschonenden Verfahren abzubauen, um der Welt diesen brasilianischen Reichtum anzubieten, wenn der reiche Teil der Welt
im Ausgleich dafür eine „Klimasteuer" entrichtet? Kann Ihre Exzellenz
sich vorstellen, das Klima wie eine Ware zu verkaufen?*

Die Regierung von Amapá faßt ein neues Modell von Entwicklung ins
Auge, ein nachhaltiges Modell, das zeigen soll, daß es für die Entwicklung
des Staates nicht notwendig ist, die Urwälder zu roden.

Die Erze können abgebaut werden, wobei der Schaden an der Umwelt
sich lokal begrenzen läßt. In letzter Zeit fördern wir die Gründung von Gold-
suchergenossenschaften, damit das abgebaute Metall besser verteilt wird.
Eine „Klimasteuer" oder eine Steuer, damit wir unsere Umwelt besser
schützen, könnte für unseren Bundesstaat wohltuend sein. Dann hätten wir
andere Resourcen für den Schutz der Umwelt unseres Bundesstaates zur
Verfügung.

Jedoch, diese Steuer darf den reichen Ländern nicht als Ausrede für mehr Umweltverschmutzung dienen. Für sie könnte es billiger sein, die Umwelt zu verschmutzen und Steuern zu bezahlen als die Umweltverschmutzung in ihren Ländern zu verringern.

Wie hoch könnte der jährliche Betrag einer solchen Steuer sein?
Ein Betrag ließe sich jetzt nicht festsetzen. Aber ich glaube, er würde davon abhängen, wieviel die Menschheit (oder der Teil, der in entwickelten Ländern lebt) bereit ist, für die Erhaltung der Urwälder zu bezahlen. Meiner Meinung nach sollte er nach dem Wert der Leistung bemessen werden, die der Wald der Menschheit erbringt.

Welche Garantien werden Eure Exzellenz der Welt geben, daß die nachfolgenden Gouverneure und Ihre Amtskollegen der anderen Staaten im Großraum Amazonien sich an den Vertrag halten?
Die Einhaltung eines Vertrages, wie er vorgeschlagen ist, hängt von verschiedenen Faktoren ab: der Verringerung ländlicher Armut, der verbesserung der Besitzverhältnisse und der nachhaltigen Nutzung der natürlichen Resourcen.
Diese Voraussetzungen sind in einem Land wie dem heutigen Brasilien nicht leicht zu erreichen. Einige brasilianische Bundesstaaten oder durch die Gemeinden kontrollierte Naturschutzgebiete könnten diesen Prozeß anstoßen.

Kann Eure Exzellenz sich vorstellen, daß ein solcher Weltklimavertrag das Bild, das die Welt von Brasilien hat, verbessert und den Tourismus verstärkt?
Ich kann mich nicht dafür verbürgen, daß Brasilien heute einen Klimavertrag zu den vorgeschlagenen Bedingungen ins Auge fassen kann. Ich glaube auch, das die erste Welt sich mehr darum bemühen sollte, ihre eigenen Umweltprobleme zu lösen, bevor sie einen globalen Vertrag vorschlägt.

Heide Simonis

Umweltschutz ja!
Luxusverzicht nein?

Die meisten Menschen streben danach, sich das Leben schön zu
machen. Was ein »schönes Leben« ist – darüber gehen die Meinungen weit auseinander. Für uns
in Europa gehört aber sicherlich
mehr dazu, als nur seine lebens-
notwendigen Bedürfnisse befriedi-
gen zu können. Für uns gehört ein
gewisser »Luxus« dazu. Dieses
Streben nach Wohlstand ist eine
wichtige Triebfeder der techni-
schen, ökonomischen und gesellschaftlichen Entwicklung. Es ist nur zu
berechtigt und verständlich, daß die heute benachteiligten Regionen der
Welt endlich an diesem Fortschritt teilhaben wollen.

Allerdings ist diese Entwicklung eine riskante Gratwanderung. Die Folgen der ungebremsten Wachstumsphilosophie sind weltweit zu beobachten. Unsere Form des Wirtschaftens belastet globale Naturprozesse und
Groß-Ökosysteme – und bedroht damit langfristig unsere eigene Existenz.
Die Klimaveränderungen, die Vernichtung der tropischen Regenwälder
und die Verschmutzung der Meere sind nur die bekanntesten Beispiele.

Wir müssen endlich die uns gezogenen Grenzen anerkennen. An einigen Stellen haben wir sie bereits zu unserem Nachteil überschritten. Die
menschliche Gesellschaft steht an einem Scheidepunkt: Wir können weitermachen wie bisher – dann zerstören wir unaufhaltsam unseren Lebensraum und unsere Kultur. Wir können aber auch die zukünftige technische
und ökonomische Entwicklung an den ökologischen Grenzen orientieren
– mit dem Ziel, unsere Umwelt lebenswert zu erhalten.

Im Grunde bleibt uns aber gar keine Wahl. Wenn wir überleben wollen,
müssen wir unsere Lebensgewohnheiten, unsere Wirtschaftsweise und
unser Konsumverhalten umstellen. Wir können es uns nicht mehr leisten,
riesige Landschaften – und damit den Lebensraum vieler Menschen – zu
zerstören, um einen Edelsteine oder Gold zu gewinnen. Wir brauchen keine
Gartenmöbel aus wild gewachsenem Teakholz. Mäntel aus dem Fell von
Tieren, deren Art vom Aussterben bedroht ist, sollten mittlerweile völlig
»out« sein. Und wozu brauchen wir Erdbeeren im Dezember, die aus Süd-

afrika mit dem Flugzeug eingeflogen werden müssen?

Auf solchen Luxus müssen wir verzichten. Das heißt nicht, daß wir generell auf Luxusgüter verzichten müssen. Viele Gebrauchsgüter lassen sich durch umweltverträgliche Alternativen verbessern oder ersetzen - man denke nur an den FCKW-freien Kühlschrank. Gefordert sind Kreativität und ein Umdenken im Sinne des Umweltschutzes. Statt Entwicklung wie bisher als grenzenlosen linearen Prozeß zu verstehen, sollten wir zum Beispiel Stoffkreisläufe aufbauen und die Wiederverwertung von Reststoffen weiter vorantreiben. Der Einsatz natürlicher Ressourcen wird durch solche Ansätze schon heute deutlich verringert - ohne daß unser Wohlstand darunter leidet. Ein ganz wichtiger Punkt ist in diesem Zusammenhang auch die Ökosteuer.

Ein Ja zum Umweltschutz bedeutet also nicht gleichzeitig ein Nein zum »normalen Luxus«. Umweltschutz bedeutet, daß wir unsere Lebensgrundlagen sichern **und** den Staaten der sogenannten »Dritten Welt« bessere Zukunftschancen einräumen. Auf diesem Weg können wir den längst fälligen Ausgleich zwischen dem Norden und Süden unserer Erde anstoßen. Dieser wirtschaftliche und soziale Ausgleich ist eine wichtige Voraussetzung für den Frieden in der Einen Welt.

Heide Simonis (SPD) ist Ministerpräsidentin des Landes Schleswig-Holstein.

Dipl.-Ing. Hans Peter Stihl

STIHL und die
tropischen Regenwälder

Die tropischen Regenwälder sind
nach heutigem wissenschaftlichen
Erkenntnisstand ein äußerst wichtiger Stabilisator für das Ökosystem
unserer Erde. Ihnen wird nicht nur
eine unverzichtbare Ausgleichsfunk-
tion für das Klima unseres Planeten
zugemessen. Sie sind auch Was-
serspeicher, ein natürlicher Reini-
gungsfilter der Atmosphäre und Reservat für den Erhalt der Artenvielfalt
in der Biosphäre. Wer den tropischen Regenwald vernichtet, gefährdet Wasserhaushalt, Wetter und
Temperatur. (…)

Im Verhältnis zum Waldbestand und zur Waldrodung werden relativ wenig
Motorsägen in Ländern mit tropischem Regenwald verkauft. Ihre Hauptab-
satzgebiete sind vielmehr solche Regionen, die a) über ausreichende Wald-
flächen verfügen, in denen b) eine selektive Forstwirtschaft betrieben wird
und c) deren Bevölkerung mit der notwendigen Kaufkraft ausgestattet ist.
Rund 50 % der weltweit verkauften Motorsägen entfallen auf Nordamerika
(USA, Kanada), weitere knapp 40 % auf die europäischen Industriestaaten.
In Lateinamerika und in Südostasien werden je 5 % und in Afrika 1 % abge-
setzt (…). Einmal sind Motorsägen für die relativ arme Bevölkerung in den
Tropengebieten zu teuer, andererseits für großflächige Rodungen zu wenig
rationell. Hierzu werden auch in Brasilien zum Teil schon Prozessoren (Hol-
zerntemaschinen) eingesetzt. Um Schneisen in die Tropenwälder zu schlagen, werden in der Regel vor allem Planierraupen verwendet. Motorsägen
werden dabei nur am Rande mitbenutzt.

Seit einigen Jahren stehen die tropischen Regenwälder verstärkt im Blick-
feld der internationalen Umweltschützer. Im Gegensatz zu den Regionen mit
selektiver Holzwirtschaft, wo die Motorsäge als Werkzeug zum Holzeinschlag und zur Waldpflege allseits anerkannt ist, wird sie von den Umweltschützern praktisch zum »Mordinstrument« für die tropischen Regenwald-
gebiete erklärt. (…) Es wird unserem Unternehmen in diesem Zusammenhang vorgeworfen, es erziele seine »enormen« Gewinne hauptsächlich mit
der Vernichtung des tropischen Regenwaldes. Daß dies absolut falsch ist,

315

ergibt sich daraus, das STIHL seine Motorsägen mit Schwerpunkt in Europa und Nordamerika verkauft.

Die Gründe der Regenwaldvernichtung liegen nicht im Einsatz des Hilfsmittels »Motorsäge«. Im wesentlichen gibt es dafür vielmehr die drei folgenden Ursachen. **Erstens:** Die stark wachsende Bevölkerung in diesen Gebieten, die ungeheuer arm ist. Sie zündet den Wald aus reinem Selbsterhaltungstrieb an und vernichtet so Waldflächen in ungeheurem Ausmaße, um Anbauflächen für den Lebensunterhalt zu gewinnen. Da der Boden bei extensiver Wirtschaft bald ausgelaugt ist und ohnehin nur eine dünne Humusschicht hat, zieht eine Brandrodung (Wer arm ist, schont die Natur nicht.) die andere nach sich. Bisher haben die zuständigen Regierungen ihre arme Landbevölkerung beim Wanderfeldbau weitgehend gewähren lassen oder sie haben es nicht geschafft, ihre Sanierungsprogramme bzw. Aufforstungsmaßnahmen gegen die Bevölkerung durchzusetzen. Ein **zweiter** Grund für Rodungen in Entwicklungsländern mit tropischen Regenwäldern sind Infrastrukturmaßnahmen zur Erschließung von Gelände für einen gezielten landwirtschaftlichen Anbau oder für Industrialisierungsvorhaben. (...) Ein **dritter** Grund, nämlich der Holzeinschlag zur Erzielung von Exporterlösen und damit von Devisen, spielt im Vergleich zu den beiden erstgenannten Ursachen eine wesentlich unbedeutendere Rolle.

Wer bei der geschilderten Sachlage die Motorsäge als Zielscheibe der Kritik an der Zerstörung der tropischen Regenwälder herausstellt, redet an den eigentlichen Ursachen vorbei. Die Motorsäge ist erfunden, entwickelt und ständig auf den neuesten technologischen Stand gebracht worden, um die schwere Holzarbeit des Menschen zu erleichtern. (...) Für einen Motorsägenhersteller jedenfalls wäre es eine kurzsichtige Politik, mit seinen Produkten der Waldzerstörung Vorschub zu leisten und sich damit sein eigenes Grab zu schaufeln. Denn was wäre eine Motorsäge ohne Holz. Es ist deshalb auch im Interesse von STIHL, daß die tropischen Regenwälder erhalten werden. Dazu bedarf es einer selektiven Waldpflege und Wiederaufforstungsmaßnahmen in großem Stil. Die gemäßigten Zonen sind dafür ein Beispiel. Aber dieses Ziel ist nur zu erreichen durch eine gemeinsame Anstrengung von Industrie- und Entwicklungsländern. (In Südbrasilien beteiligt sich STIHL übrigens in erheblichem finanziellen Umfang an einem universitären Aufforstungsprojekt.) Es ist außerdem eine langfristige Aufgabe, weil sich Bevölkerungs- und wirtschaftliche Strukturen, Armut und Mentalitäten nicht von heute auf morgen ändern lassen. Notwendig ist dazu auch eine Änderung des Umweltbewußtseins in der Dritten Welt.

Dipl.-Ing. Hans Peter Stihl ist Vorsitzender der Geschäftsführung der Firma Andreas Stihl (Hersteller von Motorsägen und -geräten) und Präsident des Deutschen Industrie- und Handelstages in Bonn.

Rita Süssmuth

Nach wie vor klaffen bei den Menschenrechten Anspruch und Wirklichkeit auseinander

Die Freiheitsrevolutionen in Mittel- und Osteuropa haben sich gegenüber den kommunistischen Diktaturen auf die Geltung der elementaren Menschenrechte berufen und damit dem Kampf um deren Verwirklichung neue Impulse verliehen. So sind seit dem Ende des Ost-West-Konflikts die Chancen für die Verwirklichung der unveräußerlichen Rechte des Menschen im nationalen wie internationalen Kontext gestiegen. Inzwischen haben sich 132 Staaten zur Einhaltung der Menschenrechte auf der Basis der UNO-Charta und deren beiden Menschenrechtspakte verpflichtet. Auch das Schlußdokument der 2. Menschenrechtskonferenz der UNO in Wien, das erstmalig das Recht auf Entwicklung in den Kanon menschlicher Rechte aufnahm, ist eine wichtige Berufungsinstanz für den international koordinierten Menschenrechtsschutz geworden. Daß die UNO mit dem jetzt geschaffenen Hochkommissar für Menschenrechte über eine zentrale Menschenrechtsinstanz verfügt, ist ebenso auf die Positivseite zu vermerken.

Diese Erfolge dürfen jedoch nicht darüber hinwegtäuschen, daß die kodifizierten Standards im Menschenrechtsschutz, sowohl im Bereich der Individualrechte (1. Dimension) als auch im Bereich der Sozialrechte (2. Dimension), immer noch verletzt werden. Nach wie vor klaffen Anspruch und Wirklichkeit auseinander. Darüber hinaus sind wir in den letzten Jahren mit einer dritten Dimension von Menschenrechten in immer stärkerer Weise konfrontiert worden: dem Schutz von (nationalen) Minderheiten und bedrohten Völkern als Kollektiven. Die Proklamation des Jahres 1993 zum »Jahr der eingeborenen Bevölkerung« durch die UNO, die Verleihung des Friedensnobelpreises 1992 an die Maya-Indianerin Rigoberta Menchu aus Guatemala, aber auch die Diskussionen anläßlich des 500. Jahrestages der »Entdeckung« Amerikas machten besonders auf die Rechte »Eingeborener« aufmerksam. Vielfach sind diese indigenen Völker von brutaler Ausrottung bedroht. Mit ihrer Forderung nach kollektiver Anerkennung ihrer Volkskultur und ihrer angestammten Wohngebiete werden sie oft fälschlicherweise als Bedrohung des Gesamtstaates verstanden oder stehen geldgierigen Firmen oder Gruppen bei der Ausbeutung von Bodenschätzen im Weg. Tausende sind bereits Massakern zum Opfer gefallen, viele Dörfer wurden zerstört, wobei in der Regel die Täter nicht zur Rechenschaft gezogen werden. Die Gewährleistung des Rechtes auf Leben, die Anerkennung der kulturellen Eigenständigkeit und Unabhängigkeit sowie Anerkennung ihres Eigentums – von der Wohnung bis hin zu den Bodenschätzen – bilden deswegen zentrale Forderungen, wie sie in einem ersten Entwurf der UNO für eine »Deklaration der Rechte indigener Völker« enthalten sind.

Auf das Schicksal der Yanomami, eines der indigenen Völker, die existentiell bedroht sind, hat uns Rüdiger Nehberg, zusammen mit der Gesellschaft für bedrohte Völker, aufmerksam gemacht. Dieses Indianervolk in Brasilien ist das letzte große freilebende Urvolk Amerikas. Das Waldgebiet, in dem die Yanomami leben, befindet sich in deren Eigentum und ist durch die Verfassung geschützt. Doch da sich Bodenschätze, vor allem Gold, in diesem Gebiet befinden, werden die Gesetze gezielt mißachtet. Über 5000 »Goldsucher« und deren Hintermänner bedrohen die Existenz dieser Menschen, wie die Brandschatzung zweier Dörfer und das blutige Morden der Bewohner vor zwei Jahren beweisen.

Das vorliegende Buch sensibilisiert uns für die Verletzung elementarer Rechte an Menschen, an Völkern, die nicht im Rampenlicht der Weltöffentlichkeit stehen. Wenn die Menschenrechte universell gelten sollen – und das muß der Ausgangspunkt all unserer Bemühungen sein –, dann dürfen wir weder völkermordartige Verbrechen (Genozid) aus wirtschaftlichen oder anderen Gründen noch die zwangsweise Anpassung an andere staatlich-kulturelle Vorstellungen (Ethnozid) zulassen.

Die Menschenrechte mit ihren individuellen und sozialen Schutzbereichen, die wir um die Zuerkennung von kollektiven Rechten erweitern müssen, sind das Beste, was die Menschheit je hervorgebracht und sich zu eigen gemacht hat. Sorgen wir als Bürger dafür, daß sie weltweit anerkannt und durchgesetzt werden. Das Buch kann uns zum Einsatz dafür ermutigen.

Prof. Dr. Rita Süssmuth (CDU) ist Präsidentin des Deutschen Bundestages

Weiterführende Literatur zum Thema Yanomami

Rüdiger Nehberg
Yanomami, Überleben im Urwald
Ullstein, Taschenbuch

Rüdiger Nehberg
Im Tretboot über den Atlantik
Bastei Lübbe, Taschenbuch

Rüdiger Nehberg
Die letzte Jagd
Kabel

Rüdiger Nehberg
**Über den Atlantik
und durch den Dschungel**
Piper, Taschenbuch

Napoleon Chagnon
Die Yanomamö
Byblos

Kenneth Good
Yarima
Gustav Lübbe

Jacques Lizot
Im Kreis der Feuer
Syndikat Verlag

Diverse Autoren
Yanomami
Pinguin

Ettore Biocca
Yanoama
(vergriffen, eventuell in anderen
Sprachen oder Bibliotheken)
Ullstein

Heinz Konsalik
Das Regenwald-Komplott
(Realistischer Roman)
Goldmann

Luigi Eusebi
A Barriga Morreu
(Sao Paulo, ISBN 85-15-00533-6)
Edições Loyola

Aloys Ignatz Wellen
Indianische Rechte in Brasilien
Brasilienkunde Verlag

Henri Ramirez
Yanomami-Português, Fibeln
Missão Salesiana, CP 427,
Brasil-69011-970 Manaus

Rüdiger Nehbergs Bücherliste

● **Drei Mann, ein Boot, der Blaue Nil**
Die Erstbefahrung des Blauen Nil in Äthiopien
Taschenbuch, Piper

● **Drei Mann, ein Boot, zum Rudolfsee**
Die Ermordung Michael Teichmanns und die Expedition
auf dem Omo-Fluß in Äthiopien
Taschenbuch, Knaur

● **Abenteuer, Abenteuer**
Doppelband aus den beiden vorigen Bänden
Kabel Verlag

● **Die Wüste Danakil**
Zu Fuß durch eine der heißesten Wüsten der Erde.
Nehbergs ereignisreichste Reise
Taschenbuch, Piper

● **Yanomami**
Der erste Besuch bei den Yanomami, inklusive Vorbereitungstraining
›Deutschlandmarsch ohne Ausrüstung‹
Taschenbuch, Ullstein

● **Überleben**
Doppelband aus den beiden vorigen Bänden
Kabel Verlag

● **Die Kunst zu überleben**
Nehbergs Bestseller, internationale Tricks
Originalausgabe, Kabel Verlag

● **Im Tretboot über den Atlantik**
Mit Seeüberlebenstraining
Taschenbuch, Bastei-Lübbe

● **Medizin-Survival**
Medizinische Survival-Tricks für den Fall, daß kein Arzt da ist
Originalausgabe, Kabel Verlag

Afrika

Afrikanische Reise
(REISE STORY)
DM 26,80   ISBN 3-921497-91-4

Bikeabenteuer Afrika
(RAD & BIKE)
DM 28,80   ISBN 3-929920-15-8

Durch Afrika
DM 56,80   ISBN 3-921497-11-6

Ägypten individuell
DM 36,80   ISBN 3-921838-10-x

Tonführer Ägypten: Kairo
DM 32,00   ISBN 3-921838-91-6

Tonführer Ägypten: Luxor, Theben
DM 29,80   ISBN 3-921838-90-8

Agadir, Marrakech und der Süden Marokkos
DM 32,80   ISBN 3-89662-072-x

Kairo, Luxor, Assuan
DM 29,80   ISBN 3-89662-460-1

Kamerun
DM 39,80   ISBN 3-921497-32-9

Libyen
DM 39,80   ISBN 3-921497-05-1

Madagaskar, Seychellen, Mauritius, Réunion, Komoren
DM 39,80   ISBN 3-921497-62-0

Marokko
DM 44,80   ISBN 3-921497-81-7

Namibia
DM 39,80   ISBN 3-89662-320-9

Nigeria - hinter den Kulissen
(REISE STORY)
DM 26,80   ISBN 3-921497-30-2

Tunesien
DM 44,80   ISBN 3-921497-74-4

Tunesiens Ferienzentren
DM 29,80   ISBN 3-921497-76-0

Westafrika
DM 49,80   ISBN 3-921497-02-7

Die Wolken der Wüste
(REISE STORY)
DM 24,80   ISBN 3-89416-150-7

Zimbabwe
DM 39,80   ISBN 3-921497-26-4

Asien

Bali & Lombok mit Java
DM 39,80   ISBN 3-89416-604-5

Bali: Ein Paradies wird erfunden
DM 29,80   ISBN 3 89416-618-5

Bangkok
DM 26,80   ISBN 3-89416-205-8

China Manual
DM 49,80   ISBN 3-89416-626-6

China, der Norden
DM 39,80   ISBN 3-89416-229-5

Indien, der Norden
DM 44,80   ISBN 3-89416-223-6

Reisen mit Kindern in Indonesien
DM 26,80   ISBN 3-922376-95-9

Israel/Jordanien
DM 39,80   ISBN 3-89662-450-4

Jemen
DM 39,80   ISBN 3-921497-09-4

Kambodscha
DM 36,80   ISBN 3-89416-233-3

Komodo/Flores/Sumbawa
DM 36,80   ISBN 3-89416-060-8

Ladakh und Zanskar
DM 36,80   ISBN 3-89416-176-0

Laos
DM 29,80   ISBN 3-89416-218-x

Malaysia & Singapur mit Sabah & Sarawak
DM 39,80   ISBN 3-89416-178-7

Myanmar (Burma)
DM 36,80   ISBN 3-89662-600-0

Nepal-Handbuch
DM 36,80   ISBN 3-89416-193-0

Oman
DM 39,80   ISBN 3-89662-100-9

Phuket (Thailand)
DM 29,80   ISBN 3-89416-182-5

Rajasthan
DM 36,80   ISBN 3-89416-616-9

Saigon und der Süden Vietnams
DM 32,80   ISBN 3-389416-607-X

Singapur
DM 26,80   ISBN 3-89416-210-4

Sri Lanka
DM 39,80   ISBN 3-89416-170-1

Sulawesi (Celebes)
DM 36,00   ISBN 3-89416-172-8

Taiwan
DM 39,80   ISBN 3-89416-614-2

Thailand Handbuch
DM 39,80   ISBN 3-89416-625-8

Asien

Thailand: Küsten und Strände
DM 29,80   ISBN 3-89416-622-3

Tokyo
DM 36,80   ISBN 3-89416-206-6

Vereinigte Arabische Emirate
DM 39,80   ISBN 3-89662-022-3

Vietnam-Handbuch
DM 39,80   ISBN 3-89416-620-7

Ozeanien

Neuseeland Campingführer
DM 24,80   ISBN 3-921497-92-2

Neuseeland (REISE STORY)
DM 24,80   ISBN 3-921497-15-9

Bikebuch Neuseeland
(RAD & BIKE)
DM 39,80   ISBN 3-929920-16-6

RAD & BIKE:

REISE KNOW-HOW RAD & BIKE sind Radführer von lohnenswerten Reiseländern bzw. Radreise-Stories von außergewöhnlichen Radtouren durch außereuropäische Länder und Kontinente. Die Autoren sind entweder bekannte Biketouren-Profis oder „Newcomer", die mit ihrem Bike in kaum bekannte Länder und Regionen vorstießen. Wer immer eine Fern-Biketour plant – oder nur davon träumt – kommt an unseren RAD & BIKE-Bänden nicht vorbei!

Amerika

Atlanta & New Orleans
DM 28,80   ISBN 3-89416-230-9

Durch den Westen der USA
DM 39,80   ISBN 3-927554-20-0

USA mit Flugzeug und Mietwagen
DM 39,80   ISBN 3-89662-150-5

Amerika von unten (REISE STORY)
DM 22,80   ISBN 3-9800975-5-2

„Und jetzt fehlt nur noch John Wayne..." (REISE STORY)
DM 22,80   ISBN 3-927554-18-9

USA/Canada (RAD & BIKE)
DM 46,80   ISBN 3-929920 17-4

USA/Canada
DM 44,80   ISBN 3-927554-19-7

Als Gastschüler in den USA
DM 24,80   ISBN 3-927554-27-8

Canada Ost/USA NO
DM 39,80   ISBN 3-89662-151-3

Durch Canadas Westen m. Alaska
DM 39,80   ISBN 3-927554-03-0

Hawaii
DM 36,80   ISBN 3-89416-860-9

Argentinien/Urug./Parag.
DM 44,80   ISBN 3-921497-51-8

Costa Rica
DM 36,80   ISBN 3-89416-166-3

Ecuador/Galapagos
DM 39,80   ISBN 3-921497-55-8

Guatemala
DM 36,80   ISBN 3-89416-214-7

Spuren der Maya
DM 32,80   ISBN 3-89416-623-1

Honduras
DM 36,80   ISBN 3-89416-608-8

Mexiko
DM 36,80   ISBN 3-9800975-6-0

Panama
DM 36,80   ISBN 3-89416-225-2

Peru/Bolivien
DM 36,80   ISBN 3-3929920-20-4

Radabenteuer Panamericana
(RAD & BIKE)
DM 28,80   ISBN 3-929920-13-1

Traumstraße Panamerikana
(REISE STORY)
DM 24,00   ISBN 3-9800975-3-6

Trinidad & Tobago
Barbados, St. Lucia, Grenada, St. Vincent & die Grenadinen
DM 36,80   ISBN 3-89416-174-4

Venezuela
DM 39,80   ISBN 3-921497-40-X

Gegen Unterdrückung und Völkermord. Weltweit.

Seit ihrer Gründung im Jahr 1970 hat sich die **Gesellschaft für bedrohte Völker** unentwegt für die von Völkermord bedrohten Indianervölker im Amazonasgebiet eingesetzt. Mit unserem heutigen Beiratsmitglied **Rüdiger Nehberg** arbeiten wir seit 1980 eng zusammen. Seine spektakulären Aktionen für die Yanomami helfen uns, ihre Bedrohung einer breiten Öffentlichkeit bekannt zu machen.

Auch Sie können uns bei unserem Kampf für das Überleben der Yanomami unterstützen!

· Fordern Sie Informationsmaterial an (kostenlos) und/oder bestellen Sie die Unterrichtseinheit „Regenwald" (DM 25,00).

· Leihen Sie sich unsere Yanomami-Ausstellung (7 Stellwände 105x125 cm) kostenlos (nur Transportkosten) bei der Gesellschaft für bedrohte Völker aus und fordern Sie Material für einen Infotisch an.

· Unterstützen Sie unsere Arbeit mit einer Spende an die Gesellschaft für bedrohte Völker:

Sonderkonto „Yanomami"
Konto-Nr. 100 1900 000
BfG Göttingen, BLZ 260 101 11

· Werden Sie Mitglied bei der Gesellschaft für bedrohte Völker.

Gesellschaft für bedrohte Völker e. V.
Postfach 20 24
D-37010 Göttingen

Tel.: 0551 49906-0
Fax: 0551 58028

gesellschaft
für **bedrohte**
Völker

NGO mit beratendem Status beim Wirtschafts-
und Sozialrat der Vereinten Nationen

324

REISE KNOW-HOW Bücher werden von Autoren geschrieben, die Freude am Reisen haben und viel persönliche Erfahrung einbringen. Sie helfen dem Leser, die eigene Reise bewußt zu gestalten und zu genießen. Wichtig ist uns, daß der Inhalt nicht nur im reisepraktischen Teil „Hand und Fuß" hat, sondern daß er in angemessener Weise auf Land und Leute eingeht. Die Reihe REISE KNOW-HOW soll dazu beitragen, Menschen anderer Kulturkreise näherzukommen, ihre Eigenarten und ihre Probleme besser zu verstehen. Wir achten darauf, daß jeder einzelne Band gemeinsam gesetzten Qualitätsmerkmalen entspricht. Um in einer Welt rascher Veränderungen laufend aktualisieren zu können, drucken wir bewußt kleine Auflagen.

SACHBÜCHER:

Die Sachbücher vermitteln KNOW-HOW rund ums Reisen: Wie bereite ich eine Motorrad- oder Fahrradtour vor? Welche goldenen Regeln helfen mir, unterwegs gesund zu bleiben? Wie komme ich zu besseren Reisefotos? Wie sollte eine Sahara-Tour vorbereitet werden? In der Sachbuchreihe von REISE KNOW-HOW geben erfahrene Vielreiser Antworten auf diese Fragen und helfen mit praktischen, auch für Laien verständlichen Anleitungen bei der Reiseplanung.

REISE STORY:

Reise-Erlebnisse für nachdenkliche Genießer bringen die Berichte der REISE KNOW-HOW REISE STORY. Sensibel und spannend führen sie durch die fremden Kulturbereiche und bieten zugleich Sachinformationen. Sie sind eine Hilfe bei der Reiseplanung und ein Lesevergnügen für jeden Fernwehgeplagten.

STADTFÜHRER:

Die Bücher der Reihe REISE KNOW-HOW CITY führen in bewährter Qualität durch die Metropolen der Welt. Neben den ausführlichen praktischen Informationen über Hotels, Restaurants, Shopping und Kneipen findet der Leser auch alles Wissenswerte über Sehenswürdigkeiten, Kultur und „Subkultur" sowie Adressen und Termine, die besonders für Geschäftsreisende wichtig sind.

Welt

Abent. Weltumradlung (RAD & BIKE)
DM 28,80   ISBN 3-929920-19-0
Achtung Touristen
DM 16,80   ISBN 3-922376-32-0
Äqua-Tour (RAD & BIKE)
DM 28,80   ISBN 3-929920-12-3
Auto(fern)reisen
DM 34,80   ISBN 3-921497-17-5
Die Welt im Sucher
DM 24,80   ISBN 3-9800975-2-8
Fahrrad-Weltführer
DM 44,80   ISBN 3-9800975-8-7
Motorradreisen
DM 34,80   ISBN 3-921497-20-5
Um-Welt-Reise (REISE STORY)
DM 22,80   ISBN 3-9800975-4-4
Wo es keinen Arzt gibt
DM 26,80   ISBN 3-89416-035-7

Europa

Amsterdam
DM 26,80   ISBN 3-89416-231-7
Baltikum – Estl./Lettl./Litauen
DM 39,80   ISBN 3-89416-196-5
Bretagne
DM 39,80   ISBN 3-89416-175-2
Budapest
DM 26,80   ISBN 3-89416-212-0
Bulgarien
DM 39,80   ISBN 3-89416-220-1
England, der Süden
DM 36,80   ISBN 3-89416-224-4
Estland
DM 26,80   ISBN 3-89416-215-5
Gran Canaria
DM 36,80   ISBN 3-89662-152-1
Großbritannien
DM 39,80   ISBN 3-89416-617-7
Hollands Nordseeinseln
DM 24,80   ISBN 3-89416-619-3
Irland-Handbuch
DM 36,80   ISBN 3-89416-194-9
Island
DM 39,80   ISBN 3-89662-03-5
Lettland
DM 26,80   ISBN 3-89416-216-3
Litauen mit Kaliningrad
DM 29,80   ISBN 3-89416-169-8
London
DM 26,80   ISBN 3-89416-199-x
Madrid
DM 26,80   ISBN 3-89416-201-5
Mallorca
DM 34,80   ISBN 3-927554-29-4
Mallorca für Eltern und Kinder
DM 24,80   ISBN 3-927554-15-4
Oxford
DM 26,80   ISBN 3-89416-211-2
Paris
DM 26,80   ISBN 3-89416-200-7
Polen: Ostseeküste/Masuren
DM 29,80   ISBN 3-89416-613-4
Prag
DM 26,80   ISBN 3-89416-204-X
Provence
DM 36,80   ISBN 3-89416-609-6
Pyrenäen
DM 36,80   ISBN 3-89416-610-X
Rom
DM 26,80   ISBN 3-89416-203-1
Schottland-Handbuch
DM 39,80   ISBN 3-89416-621-5

Europa

Skandinavien - der Norden
DM 36,80   ISBN 3-89416-191-4
Südtirol/Dolomiten
DM 36,80   ISBN 3-89416-612-6
Tschechien
DM 36,80   ISBN 3-89416-600-2
Ungarn
DM 32,80   ISBN 3-89416-188-4
Warschau/Krakau
DM 26,80   ISBN 3-89416-209-0
Wien
DM 26,80   ISBN 3-89416-213-9

Deutschland

Berlin mit Potsdam
DM 26,80   ISBN 3-89416-226-0
Frankfurt/Main
DM 24,80   ISBN 3-89416-207-4
Kärnten und Osttirol
DM 26,80   ISBN 3-89662-105-x
Mecklenburg/Vorp. Binnenland
DM 19,80   ISBN 3-89416-615-0
München
DM 24,80   ISBN 3-89416-208-2
Nordfriesische Inseln
DM 19,80   ISBN 3-89416-601-0
Nordseeinseln
DM 29,80   ISBN 3-89416-197-3
Nordseeküste Niedersachsens
DM 24,80   ISBN 3-89416-603-7
Ostdeutschland individuell
DM 32,80   ISBN 3-921838-12-6
Ostfriesische Inseln
DM 19,80   ISBN 3-89416-602-9
Ostharz mit Kyffhäuser
DM 19,80   ISBN 3-89416-228-7
Oberlausitz/Zittauer Gebirge
DM 24,80   ISBN 3-89416-165-5
Ostseeküste/Mecklenburg-Vorpom.
DM 19,80   ISBN 3-89416-184-1
Wasserwandern Mecklenb./Brandenb.
DM 24,80   ISBN 3-89416-221-X
Rügen/Usedom
DM 19,80   ISBN 3-89416-190-6
Freistaat Sachsen
DM 26,80   ISBN 3-89416-177-9
Schwarzwald
DM 24,80   ISBN 3-89416-611-8
Land Thüringen
DM 24,80   ISBN 3-89416-189-2
Westharz mit Brocken
DM 19,80   ISBN 3-89416-227-9

P R O G R A M M

● *Die letzte Jagd*
Nehberg als Goldsucher vor Ort in Brasilien
Originalausgabe, Kabel Verlag

● *Der selbstgemachte Häuptling*
Die unglaubliche, aber wahre Kriminalgeschichte um 4 Morde
im Regenwald
Taschenbuch, Knaur

● *Abenteuer-Geschichten*
15 Geschichten bekannter Autoren, die Nehberg besonders
gefallen haben
Taschenbuch, Ullstein

● *Survival Training*
Ein 5-Tageskurs für Schüler und Lehrer, die in das Thema
Survival einsteigen möchten
Taschenbuch, Knaur

● *Durch den Dschungel und über den Atlantik*
Christina Haverkamps Gefangenschaft bei den Goldsuchern in Brasilien
und die Überquerung des Atlantiks mit einem Bambusfloß
Doppelband, Taschenbuch, Piper

● *Querköpfe*
Der Berliner Journalist H.-D. Schütt über Rüdiger Nehberg:
witzig und informativ
Taschenbuch, Elefanten Press

● *CD »500 Years«*
Yanomami-Klagelied. Musikalisch arrangiert von Gerald Meyer.
Gesang: Phill Edwards
Nur bei Peppermint Park, Weidendamm 8, 30167 Hannover

● *Survival-Faustregeln*
Für Abenteuer mit Sinn
Nur bei Globetrotter-Ausrüstungen,
Bargkoppelstieg 12, 22145 Hamburg

● *CD-ROM: Survival – die Kunst zu überleben*
Trainingsanleitung und Erlebnisse auf Video, Fotos,
Zeichnungen, Baupläne, Checklisten …
Navigo-Multimedia